JN194418

女子の理科学習を促進する授業構成に関する研究

稲 田 結 美 著

風 間 書 房

まえがき

　本書は，女子の理科学習の促進を指向する理科授業の構成に関する研究成果をまとめたものである。日本では，中等教育段階で理科に対する女子の興味・関心や学習意欲が男子よりも顕著に低下し，理科学習に消極的になる傾向が見られる。このような女子の「理科離れ」が，女性の科学技術分野参入の抑制要因の一つとして問題視されるようになって久しい。この傾向は日本だけにとどまらず，ヨーロッパ諸国やアメリカ，オーストラリアなどでも同様に見られる。これらの諸外国では，理科学習における男女差の実証的な調査や，男女差の要因の探究，女子の理科学習促進のための施策の開発・評価などが，1970年代から展開されてきている。そして，これらの施策については，自然科学に関連する特別な活動を女子に提供したり，学校の理科カリキュラムを改変したり，新たな教授方法を授業に導入したりする「介入プログラム」（Intervention Programs）として実施されることが多く，その方策は学校理科教育の内外を問わず多岐に渡っている。

　一方，日本に目を転じると，理科学習の男女差の実態は指摘されてきたものの，女子の理科学習に関する先行研究は諸外国と比較して非常に少ない。女子の理科離れを改善するための方策の開発は，学校の理科教育においてはほとんど行われておらず，学校の教育課程外からのアプローチが多数を占めている。具体的には，2005年ごろより，内閣府と文部科学省が，科学技術分野における女性の人材育成の観点から，女性研究者の活躍促進や，女子の理工系分野への進学促進，女子の理数への興味・関心の喚起・向上に資する取組への支援を始めた。現在では，産学官を問わず，女性科学者・技術者を増やす取組が，幅広く全国各地で展開されるようになり，社会的な関心も高まっている。しかし，そのような取組の多くは，女子中高生を対象とした課外

での自由参加型のイベントとして開催されており，中学校段階ですでに理科への関心を失っている大多数の女子を惹きつける取組とはなりにくい。科学技術分野における女性人材の育成には，進路や職業選択を見据えたキャリア教育の視点だけでなく，女子の理科離れを改善し，理科好きの女子の裾野を広げなければならない。そのためには，すべての女子を対象にできる学校の通常の理科授業の変革が欠かせないが，日本では理科授業をどのように変えるべきかという具体的な検討には至っていないのである。

　そこで，女子の理科離れを改善する学校理科教育に関する検討が，日本でも早急に求められる。しかし，それ以前に，日本の女子の理科学習の問題点は，先行研究において十分に整理されているとは言い難い。なぜなら，理科教育学あるいは教育社会学など各々の研究領域の文脈で理科学習の男女差が個別的に論じられており，それらによる異なる調査結果や重複する指摘に注意が払われていないからである。そこで，まず先行研究から女子の理科学習の問題点を整理し，その解決に必要とされる理科授業の改善すべき部分を明確にしなければならない。さらに，日本の理科授業構成の検討に参考となる諸外国の「介入プログラム」についても，個々のプログラムの報告や複数のプログラムの事例紹介がなされているだけであり，多数の「介入プログラム」の理念，具体的方策，成果などを横断的に分析し，理科授業において何を如何に改善すべきか，そのために有効な方策は何かを精査しなければならない。そして，これら2点の課題を解決したうえで，女子の理科離れを改善するための日本の理科授業の構成を検討することが求められる。

　以上のような問題から，本研究では，日本の理科教育における女子の学習促進のための授業構成に関する基礎的知見を得ることを目的とし，前述した先行研究の課題の克服と併せ，次の4点を主たる研究課題とした。第一に，先行研究から日本の女子の理科学習の実態と問題点を総括する。第二に，諸外国の「介入プログラム」で施行された方策の特質と成果を解明する。第三に，諸外国の「介入プログラム」の特質に基づき，第一で指摘した日本の問

題点を改善するための理科授業の開発視点を，授業の構成要素に着目して措
定する。そして，第四に，授業改善が必要とされる学習内容に即して，第三
の開発視点を具体化した方策を中学校の理科授業で実践し，女子の学習状況
を評価し，女子の学習を促進する理科授業構成のあり方を提案する。研究の
方法として，第一および第二では文献調査を行い，第三では第一と第二で得
られた知見を照らし合わせて検討し，第四では質問紙調査，授業観察，ワー
クシートの記述分析などを通して，女子の学習状況を把握することとした。

　本書は，筆者が2014年（平成26年）に筑波大学に提出した博士学位請求論
文（「理科教育における女子の学習促進のための授業構成に関する研究」）に基づく
ものであり，書籍としての体裁を整えるため，若干の加除修正を行ったもの
である。公刊に当たって，標題を「女子の理科学習を促進する授業構成に関
する研究」と改めた。

　なお，本書は，独立行政法人日本学術振興会平成30年度科学研究費助成事
業（科学研究費補助金）（研究成果公開促進費　課題番号18HP5230）の交付を受け
て刊行するものである。また，本書の一部には，平成20年度科学研究費補助
金（特別研究員奨励費　課題番号20・817）および平成22年度科学研究費補助金
（研究活動スタート支援　課題番号22800022）の助成を受けて行った研究成果が
含まれている。

　2018年6月

　　　　　　　　　　　　　　　　　　　　　　　　　　稲田　結美

目　　次

序章　研究の目的と方法

第1節　女子の理科学習の現状と学習促進の意義

　女子は男子よりも理科を苦手としている。これは，社会全体に浸透しているイメージではないだろうか。特に，中等教育段階の理科教師は，中学校段階から女子が急速に理科学習から離れ，理工系の進路をほとんど選ばないという状況を目の当たりにしている。このような「女子の理科離れ」は，様々な調査においてすでに明らかにされている。一例として，『理科離れしているのは誰か　全国中学生調査のジェンダー分析』と題する著書において村松らは，中学生を対象とした質問紙調査から，男子よりも女子の方が理科学習から顕著に離れていることを証明した[1]。また，教育課程実施状況調査のような全国規模の調査結果からも，理科に対する生徒の興味・関心や有用感，学習意欲などにおける男女間の差が中学校段階で拡大することが明らかとなっている[2]。加えて，内閣府『男女共同参画白書』では，高等教育における理工系分野の女子学生および女性研究者が少ないこと[3]が指摘され，解決すべき喫緊の課題として明示されている。たとえば，平成16年度学校基本調査による大学教員における分野別の女性の割合は，理学，工学，農学の分野で特に低く，女性助手は全体の20％未満，女性教授に至っては5％にも達していない[4]。理工系の研究者に女性が少ない理由として，出産・育児・介護などで研究の継続が難しいことや，職場での女性の受入態勢が整備されていないことだけでなく，高等教育における学生の専攻分野に男女間の偏りがあり，理工系専攻の女子学生が少ないことも当然一因となっている[5]。

　科学技術分野へ参入する日本の女性は，国際的に見ても低い水準であり[6]，

　内閣府男女共同参画局は「科学技術の進展と男女共同参画」という視点で，平成17年度から科学技術分野で活躍する女性への支援を開始し，それと同時に，女子高校生や女子学生が将来の自分を明確にイメージし，理工系分野への進学や就職などの進路選択ができるように支援する「チャレンジキャンペーン〜女子高校生・女子学生の理工系分野への選択〜」[7] を立ち上げた。この Web サイトには，理工系分野で活躍する女性や理工系関連の企業・学術機関・学会から，女子高校生や女子学生に向けたメッセージが多数掲載され，女子中高生が参加可能な自然科学関係の公開講座やセミナーなども随時紹介されている。そして，平成17年12月に閣議決定された第2次男女共同参画基本計画では，女性若年層の理工系分野の選択の促進を目指し，彼女らの理工系への関心・理解を高めるため，本人およびその進路選択に影響力のある親・教師をも対象に，女性研究者などのロールモデル情報を提供し，科学技術の理解増進事業を推進するという具体的施策が示された[8]。さらに，平成22年12月に閣議決定された第3次男女共同参画基本計画においては，平成27年までの成果目標として「女性研究者の採用目標値（自然科学系）」や「日本学術会議の会員に占める女性の割合」などが示され，女性研究者のネットワークの構築や勤務環境の整備，女子学生・生徒の理工系分野への進学促進のための事業の推進[9] などが継続されることとなった。

　一方，平成18年3月に閣議決定された第3期科学技術基本計画では，「科学技術システム改革」の一つとして「人材の育成，確保，活躍の促進」が掲げられ，その中に「女性研究者の活躍促進」が示されている[10]。この項目には，自然科学系の女性研究者を増加させることや研究継続のための環境を整備することに加え，「理数好きの子どもの裾野を広げる取組の中で，女子の興味・関心の喚起・向上にも資する取組を強化するとともに，女性が科学技術分野に進む上での参考となる身近な事例やロールモデル等の情報提供を推進する」[11] ことが記され，自然科学系の女性研究者を増やすには，女子が理数への関心を高める必要があると明言されている。さらに，平成23年8月に

発表された第4期科学技術基本計画においても,「科学技術を担う人材の育成」の中の「独創的で優れた研究者の養成」の一つに「女性研究者の活躍の促進」が掲げられ,「指導的な立場にある女性研究者,自然科学系の女子学生,研究職を目指す優秀な女性を増やすための取組を進めること」が引き続き目指されている[12]。この科学技術基本計画に連動し,文部科学省は平成18年度から22年度までの事業として,「科学技術分野における女性の活躍促進」を立ち上げ[13],「出産・育児等による研究中断からの復帰支援」や「女性研究者支援システム改革プログラムの実施」に並んで,「女子中高生の理系進路選択を支援する取組の実施」を重点取組の一つとした[14]。具体的には,中学・高校において第一線の女性研究者を招聘して実施する講座や,スーパーサイエンスハイスクールにおける特別研究で女性研究者を活用する研究・取組,サイエンス・パートナーシップ・プロジェクトの実施の際に女子を対象とする取組などを支援することで,女子中高生の理数への関心を高めることを目指した[15]。このように内閣府男女共同参画局に限らず,文部科学省においても女性の科学技術分野参入を促進するための支援策が実行されるようになってきている。そして,文部科学省の事業に沿って科学技術振興機構は,サイエンス・パートナーシップ・プロジェクトから「女子中高生の理系進路選択支援事業」を派生させ,科学技術分野で活躍する女性研究者・技術者,大学生などと女子中高生の交流機会の提供や,女子のための実験教室,出前授業の実施などを支援している。そのような取組は,主として大学や高等学校,科学系博物館などによって開催されている。さらに,近年では講談社[16]や資生堂[17]といった民間企業においても,女子の理系進路選択を促進するための様々な取組が開始されている。

　このように,日本では現在,女子中高生の理工系への進路選択を促す多様な方策が,各方面から展開されているが,そもそも女子の理科学習および理工系への進路選択を促進し,女性の科学技術分野への参入を増加させる意義はどこにあるのだろうか。大島は女性の能力を発揮させることについて次の

ように述べている。

　　　近年，筋力に劣る女性達でも能力を十分に発揮できる分野が次々と生まれてき
　　た。情報科学や生命科学などはそのひとつである。情報工学と生命工学は21世紀
　　の科学技術のなかで最も大きな発展が期待される分野であり，男性とともに女性
　　もその能力に応じて科学技術に貢献できるとしたら，日本がこれからも科学立国
　　として躍進を続けることが可能になると思われる。女性の力をいかに十分に発揮
　　させ社会に貢献させるかが，成熟型社会になった日本の国家的急務になっている
　　といってよい[18]。

　大島の主張は，科学技術においてこれまで生かされていなかった女性の能
力を発揮させることで，科学技術そのものがさらに発展することを示唆して
いる。また，荒も企業の継続的な成長と発展のためには，今までの同質的な
発想や価値観を変えなければならず，そのために多様な人材を生かすこと，
つまりワークフォース・ダイバーシティ（Workforce Diversity）の考え方が必
要であるとし，特に科学技術分野における重要性を述べており[19]，大島の主
張を支持している。さらに，村松らは科学技術分野への女性の参入の意義を
「社会的な男女平等の促進」，「視点の多様化」，「学問研究のジェンダーバイ
アスの是正」の3点にまとめ[20]，その意義は，人材の多様性を生かすことだ
けでなく，個々の女性のエンパワーメントや，教育や職業に関する人権と平
等の是正，科学の客観性や男性性の見直しにもあると論じている。つまり，
女性の科学技術分野参入の増加によって，人権，平等といった問題から科学
技術のさらなる発展まで，そして，個人のレベルから社会全体のレベルまで
プラスの変革を起こすことが期待できるのである。内閣府男女共同参画局も
また，

　　　男女がともに科学技術を育み活用することにより，安全・安心で豊かな生活が
　　実現する。科学技術の高度化に伴い，男女ともに科学技術に関する基礎的素養の

　　向上を図る必要がある。女子の理工系分野へのチャレンジを促す方策を講じることが重要である[21]。

　と明言し，女性が科学的素養を身につけることと，科学技術分野に参入することを奨励している。これらのことから，女子が理科学習に積極的になり，理工系への進路を選択し，さらに科学技術分野へ参入することは，女性自身のために，さらには社会全体のためにも有益なことであると考える。
　では，日本よりも女性の科学技術分野への参入が進んでいる諸外国は，女子の理科離れや理工系離れといった問題を抱えていないのだろうか。実は，女性の科学技術分野の敬遠については，日本に限らず諸外国においても，40年近くも前から同様に指摘されており，女性のエンパワーメントを目指し，既に「女性と科学（自然科学）」に関する研究が，数多く進められている。その代表として，自然科学のジェンダー論的研究であるフェミニズム科学論は，西欧近代科学の特徴として唱えられてきた「客観性」に疑問を呈し，そこに内在する「男性性」について指摘し，批判している。そして，この「女性と科学」に関する研究の中でも特に，理科教育に直接関連する研究領域では，学校の理科学習における男女差の実証的な調査に始まり，男女差を生み出す要因の研究，さらには男女差を解消・緩和するための施策の開発へと議論がすでに展開され，研究の蓄積は豊富になってきている。学校理科教育における男女差の解消のための具体的な施策は，既存の理科カリキュラムを部分的に変えたり，新たな教授ストラテジーを開発したり，女子を対象に特別な活動を提供したりするといった「介入プログラム」（Intervention Programs）として実施されることが多く，その有効性が検証されてきた[22]。また，諸外国の理科教育におけるジェンダーに対する研究関心は拡大し，現在では人種，民族，社会階層，性認識，信仰といった社会的なカテゴリーも組み込んだジェンダー研究へと発展してきている[23]。
　しかし，日本における女子と理科教育に関する研究は，決して多くはない。

前述の村松らが教育社会学の視点から男女差の実証的な調査を行っているほか，理科教育の視点からは，Ogura によるプロセススキルズの男女差[24]および科学への興味，親の影響における男女差[25]の調査，石飛によるイギリスにおけるジェンダーフリーを重視した理科教育のレビュー[26]，Kato & Yoshida による日本の理科教育におけるジェンダー問題の指摘[27]，松野によるジェンダー視点からの日本の理科教育の歴史的変遷の研究[28]などがあるが，そのほかには理科授業の好き嫌いや，実験器具の操作の得意・不得意などの理科学習に関連する男女差の調査がわずかに散見されるだけである。また，それらのいずれの研究も，女子の理科学習を促進するために理科教育の改善が必要であることを提唱してはいるものの，学校の理科教育における具体的な改善策の検討には至っていない。さらに，「女子と理科教育」に関する研究の量も，諸外国における研究と比較して非常に少ない。

　その一方で，日本では女子の理工系への進路選択を促進するための方策については，前述のように数多く行われるようになってきている。これらは，進路や職業の選択を見据えたキャリア教育からのアプローチであり，その多くは学校外での自由参加型の取組であるため，理科に少なからず興味・関心をもっている女子の参加が見込まれ，彼女らの理工系選択の支援にはその効果が期待できる。しかし，中学校段階で理科に対する興味・関心がすでに低下している大多数の女子が，そのような取組に自ら積極的に参加するとは考えにくい。つまり，理科への関心の高い女子には，キャリア教育からのアプローチによる効果は望めても，関心の低い女子が全体として多いために，その効果は薄く，科学技術分野への女性参入の飛躍的な増加は期待できないと推測される。先述の科学技術基本計画にも示されているように，科学技術分野における人材育成には，理数好きの子どもの裾野を広げる必要があり，キャリア教育の視点だけでなく，女子の理科離れの根本的な解決を目指し，理科好きの女子を増やさなければならない。そのためには，すべての女子を対象にすることのできる学校の理科教育，つまり，通常の理科授業の変革が欠

かせないが，日本では前述のように，その具体的方法の検討までには至っていないのである。

　以上のように，日本において女子の理科離れを改善する理科授業の構成に関する検討が早急に求められるが，日本の女子の理科学習の問題点についても，先行研究において十分に整理されているとは言い難い。なぜなら，理科教育学あるいは教育社会学など各々の研究領域の文脈で理科学習の男女差が個別的に論じられており，それらによる異なる調査結果や重複する指摘に注意が払われていないからである。したがって，先行研究を総括し，その問題点を整理し，問題点の解決に必要とされる理科授業の改善すべき部分を明確にしなければならない。さらに，諸外国の「介入プログラム」は日本の理科授業構成の検討に参考となることが期待できるが，「介入プログラム」に関するこれまでの研究では，個々のプログラムの報告や複数のプログラムの事例紹介にとどまっているため，多数の「介入プログラム」の理念，具体的方策，成果などを横断的に分析し，理科授業において何を如何に改善すべきか，そのために有効な方策は何かを精査しなければならない。そして，これら2点の課題を解決したうえで，女子の理科離れを打開するための日本の理科授業の構成を明らかにし，現在の理科授業を改善するための具体的方法を開発しなければならない。さらに，開発した方法によって女子の理科学習がどのように変化するのかについて，実践的に検証することも求められる。

第2節　本研究の目的と方法

　前節で示したような問題状況から，本研究では，日本における女子の理科学習の促進に着目した理科授業の構成に関する基礎的知見を得ることを目的とする。そして，先行研究の課題の克服と合わせ，具体的には以下の4段階の手順で研究を進めることとする。

　第一に，日本の女子の理科学習の実態と問題点を総括する。第二に，諸外

国の「介入プログラム」で施行された方策の共通する特質や成果を解明する。第三に，第二で解明した特質に基づき，第一に指摘した日本の問題点を改善するための理科授業の開発視点を，授業の構成要素に着目して措定する。そして，第四に，改善が必要とされる教授内容に即して，第三の開発視点を具体化した方策を理科授業において実践し評価する。なお，本研究は前節のような日本の状況を踏まえ，理数好きの子どもの裾野を広げることに重点を置き，女子の理科学習の促進を目指すものであり，女子の理工系への進路選択の促進を直接的なねらいとはしていない。

これらの目的を達成するために，本研究では，文献調査，質問紙調査，授業観察，記述分析などを行うこととする。手順の第一では，日本の女子の理科学習および理科学習の男女差に関する調査を，国際的で大規模なものから一授業レベルのものまで，幅広く収集し，それらの結果を包括的に分析し，日本の女子の理科学習の問題点を明らかにする。具体的には，PISA やTIMSS，ROSE などの理科に関連する国際的な調査や，国内の教育課程実施状況調査，さらには，村松らや小倉ら，加藤らといった理科学習におけるジェンダー問題の調査から，鈴木らや湯本らなどによる理科実験における男女差の実態調査などを基にして，女子の理科学習の認知面と情意面の両側面から問題点を総括する。第二では，まず，諸外国における「女性と科学」および「女子と理科学習」に関する研究動向をケラーやシービンガーといった代表的なフェミニズム科学論者の言説から探る。そして，「介入プログラム」の作成に至ったジェンダー包括的な理科教育への展開と，女性の科学技術分野参入の抑制要因について，Harding や Kahle らの研究から概観する。その後に，イギリス，ノルウェー，ドイツ，スイス，オーストラリア，ニュージーランド，アメリカの複数の「介入プログラム」の一次資料を入手し，その方策を横断的・多面的に分析する。第三では，日本の女子の理科学習の問題点および日本の理科授業の内容と展開は，諸外国と完全に一致するものではないため，第一と第二で得られた知見を照らし合わせて，日本の理科授業

の実情に合わせた授業の開発視点を見出す。特に，理科授業の構成要素に焦点化し，日本の理科授業で容易に実現可能な方策として，教材の選択方法と学習活動の設定方法について具体的に提案する。第四では，第三で指摘した理科授業の介入対象に即して具体的方策を開発し，中学校の通常の理科授業において実践し，その授業における女子の態度の観察や，授業中のワークシートおよび授業前後の質問紙における女子の記述の分析を通して，女子の理科に対する意識や内容の理解度といった学習状況を把握する。

　本書における用語について補足しておくと，諸外国における "Science Education" や "Science Class（あるいは Classroom）"，および学校の授業場面を想定した教科名としての "Science" については，一般的には「科学教育」や「科学授業」，「科学」という訳をあてることが多いが，本研究では，それらと日本の「理科教育」や「理科授業」，「理科」との区別を論点としておらず，また，「科学教育」，「科学授業」，「科学」と表現することによって，日本の理科授業とは異なるものをイメージさせてしまうおそれもあるため，本書では国内外にかかわらず，これらはすべて「理科教育」，「理科授業」，「理科」の語に統一して使用する。さらに，性別に関する用語については，学校教育段階における女を「女子」，それ以上の年齢層を「女性」としている。学校教育段階の「女子」については，特に大学生を「女子学生」，高校生を「女子高校生」，中学生を「女子中学生」，中等教育段階を合わせて「女子生徒」，初等教育段階を「女子児童」と明確に区別して表現することもあるが，「女子」と述べる際には，基本的には初等および中等教育段階の女を想定している。また，本研究の主たる研究対象は，理科嫌いあるいは理科学習に消極的な女子であるが，本書で「女子」と表現する際には，理科好きあるいは理科学習に積極的な一部の女子も含んだうえで，総じて「理科離れ」の傾向にある性別の集団を指している。女子という集団の中で，理科好きか理科嫌いかを区別して論じる際には，「理科好きの女子」といった限定付きの表現を用いることにする。また，これらのことは「男」についても同様で

ある。

　また，本研究における「介入」とは，諸外国の先行研究における"Intervention"の訳語として使用している。その詳細な内容については，第2章第1節において述べるが，本研究における「理科授業への介入」とは，通常の理科授業に新たな教授方法や教材，活動などを導入し，授業の内容と展開の一部を改変することを意味している。

序章　引用文献および註
第1節
1）村松泰子編，『理科離れしているのは誰か　全国中学生調査のジェンダー分析』，日本評論社，2004.
2）国立教育政策研究所教育課程研究センター，「平成15年度小・中学校教育課程実施状況調査　質問紙調査集計結果　―理科―」，http://www.nier.go.jp/kaihatsu/katei_h15/H15/03001040000007003.pdf，2005，2013年3月20日取得.
3）内閣府男女共同参画局，『男女共同参画白書（平成17年版）』，独立行政法人国立印刷局，2005，25頁.
4）同上書，23頁.
5）同上書，27頁.
6）同上書，19-23頁.
7）内閣府男女共同参画局，Challenge Campaign　～女子高校生・女子学生の理工系分野への選択～，http://www.gender.go.jp/c-challenge/index.html，2013年3月20日取得.
8）内閣府男女共同参画局，男女共同参画基本計画，http://www.gender.go.jp/kihon-keikaku/2nd/all.pdf，2005，122-123頁，2013年3月20日取得.
9）内閣府男女共同参画局，第3次男女共同参画基本計画，http://www.gender.go.jp/kihon-keikaku/3rd/3-26.pdf，2010，99-101頁，2013年3月20日取得.
10）内閣府科学技術政策・イノベーション担当，第3期科学技術基本計画，http://www8.cao.go.jp/cstp/kihonkeikaku/honbun.pdf，2006，2013年3月20日取得.
11）同上，17-18頁.
12）内閣府科学技術政策・イノベーション担当，第4期科学技術基本計画，http://www8.cao.go.jp/cstp/kihonkeikaku/4honbun.pdf，2011，35-36頁，2013年3月

　　20日取得.

13）文部科学省，「科学技術分野における女性の活躍促進」，http://www.mext.go.jp/
　　a_menu/hyouka/kekka/05090202/059.pdf，2013年 3 月20日取得.

14）文部科学省，科学技術分野における女性の活躍促進〜平成21年度予算案版〜，
　　http://www.mext.go.jp/component/a_menu/education/detail/__icsFiles/
　　afieldfile/2009/04/02/1249657_080.pdf，2012年 1 月31日取得.

15）文部科学省，科学技術分野における女性の活躍促進　科学技術・学術審議会基本
　　計画特別委員会（12回），http://www.mext.go.jp/b_menu/shingi/gijyutu/
　　gijyutu11/siryo/06021710/002.pdf，2013年 3 月20日取得.

16）講談社では，理系女子をリケジョ（Rikejo）と呼び，理系に関心があり，理系に
　　進学・就職を希望する女子を応援するサービスを実施している。具体的には，理
　　系の研究や仕事を紹介する雑誌の発行や，Web 上での進路相談，イベントの開
　　催などを行っている。

17）資生堂では，女子中高生の理系進路選択支援事業を立ち上げ，研究員が学校を訪
　　れて，商品開発の面白さや自身の進路選択の経験を生徒に伝えるという活動を行
　　っている。

18）大島美恵子，「女性科学者・技術者をふやす努力　－日本における女性技術者・
　　科学者の実態調査と女子の理科教育－」，『日本機械学会誌』，Vol. 104，No. 990，
　　2001，313頁.

19）荒真理，「エキサイト・キャンプ」，『応用物理』，第72巻，第 1 号，2003，70頁.

20）村松泰子編，『女性の理系能力を生かす　専攻分野のジェンダー分析と提言』，日
　　本評論社，1996，234-242頁.

21）内閣府男女共同参画局，2005，前掲書，44頁.

22）たとえば，Kahle, J. B. & Meece, J.: Research on Gender Issues in the Class-
　　room, in Gabel, D. L. (ed.), *Handbook of Research on Science Teaching and
　　Learning*, Simon & Schuster Macmillan, 1994, pp. 542-557. に「女子と理科教
　　育」に関する研究の動向と「介入プログラム」の概観が読み取れる。

23）Scantlebury, K. & Baker, D.: Chapter 10 Gender Issues in Science Education
　　Research: Remembering Where the Difference Lies, in Abell, S. K. & Leder-
　　man, N. G. (eds.), *Handbook of Research on Science Education*, Routledge, 2007,
　　pp. 257-285. と Scantlebury, K.: Chapter 34 Still Part of the Conversation: Gen-
　　der Issues in Science Education, in Fraser, B. J., Tobin, K. G. & McRobbie, C. J.
　　(eds.), *Second International Handbook of Science Education Volume 1*, Spring-

er, 2012, pp. 499-512. にその研究動向が示されている。

24) Ogura, Y. & Takemura, S.: Gender Difference and the Development Process of Formal Reasoning Abilities and Science Process Skills in Japan, *Journal of Science Education in Japan*, Vol. 18, No. 3, 1994, pp. 115-123.

25) Ogura, Y.: Development of Interests in Science and the Influences of Gender and Parent, *Journal of Science Education in Japan*, Vol. 19, No. 3, 1995, pp. 172-180.

26) 石飛良子, 『イギリスにおけるジェンダーフリーを重視した科学教育に関する研究』, 広島大学大学院教育学研究科 修士論文, 2001.

27) Kato, A. & Yoshida, A.: Gender Issues in Science Education in Japan, *Journal of Science Education in Japan*, Vol. 27, No. 4, 2003, pp. 258-267.

28) 松野佐知子, 『ジェンダーの視座に基づいたわが国の理科教育に関する歴史的研究』, 広島大学大学院教育学研究科 修士論文, 2004.

第1章　日本における女子の理科学習の実態

第1節　理科に関する女子の認知能力

1．理科の国際調査における日本の女子の認知能力

　理科に関する国際的な学力調査のうち，まず，経済協力開発機構（OECD）が義務教育を修了する15歳児を対象として2000年から3年ごとに実施している「生徒の学習到達度調査」（PISA）の科学的リテラシーの調査を見ていく。PISA における科学的リテラシーの調査とは，伝統的な学校理科での知識を単に再生することではなく，様々な生活場面の状況に合わせて科学的知識を適用することに重点が置かれ[1]，義務教育修了段階までに生徒が身に付けている科学的能力，理解力および態度を評価するものである[2]。PISA では毎回「読解力」，「数学的リテラシー」，「科学的リテラシー」の3分野で調査が行われており，「科学的リテラシー」が調査の中心分野であった PISA2006年調査では，生徒の認知的側面に限らず，科学的態度を評価することが掲げられた。この科学的態度の評価については，次節で述べる。本項における科学的リテラシーの得点は，生徒の科学的能力と科学的知識の理解力を評価したものであり，日本の男女生徒の科学的リテラシーの得点[3]は，表 1-1 に示すとおりである。この表から PISA2000から PISA2009まで4回の調査において，科学的リテラシーの得点には男女間に統計的な有意差は見られず，義務教育修了段階における科学的能力と科学的知識の理解力には男女差はないといえる。一方，科学的リテラシー得点の OECD 平均では，PISA2006年調査のみ男子の得点が女子よりも有意に高かったが，ほかの3回の調査では男女間に有意差は見られなかった。各調査において科学的リテラシー得点に男

表1-1　OECD 生徒の学習到達度調査（PISA）における科学的リテラシーの日本の
　　　　男女生徒の得点

	男子	女子	差（男子－女子）	統計的有意差（$p<.05$）
PISA2000	547	554	−7	なし
PISA2003	550	546	4	なし
PISA2006	533	530	3	なし
PISA2009	534	545	−12	なし

註）平均得点および差は整数値に丸めた値であり，表中のそれぞれの得点差とは必ずしも一致しない。

（出典：国立教育政策研究所編，『生きるための知識と技能　OECD 生徒の学習到達度調査（PISA）
　　　　2000年調査国際結果報告書』，2002，131頁，表4.2.4，
　　　　国立教育政策研究所編，『生きるための知識と技能2　OECD 生徒の学習到達度調査
　　　　（PISA）2003年調査国際結果報告書』，2004，187頁，表4.2.5，
　　　　国立教育政策研究所編，『生きるための知識と技能3　OECD 生徒の学習到達度調査
　　　　（PISA）2006年調査国際結果報告書』，2007，74頁，表2.3.1，
　　　　国立教育政策研究所編，『生きるための知識と技能4　OECD 生徒の学習到達度調査
　　　　（PISA）2009年調査国際結果報告書』，2010，161頁，表4.3.3，より一部抜粋。）

女差のある国は調査国中4割程度存在するが，4回の調査で継続的に男子の
得点が有意に高い，あるいは女子の得点が有意に高いといった国は存在して
いなかった。つまり，PISA の過去の調査では，科学的リテラシーの得点に
おいて，男女どちらかの優位性が固定化されている国はないといえる。

　次に，国際教育到達度評価学会（IEA）が1995年から小学校4年生と中学
校2年生を対象に行っている「国際数学・理科教育動向調査」（TIMSS）の
結果に着目する。この調査の目的は，初等中等教育段階における児童・生徒
の算数・数学および理科の教育到達度を国際的な尺度によって測定し，児
童・生徒の学習環境条件などの諸要因との関係を参加国間におけるそれらの
違いを利用して組織的に研究することである[4]。理科の問題は，「物理」，
「化学」，「生物」などといった学校の理科で学ぶ内容である「内容領域」と，
「事実の知識」，「概念の理解」，「推論と分析」といった児童・生徒が理科の
内容に取り組んでいるときに示すと期待される行動である「認知的領域」の

2 つの領域から構成されている[5]。これまでの調査における小学校 4 年生と
中学校 2 年生の男女の理科得点をそれぞれ表 1-2 と表 1-3 に示す[6]。ただし，
小学校 4 年生に関しては1999年の調査は行われていない。理科の得点結果を
見ると，まず小学校 4 年生では表 1-2 のように，1995年の調査では男子の方
が有意に高いものの，2003年，2007年，2011年の調査では男女間に有意差は
見られない。また，調査参加国全体の平均得点には，1995年，2003年調査と
もに男女間に有意差はないが，2007年調査では女子の方が有意に高かった。
さらに，中学校 2 年生では表 1-3 のように，調査年によって男子の方が有意
に高いこともあるが，一貫して男子の方が高いとは言い切れない。また，国
際平均値においては，小学校 4 年生では有意な男女差はあまり見られないが，
中学校 2 年生では男子の得点が有意に高い傾向が見られることや，小学校 4
年生よりも中学校 2 年生の方が男子の得点が有意に高い国が多いことから，
初等教育段階から中等教育段階に移行するにしたがって，理科得点において
男女間に有意な差が生じ，男子の得点が高くなることが国際的な傾向である
といえる。さらに，アメリカと韓国は調査を繰り返しても男子の得点の優位

表 1-2　国際数学・理科教育動向調査（TIMSS）の理科得点における日本の男女児童
　　　　の得点　−小学校 4 年生−

	男子	女子	差（男子−女子）	統計的有意差（$p < .05$）
TIMSS1995	580	567	14	あり
TIMSS2003	545	542	3	なし
TIMSS2007	547	548	−1	なし
TIMSS2011	561	556	5	なし

（出典：国立教育研究所編，『小学校の算数教育・理科教育の国際比較』，1998，175頁，表 3-8，
　　　　国立教育政策研究所編，『TIMSS2003 理科教育の国際比較』，2005，33頁，表 2-11，
　　　　国立教育政策研究所，「TIMSS2007 理科教育の国際比較―国際数学・理科教育動向調査の
　　　　2007年調査報告書―」，http://www.nier.go.jp/timss/2011/T07_report_sci.pdf，2009，26
　　　　頁，表 2-11，
　　　　国立教育政策研究所編，『TIMSS2011理科教育の国際比較』，2013，50頁，表 2-2-11 より
　　　　一部抜粋。）

表1-3　国際数学・理科教育動向調査（TIMSS）の理科得点における日本の男女生徒
　　　　の得点　ー中学校 2 年生ー

	男子	女子	差（男子ー女子）	統計的有意差（$p<.05$）
TIMSS1995	564	544	19	あり
TIMSS1999	556	543	14	なし
TIMSS2003	557	548	9	あり
TIMSS2007	556	552	4	なし
TIMSS2011	562	554	8	あり

（出典：国立教育政策研究所編，『数学教育・理科教育の国際比較ー第 3 回国際数学・理科教育調査
　　の第 2 段階調査報告書ー』，2001，87頁，表 3-7，
　　国立教育政策研究所編，『TIMSS2003 理科教育の国際比較』，2005，34頁，表 2-12，
　　国立教育政策研究所，「TIMSS2007 理科教育の国際比較ー国際数学・理科教育動向調査の
　　2007年調査報告書ー」，http://www.nier.go.jp/timss/2011/T07_report_sci.pdf，2009，27
　　頁，表 2-12，
　　国立教育政策研究所編，『TIMSS2011 理科教育の国際比較』，2013，51頁，表 2-2-12 より
　　一部抜粋。）

性が高いが，シンガポールとノルウェーは男女差があまり見られないなど，
国によって男女差の傾向は若干異なっている。TIMSS の結果をまとめると，
理科得点において男子の優位性が強く見られる国もあるが，日本の児童・生
徒の理科得点には顕著な男女差は見られないといえる。

2．理科の国内調査における女子の認知能力

　次に，理科学力に関する男女差が公表されている国内の大規模調査として，
小中学校教育課程実施状況調査に着目する。これは，小学校および中学校の
学習指導要領における各教科の目標や内容に照らした学習の実現状況を把握
するために，国立教育政策研究所によって平成13年度と15年度に小学校 5 年
生から中学校 3 年生までを対象に実施された調査で，学習指導要領に定める
内容から作られた各教科のペーパーテストと，児童生徒の学習に対する意識
や教師の指導の実際を明らかにする児童生徒および教師を対象とする質問紙
調査で構成されていた[7]。平成13年度と15年度の理科における男女別の通過

率を表 1-4 に示す[8]。ここでの通過率とは，問題ごとの正答，準正答者数の合計を解答者数の合計で割った数値を平均したものである[9]。この通過率において男女間に統計的な有意差があるかどうかは公表されていない。表 1-4 を見る限り，平成13年度，15年度ともに小学校 5 年生から中学校 3 年生までの男女の通過率にあまり差は見られないが，小学校段階では女子の方が男子よりも若干高くなっている。このことから小中学校教育課程実施状況調査の結果からは，小・中学校において男女間の理科学力にはほとんど差はないといえる。

　教育課程実施状況調査は平成14年度と17年度に，高等学校の理科の科目に

表 1-4　小中学校教育課程実施状況調査の理科における男女別通過率

学年		男女の別	通過率　（%）	
			平成13年度	平成15年度
小学校	5 年	男子	72.8	71.5
		女子	74.5	74.0
	6 年	男子	74.5	72.6
		女子	75.5	74.0
中学校	1 年	男子	55.1	58.7
		女子	56.2	58.5
	2 年	男子	56.2	63.6
		女子	56.3	62.7
	3 年	男子	62.3	69.1
		女子	62.1	68.3

（出典：国立教育政策研究所教育課程研究センター，『平成13年度 小中学校教育課程実施状況調査報告書－中学校理科－』，2003，13頁，表 1-7-1，表 1-7-2.
　　　　国立教育政策研究所教育課程研究センター，「平成15年度 小・中学校教育課程実施状況調査 ペーパーテスト調査集計結果」，http://www.nier.go.jp/kaihatsu/katei_h15/H15/03001100000007003.pdf，2006，250-251頁，表10より一部抜粋。）

18

おいても実施されている。この調査では，各科目を履修している生徒を対象にペーパーテストを課している。その男女別の通過率は，両年度ともほぼ同じ傾向を示しているため，平成17年度の結果のみ表1-5に示す[10]。この表から物理と化学では男子の方が通過率は高く，生物と地学では男女間にあまり差はないことがわかる。ただし，物理と生物では男女間の調査人数に大きな

表1-5 平成17年度高等学校教育課程実施状況調査における理科の科目の男女別通過率

科目	調査票	男女の別	通過率（％）	調査人数
物理Ⅰ	A	男子	56.7	3,503
		女子	55.7	864
	B	男子	54.8	3,482
		女子	48.4	804
化学Ⅰ	A	男子	55.9	4,138
		女子	49.4	3,437
	B	男子	60.0	4,080
		女子	55.0	3,511
生物Ⅰ	A	男子	47.3	3,278
		女子	50.0	5,298
	B	男子	53.3	3,439
		女子	55.3	5,402
地学Ⅰ	A	男子	54.4	1,433
		女子	53.2	1,681
	B	男子	56.9	1,229
		女子	55.0	1,433

註）調査は幅広い内容にわたる実現状況を調べるため，各科目ともA，Bの2種類の調査票（ほぼ同程度の内容，水準）が作成され，実施された。男女別の通過率は調査票ごとに公表されている。

（出典：国立教育政策研究所教育課程研究センター，『平成17年度 教育課程実施状況調査（高等学校）vol.2(2/2) ペーパーテスト調査集計結果及び質問紙調査集計結果』，77頁より一部抜粋。）

差があるため，学力差を比較するには注意が必要である。この調査人数の男女の人数比は，その科目を履修する男女の人数比を反映しているため，女子は男子よりも物理を履修せずに生物を履修していることが予想される。特に物理を履修する女子の少なさは際立っている。

　これらの大規模調査のほかに，理科における認知能力や科学的な思考力，観察・実験の技能などに関する男女差の調査には，Ogura らによる小学校5 年生から中学校 3 年生までの児童・生徒を対象とした，科学的な探究活動における形式的な推論力（Formal Reasoning Abilities：FRA）と，科学プロセススキル（Science Process Skills：SPS）の調査がある[11]。この調査での形式的な推論力（FRA）とは，ピアジェの発達理論の形式的操作的思考に基づいた論理的思考のことで，「保存」，「比例の推論」，「変数の制御」，「確率の推論」，「相関の推論」，「組み合わせの推論」の 6 点が調査された[12]。また，科学プロセススキル（SPS）はガニエ理論に基づいており，科学的探究に関わる基本的な技能である「仮説の設定」，「変数の特定」，「操作的定義」，「実験の計画」，「グラフ化」の 5 点が測定された[13]。そして，次のような結果を得ている[14]。FRA は全体的に小学校段階ですでに男子にわずかな優位性が見られ，中学校の終わりには男子の優位性がよりはっきりする。詳細に見ると，「比例の推論」は小・中学校を通して一貫して男子が優位であり，「保存」と「確率の推論」は小学校段階では男女差が見られないが中学校になると男子優位性が鮮明に現れる。しかし，残りの 3 点「変数の制御」，「相関の推論」，「組み合わせの推論」には男女差は見られなかった。次に，SPS に関しては，小学校 5 年生から明らかに女子の優位性が見られるが，年齢が上がっていくにつれてその優位性は減少し，中学校の終わりにはわずかに男子の方が優位になることが明らかになった。特に，「操作的定義」と「グラフ化」における男子の伸びが大きかった。Ogura らは，「比例の推論」には密度，圧力，加速度，オームの法則，理想気体の法則，化学当量の計算などが含まれ，物理と化学に強く関連しているため男子の優位性が高く，物理や化学を学習す

るための女子の動機づけが低くなっていることを物語っており，理工系進学者数の男女差につながっていると見ている。そして，FRAにおける「保存」，「確率の推論」，「比例の推論」に関する女子の能力を高めるための方法を検討する必要があると指摘している[15]。

　このOguraらの調査以外に，坂本らによる理科におけるアーギュメント・スキルの男女差の調査がある[16]。この調査では小学校5年生と6年生を対象に，既習単元の内容についての観察・実験データを示し，ふたつの選択肢からふたつの課題に対する答えをそれぞれ選ばせ，アーギュメントを記述させて，児童のアーギュメント・スキルを評価した。ふたつの課題は，一日の気温の変化に関する天気問題と，乾電池のつなぎ方に関する電気問題の2題であり，児童に問題を解かせたうえで，そう考えた理由を記述させていた。そして坂本らは，児童の記述に「主張」，「証拠」，「理由づけ」がそれぞれ書かれているか，また，その3点の内容が正しいかどうかを評価の観点として分析した。その結果，天気問題での「理由づけ」の有無および電気問題での「理由づけ」の内容，天気問題での「証拠」の有無の3指標で男女差が認められ，いずれも女子の得点が男子を上回っていた[17]。ただし，この差異をもたらす要因，例えば，科学的原理などの知識や科学的説明の構造についての理解における男女差に起因するのか，それとも「書く手間」を厭うかどうかという性格傾向の差によるのか，という点については，本調査からは明らかではないとしている[18]。よって，この調査によって科学的論述力に男女差がある可能性は示唆されたものの理科に関する認知的な能力，あるいは科学的な思考力や論述力に男女差が存在するとはいまだ言い切れない。

　また，村松らは，近年の国内外の数学や理科に関連する学力調査の結果を分析し，男女差に関して次のように述べている。

　　国際的に見ると最近の日本の子どもたちの理数系の学力は非常に高く，男女差がみられない。つまり学力的には男女とも「理科離れ」していない，ということに

なる。しかし，これは以前から一貫した傾向ではない。女子の数学や理科の得点は男子に及ばなかったのだが，徐々に女子の得点が上昇し，男女差が解消してきたのである。（中略）学力調査における男女差が，今後どのようになるのかは興味深いところであるが，男女差が解消してきたという経緯は，理数系の学力が可変性をもつものであることを明らかにしている[19]。

　以上のことから，日本において小・中学校段階の理科学力に顕著な男女差は見られないといえる。しかし，年齢が上がっていくにつれて，女子は物理学と化学の分野に関連する科学的な推論力が男子より低くなり，高等学校段階で物理学と化学における学力に男女差が現れる。したがって，女子の理科学力については，初等から中等教育段階の理科全般ではなく，高等学校段階の物理学と化学の学習到達度に特化して検討する必要があると考えられる。このような男女の学力差が生じる要因は定かではないが，その段階における女子の学習到達度の低さは，直前の中学校段階における理科第1分野の学習に対する女子の意識や態度に一因があるのではないだろうか。

第2節　理科に対する女子の意識・態度・経験

第1項　大規模な質問紙調査における男女差

　PISA2006年調査は「科学的リテラシー」が調査の中心分野となっていたため，生徒質問紙の中で科学に対する態度について尋ねる項目が設けられ，「科学的探究の支持」，「理科学習者としての自己信頼感」，「科学への興味・関心」，「資源と環境に対する責任」の4領域において生徒の態度と取組みに関するデータが集められた[20]。この4領域における質問の測定尺度（指標）と質問項目の一部，そして回答方法[21]を表1-6にまとめる。測定尺度は全部で14種類あり，「30歳時に科学関連の職業へ就く期待」以外のすべてにおいて男女差が検討されている。

表 1-6 PISA2006年調査の生徒質問紙における科学に対する態度の 4 領域とその測定
尺度・質問項目（一部）・回答方法

科学に対する態度の 4 領域	測定尺度	質問項目の一部　※回答方法
科学的探究の支持	科学に関する全般的価値	A）科学は私たちが自然界を理解するのに役立つので重要である B）科学技術の進歩は，通常人々の生活条件を向上させる C）科学は社会にとって有用なものである ※「全くそうだと思う」から「全くそう思わない」の 4 段階から 1 つを選択
	科学に対する個人的価値	A）科学は，自分の身の回りのことを理解するのに役立つものだと思う B）大人になったら科学を様々な場面で役立てたい C）科学の考え方の中には，他の人々とどう関わるのかを知るのに役立つものがある ※「全くそうだと思う」から「全くそう思わない」の 4 段階から 1 つを選択
理科学習者としての自己信頼感	生徒の科学における自己効力感	A）地震がひんぱんに発生する地域とそうでない知識があるのはなぜかについて説明すること B）健康問題を扱った新聞記事を読んで，何が科学的に問題なのかを読み取ること C）食品ラベルに表示されている科学的な説明を理解すること ※「簡単にできる」から「できない」の 4 段階から 1 つを選択
	生徒の理科学習における自己認識	A）理科のテストでは，たいていうまく解答することができる B）授業で教わっている理科の考え方はよく理解できている C）理科の内容ならすぐに理解できる ※「全くそうだと思う」から「全くそう思わない」の 4 段階から 1 つを選択
科学への興味・関心	科学に関する全般的な興味・関心	A）ヒトに関する生物学 B）天文学に関する話題 C）化学に関する話題 ※興味や関心が「高い」から「全くない」の 4 段階から 1 つを選択
	科学の楽しさ	A）科学についての知識を得ることは楽しい

		B）科学の話題について学んでいるときは，たいてい楽しい C）科学について学ぶことに興味がある ※「全くそうだと思う」から「全くそう思わない」の4段階から1つを選択
	理科学習に対する道具的な動機づけ	A）私は自分の役に立つとわかっているので，理科を勉強している B）将来自分の就きたい仕事で役に立つから，努力して理科の科目を勉強することは大切だ C）理科の科目を勉強することは，将来の仕事の可能性を広げてくれるので，私にとってやりがいがある ※「全くそうだと思う」から「全くそう思わない」の4段階から1つを選択
	生徒の科学に対する将来志向的な動機づけ	A）私は，科学を必要とする職業に就きたい B）高校を卒業したら科学を勉強したい C）大人になったら科学の研究や事業に関する仕事がしたい ※「全くそうだと思う」から「全くそう思わない」の4段階から1つを選択
	30歳時に科学関連の職業へ就く期待	「あなたは30歳くらいになったら，どんな職業に就いていると思いますか」 ※職業の名前を記述形式で回答
	生徒の科学に関連する活動	A）科学に関するテレビ番組を見る B）科学に関する雑誌や新聞の記事を読む ※「頻繁に」から「全くあるいはほとんどしない」の4段階から1つを選択
資源と環境に対する責任	環境問題に関する認識	A）土地開発のための森林伐採の影響 B）酸性雨 ※「聞いたことがない」から「よく知っており，詳しく説明することができる」の4段階から1つを選択
	環境問題の深刻さに関する懸念	A）大気汚染 B）動植物の絶滅 ※「自分も他の人と同様に深刻に心配している」から「こんなことを深刻に心配している人はいない」の4段階から1つを選択
	環境問題の改善に関する楽観視	A）エネルギー不足 B）水不足 ※「改善される」から「ますます悪化する」の3段階から1つを選択

24

持続可能な開発に関する責任感	A）製造業は，危険な産業廃棄物を安全に処理していることを証明することが必要である B）絶滅のおそれのある種の生息場所を保護する法律に賛成する ※「全くそうだと思う」から「全くそう思わない」の4段階から1つを選択

（出典：国立教育政策研究所編，『生きるための知識と技能3 OECD 生徒の学習到達度調査（PISA）2006年調査国際結果報告書』，2007，133-150頁より作成。）

　日本では13の測定尺度のうち「科学に関する個人的価値」，「科学における自己効力感」，「理科学習における自己認識」，「科学の楽しさ」，「科学に対する将来志向的な動機づけ」，「科学に関連する活動」の6つで男女差が見られ，男子の方が女子よりも肯定的で，男子の方が女子よりも科学に関してその価値を認め，理科学習に自信を持ち，科学の情報を得ようとする活動も多く，科学に前向きな態度を示す傾向が見られた[22]。他の国の結果を見ると，「理科学習における自己認識」では科学リテラシー得点に男女差が見られなかった国（アメリカ，イギリス，オーストラリア，ドイツ，フランス，韓国など）のほとんどに男女差が見られ，男子が女子よりも理科学習において自信を持っていることが認められる。全般的に男女差がある場合，男子の方が女子よりそれぞれの態度を強く示しているが，「環境問題の深刻さに関する懸念」と「持続可能な開発に関する責任感」では，女子の方が男子よりもその態度を強く持っているという傾向がほとんどの国で見られた[23]。また，国別に見ると男女差の少ない国はアメリカとニュージーランドで，最も男女差のある国はオランダで，それに次いで台湾とイギリスが多くの測定尺度で男女差が見られた。日本は，それらの国の次に多くの測定尺度で男女差が見られ，フィンランド，ドイツ，香港と同程度であった[24]。

　次に，子どもたちの理科や科学，科学技術に関する情意面に焦点をあてたROSE（Relevance of Science Education）調査を取り上げる。この調査は，ノルウェー研究協議会とオスロ大学が資金提供して2003-2004年から実施され

ている国際比較調査で，TIMSS や PISA のような学力の国際比較を目的と
した調査ではなく，世界の子どもたちの学んでいる理科という教科内容と彼
らの日常生活との関連性を明らかにすることを目的としている[25]。調査項目
は，（1）科学に関連する事項への興味・関心，（2）職業意識，（3）環境問
題への意識，（4）理科授業，（5）科学技術に関する見方，（6）科学に関連
する日常経験，（7）科学者としての私，となっている[26]。15歳児を対象と
した調査で，日本においては中学校 3 年生を対象に，2003年 3 月に調査を実
施した。その結果，男女差が見られたのは，（1）の項目において，男子は，
「宇宙・大気」，「テクノロジー」，「科学・技術・社会問題」に強い興味を示
し，女子は，「医学・医療」に強い関心を示した[27]。さらに，個々の領域で
見ると，同じ「疑似科学」領域でも，男子は，「地球外生命体」，「人間の霊
魂」，「非西洋型療法」，「読心術・第六感」に，女子は，「星占い」，「夢見る
しくみ」，「幽霊・魔女の存在」などに興味を示した[28]。（2）の項目では，
女子の方が「もの相手よりも人相手の仕事」，「他の人々を助けられる仕事」，
「動物相手の仕事」，「多くの旅行を伴う仕事」を重視しており，男子は「自
分の手でものをつくり修理する仕事」，「機械や道具を使って働く仕事」を重
視し，「簡単で易しい仕事」，「有名になれる仕事」，「他の人々を監督する仕
事」といった項目も女子より有意に重視していた[29]。（3）の項目では，男
子の方が環境問題に関して楽観的で，女子の方が悲観的な傾向があり，男子
は，環境問題は専門家に任せるべきと考え，女子は自ら解決したいと考えて
いることがわかった[30]。（4）の理科授業の項目では，「他教科よりも理科が
好き」，「理科はおもしろい」，「批判的・懐疑的精神が身につく」，「健康に気
をつける方法を知った」，「理科の授業時間を増やすべき」などのほとんどの
質問項目で男女差が見られ，基本的に男子の方が女子よりも理科授業に肯定
的であった[31]。例外は「みんな学校で理科を学ぶべき」，「理科は自然への感
謝の気持ちを高めた」で，いずれも男女差はなく，賛否両論に分かれた[32]。
（5）の項目では，基本的に，男子がより肯定的な意見をもっており，科学

26

技術に関する楽観主義的な項目群について，男子の方が肯定的で女子は否定的であった。また，科学理論や科学者に対しても女子の方が否定的であった[33]。（6）の項目については，男子が経験豊かなものは，「弓矢・ゴム鉄砲の製作」，「パンク修理」，「電気回路」，「ヒューズ交換」などの日常的な技術であり，女子は，「編み物」，「火を起こしての料理」，「パン・ケーキ作り」などの日常生活の経験だけでなく，「情報技術（インターネット，携帯電話等）」に関して，男子よりも経験が豊かであることがわかった[34]。テクノロジーのユーザーとしては女子のほうが男子を上回っている。このような ROSE 調査の結果から，小川は次のように述べている。

> 通常「理科嫌い」だと思われている生徒たちも，丁寧に見ていけば，理科や科学技術に興味や関心をもつ部分もあることがわかった。そこから，新しい理科学習を構築できる可能性がある。たとえば，本調査でも，理科嫌いな女子生徒であっても，携帯電話でメールや通話ができる理由や携帯電話の健康への影響といった問題には興味があることがわかったが，そのような生徒の特性がわかれば，それに対応する理科授業を考えようとすることができる[35]。

　続いて，学習者の理科に対する意識を調査した大規模調査として，平成15年度の小中学校教育課程実施状況調査に着目する。前節で取り上げた教育課程実施状況調査は，学力を調査するペーパーテストのほかに各教科の学習に対する意識を探る質問紙調査も実施しており，小・中学生を対象に28題（中学校3年生には29題）の質問項目に対して「そう思う」，「どちらかといえばそう思う」，「どちらかといえばそう思わない」，「そう思わない」，「わからない」（質問項目によっては，「好きだ」，「どちらかといえば好きだ」，「どちらかといえば好きではない」といった選択肢などもある）の中から一つを選択して回答させている[36]。28題の質問項目について，中学校2年生の男女生徒の肯定的回答の割合を表1-7に示す[37]。この表における肯定的回答とは，「そう思う」と「どちらかといえばそう思う」に該当する回答の合計の割合を示している。

表 1-7　平成15年度小・中学校教育課程実施状況調査の質問紙調査―理科―における
　　　　質問項目と中学校2年生の男女の肯定的回答の割合

	質問項目	男子（%）	女子（%）
設問1	（1）理科の勉強が好きだ	68.5	48.2
	（2）理科の勉強は大切だ	68.5	55.2
	（3）理科の勉強は，受験に関係なくても大切だ	60.0	48.1
	（4）理科を勉強すれば，私の受験に役立つ	78.1	72.9
	（5）理科を勉強すれば，私の好きな仕事につくことに役立つ	40.6	26.0
	（6）理科を勉強すれば，私のふだんの生活や社会に出て役立つ	45.6	33.9
	（7）理科を勉強すれば，私は，疑問を解決したり予想を確かめたりする力がつく	56.8	44.1
	（8）受験に役立つよう，理科を勉強したい	78.7	78.5
	（9）自分の好きな仕事につけるよう，理科を勉強したい	41.1	28.2
	(10) ふだんの生活や社会に出て役立つよう，理科を勉強したい	45.6	35.1
	(11) 疑問を解決したり予想を確かめたりする力がつくよう，理科を勉強したい	53.5	43.3
	(12) 将来，理科の勉強を生かした仕事をしたい	30.2	16.5
	(13) 理科の勉強は，自然や環境の保護のために必要だ	70.0	70.0
	(14) 科学は国の発展にとって非常に重要だ	70.0	56.9
設問2	（1）理科の授業がどの程度分かりますか	60.7	40.1
	（2）理科の授業の中で分からないことがあったら，どうすることが多いですか	39.2	32.2
	（3）理科第1分野の勉強が好きですか	68.2	45.0
	（4）理科第2分野の勉強が好きですか	66.4	61.4
	（5）理科の時間に，自分の考えや調べたことを発表するのは楽しいですか	42.5	26.1
	（6）動物園や水族館へ行くことが好きですか	61.1	81.2

（7）博物館や科学館へ行くことが好きですか	61.4	55.9
（8）理科の勉強で，実験や観察をすることが好きですか	82.0	72.3
（11）自分の考えで，予想をして実験や観察をしていますか	60.1	46.7
（12）理科の勉強で，実験や観察の進め方や考え方を友だちと協力して決めるようにしていますか	67.7	70.5
（13）理科の勉強で，実験や観察の進め方や考え方がまちがっていないかをふり返って考えようとしていますか	51.7	44.4
（14）理科で勉強していることは，自分で実験や観察をすることによって確かめることが大切だと思いますか	73.5	71.9
（15）自然や理科についての読み物や図鑑，テレビ番組をよく見ていますか	44.6	30.1
（16）理科の勉強に関することで，分からないことや興味・関心をもったことについて自分から調べようとしていますか	44.0	30.9

註）設問2の（1）については，「よく分かる」と「だいたい分かる」の合計，（2）については「その場で先生にたずねる」と「授業が終わってから先生にたずねに行く」の合計である。また設問2の（9）理科の勉強で，動物や植物の世話をすることが好きですか，と（10）理科の勉強で，ものをつくったり道具を使ったりすることが好きですか，については，中学生には尋ねていない項目であるため割愛した。
（出典：国立教育政策研究所教育課程研究センター，「平成15年度小・中学校教育課程実施状況調査質問紙調査集計結果－理科－」，http://www.nier.go.jp/kaihatsu/katei_h15/H15/03001040000007003.pdf，2005，1-30頁より作成。）

この表を見ると，女子の方が肯定的回答の割合が高いのは，「動物園や水族館へ行くことが好きですか」と「理科の勉強で，実験や観察の進め方や考え方を友だちと協力して決めるようにしていますか」の二つの質問項目だけである。ほかの質問項目は男子の方が肯定的であるといえるが，特に，「理科の勉強が好きだ」，「理科の授業がどの程度分かりますか」，「理科第1分野の勉強が好きですか」については，20%以上の男女差があった。中学校2年生の女子は男子と比較して，理科の勉強，特に理科第1分野の好感度が顕著に低く，また，授業の内容理解に関して強く困難を抱えていることが明らかと

なった。

　次に，質問項目に対する小学生と中学生の回答の相違を見ていく。まず，「理科の勉強が好きだ」に対する小学校5年生と中学校2年生の回答結果を図1-1に示す[38]。ここでは，「そう思う」と「どちらかといえばそう思う」の割合を合計し，「どちらかといえばそう思わない」と「そう思わない」の割合を合計している。この図から，小学校5年生ですでに理科の勉強の好き嫌いに男女差が見られる。さらに，中学校2年生になると，男女ともに肯定的回答の割合は減少するが，女子の方が大きく減少し，理科の勉強が好きな女子は全体の半分を下回り，男子との差が拡大している。

　さらに，中学校の第1分野と第2分野の好き嫌いに男女差があるのかどうかを同調査で[39]見てみると，図1-2のように，第1分野では女子の肯定的回答の割合が低く，男子と顕著な差があるが，第2分野では女子の6割以上が肯定的に回答しており，男子との差はあまり見られない。女子は分野，つまり，学習内容によって好き嫌いが大きく変化することがわかる。第1分野の

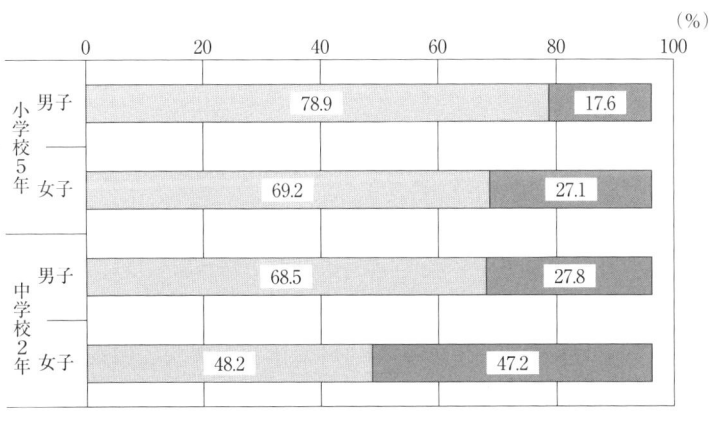

図1-1　教育課程実施状況調査における「理科の勉強が好きだ」に対する回答結果
（出典：国立教育政策研究所教育課程研究センター，「平成15年度小・中学校教育課程実施状況調査　質問紙調査集計結果－理科－」より作成。）

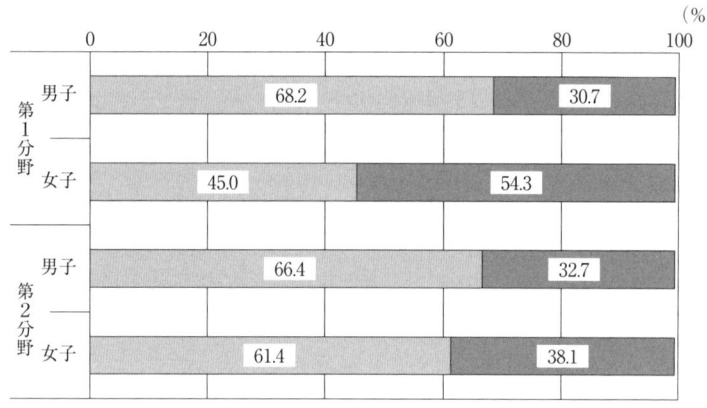

図1-2　教育課程実施状況調査における「理科第1分野の勉強が好きですか」および「理科第2分野の勉強が好きですか」に対する回答結果（中学校2年生）
(出典：国立教育政策研究所教育課程研究センター，「平成15年度小・中学校教育課程実施状況調査
　　　質問紙調査集計結果—理科—」より作成。)

物理学や化学は女子にとって興味・関心を引く魅力的な内容ではないものの，第2分野の生物学や地学の内容は身近に感じられる領域であることがうかがえる。

　また，「理科を勉強すれば，私のふだんの生活や社会に出て役立つ」および「理科の勉強で，実験や観察をすることが好きですか」に対する小学校5年生と中学校2年生の肯定的回答の結果をまとめると，表1-8のようになる[40]。理科の有用感については，「理科の勉強が好きだ」に対する回答結果と同様に，学年が上がると肯定的回答が減少し，その傾向は特に女子に大きく見られる。国際的に見て，日本の子どもたちは理科の有用性の認識が低く，理科教育において理科を学ぶ意義や有用性を実感する機会をもたせる必要性が叫ばれている[41]が，中学校2年生の女子の3人に1人しか理科に有用性を感じなくなるという現状は，女子の将来の進路として理工系が選択されないことを予見させる結果といえる。自分の生活や将来に役に立つと思えない教

表 1-8　教育課程実施状況調査における「理科の有用感」と「実験や観察に対する好感」の肯定的回答

	男子　肯定的回答		女子　肯定的回答	
	小学校 5 年	中学校 2 年	小学校 5 年	中学校 2 年
理科を勉強すれば，私のふだんの生活や社会に出て役立つ	59.4%	45.6%	55.7%	33.9%
理科の勉強で，実験や観察をすることが好きですか	83.8%	82.0%	83.5%	72.3%

(出典：国立教育政策研究所教育課程研究センター，「平成15年度小・中学校教育課程実施状況調査　質問紙調査集計結果－理科－」より作成。)

科を勉強するのはおそらく苦痛であろうし，そのことが表 1-7 の設問 1 の (9)～(11) の学習意欲に関する質問に対する女子の肯定的回答の割合が低いことにもつながっていると考えられる。このように男子に比べて女子の否定的な回答が目立つ一方で，「理科の勉強で，実験や観察をすることが好きですか」では，女子の回答が比較的肯定的であった。表 1-8 のように，男子と比較すれば，女子の肯定的回答は学年進行に伴い，減少するものの，70%超える高水準を保っており，理科の授業に特有の活動である実験や観察に対して，女子も好意的であるといえる。このことと併せ，前述のように，「動物園や水族館へ行くことが好きですか」と「理科の勉強で，実験や観察の進め方や考え方を友だちと協力して決めるようにしていますか」に対する肯定的回答の割合は，女子の方が男子より高いことや，理科第 2 分野への女子の好感度は比較的高いことから，中学校 2 年生の女子は，理科に関連する事柄すべてに否定的あるいは消極的な姿勢を示すのではなく，好意的な姿勢を見せる内容や活動もあることが明らかである。

第 2 項　理科に対する女子の意識

1．理科の好き嫌い

村松らは1999年と2000年に，中学校 1 年生と 2 年生の各900人程度を対象

とし，理科学習について生徒がどのようにとらえているかを質問紙で調査し，ジェンダーの視点から分析している[42]。この質問紙調査において，「理科を勉強するのが好きか」と尋ねたところ，1年生では男子の65.4％が好き，女子の53.1％が好きと答え，統計的な有意差があり，さらに2年生では男子の60.5％が好き，女子の43.7％が好きと答え，男女差は拡大している[43]。前述の教育課程実施状況調査の結果と同様に，学年が上がるにつれ，男女の「好き」の割合の差が拡大していくことを示している。実施状況調査では，中学校3年生の男子の73％，女子の57.3％が「理科の勉強が好きである」に対して肯定的に答え[44]，図1-1に示した中学校2年生よりも肯定的回答の割合が上昇している。このことから，小学校から中学校2年生までは理科を好きでなくなっていく状態が続くが，3年生になると若干理科好きへと転換するような何かが起きていることが予測される。

　村松らはさらに，中学校2年生を対象に，表1-9の10項目の中から，理科を嫌いな理由として該当するものをすべて選択させている[45]。10項目のうち，「自分で考えるのが苦手」，「暗記がある」，「自然や科学的なことがらに興味がない」，「計算がある」の4項目に，男女間の有意差がある。したがって，女子は男子よりも理科を「自分で考える教科」としてみなし，自分で考えることに自信を持てておらず，暗記や計算に対しても苦手意識を持ち，よい成績を修められないことへの不安感が，理科を嫌う要因となっていることが考えられる。しかし，「テストが難しい」や「授業がわかりにくい」といった項目では男女差は見られないため，女子は実際の理科授業において学習内容を理解するのに困難を抱えているというよりは，理科という教科の固定観念的なイメージによって，理科への嫌悪感を強くしているのではないだろうか。加えて，理科で扱う内容に関する女子の興味が低いのは，女子は自身と理科の内容とに関連性を見出せず，理科を自分から遠い存在として認識していることが予想される。

　理科好きの男女差については，村松ら以外にも多くの先行調査で明らかに

表 1-9　中学校 2 年生が理科を嫌いな理由

	男子（%）	女子（%）	統計的有意差
テストが難しい	46.6	52.4	なし
自分で考えるのが苦手	30.7	45.0	あり**
授業で使う言葉が難しい	33.0	41.0	なし
暗記がある	31.3	42.8	あり*
自然や科学的なことがらに興味がない	30.1	39.7	あり*
授業がわかりにくい	47.7	42.4	なし
普段の生活との関係がない	35.2	44.1	なし
実験や観察がめんどくさい	17.6	19.7	なし
先生が嫌い	31.8	27.1	なし
計算がある	34.7	49.3	あり**

*$p<.05$，**$p<.01$

（出典：村松泰子編，『理科離れしているのは誰か　全国中学生調査のジェンダー分析』，
　　　　2004，32頁，表 1-8 より転載。）

されてきた。例えば，松井らの中学生から高校生までの調査では，女子が得
意とする傾向の強いものから男子の得意とする傾向の強いものへと並べると，
国，英，社，数，理の順となる普遍的なパターンが存在することが明らかに
され，さらには，生徒の教科に対する好き嫌いの感情の男女差が，教科の成
績における男女差とも極めて一致していることから，学習好きにさせること
の重要性が指摘されている[46]。

　また，鈴木らは理科の観察・実験に対する中学生の意識を調査し，男子の
方が女子よりも観察・実験を積極的に好きであることを明らかにした[47]。ま
た，観察・実験の好き嫌いの理由として，男子では「楽しい」や「おもしろ
い」が多いが，女子では「内容によって」好きかそうでないかが変わる傾向
が見られ，女子は特に生物関係の観察・実験を好むことも指摘している[48]。
そして，男女とも電流やイオンの実験を嫌い，嫌いな実験として実体のない

もの，操作の複雑なものをあげる傾向が見られた[49]。学習内容の単元ごとの
好き嫌いに関しては，中学校1年生ではそれほど男女差は見られないが，2
年生，3年生では好き嫌いや実験操作の困難・充実の点で，男女差が大きく
なり，女子の実験への嫌悪感，実験操作への困難性が顕著になる[50]。それら
の男女差の理由として，鈴木らは第1分野単元への女子の苦手意識を指摘し
ている[51]。

　Katoらも同様に，中学生の実験に関する意識を調査し，表1-10のような
結果を得て，男女差はあるものの，実験を「好き」だと答える女子が，「好
きではない」と答える女子を大幅に上回っていることを明らかにしている[52]。
女子は実験を特に嫌っておらず，好感をもっていることは，先述の教育課程
実施状況調査の結果でも同様に現れている。しかし，実験を好きな女子は多
くても，自分の仮説を立てたり，実際に体験したりすることに関しては，女
子は消極的であることが表1-10から見てとれる。

　さらに，小学校5年生から中学校3年生までを対象に，児童・生徒の理科
に対する意識を，他の教科および諸活動に対する意識との比較を通して明ら

表1-10　中学生の理科に対する意識（実験に関して）

	男子（%）		女子（%）		統計的有意差
	そう思う	思わない	そう思う	思わない	
実験をするのが好きだ	76	10	55	22	あり**
実験で自分の仮説を立てる	34	33	19	60	あり***
実際に体験できる活動を進んでやる	46	28	26	38	あり**
実際に体験するよりも実験結果をノートに書き取る方が好きだ	17	46	28	33	あり*
実験器具を使ってときどき遊ぶ	37	41	24	58	あり*

$*p<.05$, $**p<.01$, $***p<.001$

（出典：Kato, A. & Yoshida, A.: Gender Issues in Science Education in Japan, *Journal of Science Education in Japan*, Vol. 27, No. 4, 2003, p. 262, Table 1. より一部抜粋。）

かにした角谷らは，次のように結論づけている。学年があがると理科に限らずどの教科でも嫌いという回答が増えるが，特に女子は理科に対してネガティブになる[53]。男子については，いずれの学年でも，理科は主要教科の中で好きな教科としてあげる児童・生徒が最も多いが，女子については，中学校２，３年生において理科を好きな教科としてあげる生徒が少ないばかりでなく，他の教科や諸活動と比較したときにも，理科を好きな教科としてあげる生徒が少なかった[54]。角谷らは，男子において持続する理科に対する興味・関心が，女子において低下することは，理系科目に対する自己概念が女子においては低いことを裏付けていると指摘し，さらに，理系科目の一つである数学よりも理科への興味・関心が低いことから，日本における児童・生徒の「理科嫌い」の問題が，中学校２，３年生の女子に顕著であることが推測されるとしている[55]。

　このように中学生女子の理科嫌いの傾向は，多くの先行研究で指摘されているが，女子が本当に理科を嫌っているのかについて疑問をもった内田らは，心理学的な手法を用いて次のような調査を行った。それは，中学生を対象に，一般的なアンケートを用いた理科に対する顕在意識の調査と，潜在意識調査法 FUMIE（Filtering Unconscious Matching of Implicit Emotions）Test を用いた無意識的・潜在的な意識や態度の調査の両方を行ったものである[56]。その結果，顕在意識については，角谷らの調査と同様に，学年進行とともに理科への好感度は男女ともに低下し，その傾向は特に女子に顕著であった[57]。しかし，潜在意識については，男子では，顕在意識とほぼ同様の値を示し，学年進行による変化もあまりなかったものの，女子では，顕在意識と潜在意識との結果が大きく食い違い，中学校２年生の理科に対する潜在意識には男女差がほとんどなかった[58]。このような結果を受け，内田らは中学生の女子は，実はそれほど理科を嫌っているわけではないにもかかわらず，「理科嫌い」を装っているのではないかと指摘し，女子は「理科嫌い」を装うことで「理科離れ」を起こし，そのために徐々に成績が下がって，本当の理科嫌いにな

ってしまう[59]と述べている。そして，男子にはそうした傾向が見られないのは，男子は「理科嫌い」を装う必要がないからであるとしている[60]。

2．理科への興味・関心・学習意欲

次に，「理科への興味・関心」と「理科の学習意欲」の男女差を見てみる。Kato らが行った中学生を対象とした理科に対する意識調査では，表 1-11 のように理科への「興味」，「授業の満足度」，「学習意欲」ともに，男子の方が有意に肯定的な応答をしている[61]。特に「もっと学びたい」と思わない女子が半数もいることは，進路として理工系を選ぶ女子が少ないことにつながっていることが予想される。また，理科への「興味」，「授業の満足度」，「学習意欲」は，前述の「理科の好き嫌い」と同じ傾向にあることがわかる。「好き嫌い」と「興味・関心」が密接に関連していることが推測できる。

また，Ogura は理科に関連する活動についての男女の興味の差をより詳細に調査している[62]。小学校 5 年生，中学校 2 年生，高校 2 年生を対象に，「望遠鏡を使って星や星の動きを観察すること」，「ビルや橋，道路を建築する技術を学ぶこと」，「癌やエイズに対抗する医学の技術を学ぶこと」，「生き物の活動を観察したり，調査すること」といった自然科学や科学技術に直接関連し，理科の授業でも取り扱われることがあるような項目から，「動物園

表 1-11　中学生の理科への興味・理科授業の満足度・理科への学習意欲

	男子（%）		女子（%）		統計的有意差
	そう思う	思わない	そう思う	思わない	
私は理科に興味がある	59	20	34	37	あり***
私は理科の授業に満足している	27	10	14	18	あり**
私は理科の授業でもっと学びたい	37	32	23	50	あり**

$**p<.01$，$***p<.001$

（出典：Kato, A. & Yoshida, A.: Gender Issues in Science Education in Japan, *Journal of Science Education in Japan*, Vol. 27, No. 4, 2003, p. 262, Table 1. より一部抜粋。）

を訪れること」,「ペットを飼い,世話をすること」,「火山や地層を見に行くこと」といった学校および学校外での科学的な活動に関連する項目,さらには「通常の理科授業に加えて,理科クラブに所属し実験をすること」といった項目まで全25項目に対して,「とても興味がある」,「それなりに興味がある」,「ほとんど興味がない」,「まったく興味がない」の中から選択させている[63]。その結果,概して,小学校5年生からすでに,男子は女子よりも物理科学的な内容に強く興味を持ち,女子は男子よりも生物に関係する内容に強く興味を持つ傾向が明らかとなった[64]。また,どの内容項目においても,年齢が上がるほど興味は低くなることから,男女ともに理科を学べば学ぶほど自然科学が面白くなくなっていくことを Ogura は指摘している[65]。女子が生物に関連することに興味があるというのは,前項で示した女子は第1分野よりも第2分野が好きであることと整合している。

　そして,山谷らは小学校6年生と中学校2年生を対象とした生命観の男女差の調査を行っている[66]。この調査での生命観とは,生命とは何かについての根本にある見方,考え方とされ,生物概念(生物の客観的属性を一つ一つ正確に捉える知識面としての概念)と生命概念(生命の本質的属性を体験などから得られる情意面としての概念)を基盤として形成されるものと定義づけられている。さらに,生物概念は「機械論」,「推測」,「客観的知識」,生命概念は「アニミズム」,「擬人化」,「生気論」,「価値」,「命」の下位概念から構成され,各下位概念に関する調査項目を用いて,男女差を測定している[67]。その結果,両学年ともに,女子の方が男子に比べて「アニミズム」,「命」の数値が有意に高く,中学校2年生では,女子の方が男子に比べて「推測」,「擬人化」,「価値」,「命」の数値が有意に高かった[68]。これらのことから,女子の方が男子よりも生き物に対する関心が高く,無生物に対しても,生物と同様に意識があり,命があるものとして捉える傾向が強いと結論づけている[69]。

3. 理科の有用性・学ぶ意味の認識

理科の好き嫌いや興味・関心に限らず，理科の有用性，学習の意義などの捉え方についても男女差の観点から調査が行われている。教育課程実施状況調査においてもこれらに該当する質問項目があるが，Kato らも同様に，現在の生活への理科の有用性と，将来の自分にとっての理科の有用性について中学生に質問しており，表1-12のような結果を得ている[70]。この表からは実施状況調査の結果と同じ傾向が見られ，女子の方が男子よりも理科の有用性を有意に感じていないことがわかる。また，男女ともに日常生活よりも将来への理科の有用性が低いと考えていることも読み取れる。特に，自分にとって将来理科が役に立つと「思わない」と断定的に否定している女子は半数を超えており，将来自分が科学的なことと関わりを持つことはないと中学生の段階ですでに多くの女子が考えているといえる。

加えて，中学校2年生を対象にした村松らの調査では，生徒が考える「理科を学ぶ意味」の上位には，「自然の謎や不思議がわかることはおもしろい」，「自然現象の仕組みを知ることは大切だ」，「入学試験に必要だ」，「毎日の生活に役立つ」，「将来の仕事に役立つ」といった回答が並ぶ[71]。この中で「将来の仕事に役立つ」という項目だけが女子より男子に有意に多く，他の項目には男女差は見られなかった[72]。また，「入学試験に必要だ」以外の回答は，

表1-12　中学生の理科の有用性に関する意識

	男子（%）		女子（%）		統計的有意差
	そう思う	思わない	そう思う	思わない	
日常生活で理科は役に立つと思う	37	23	24	44	あり**
自分にとって将来理科は役に立つと思う	24	35	17	53	あり*

$*p < .05$，$**p < .01$

（出典：Kato, A. & Yoshida, A.: Gender Issues in Science Education in Japan, *Journal of Science Education in Japan*, Vol. 27, No. 4, 2003, p. 262, Table 1. より一部抜粋。）

女子の中でも理科好きの生徒と理科嫌いの生徒には顕著な差があり，理科嫌いの女子は「入学試験に必要」としか理科を学ぶ意味を見出せていないことが明らかとなった[73]。しかし，理科好きの女子の75%近くが「自然のナゾや不思議がわかることはおもしろい」を，57%が「自然現象の仕組みを知ることは大切だ」を選択しており，この選択率は理科好きの男子よりも高く，理科好きの女子は理科の本質的な意義や重要性を認識していると指摘している[74]。

　理科学習の意義認識に関連して，鈴木らは中学生を対象に観察・実験の役割の認識を調査している[75]。男子は，観察・実験の役割として，「体験できること」，「わかりやすいこと」，「発見ができること」，「確認ができること」などをあげ，女子にも同様な傾向が見られたが，「協力学習」や「意欲を増す」などをあげた生徒が若干いた[76]。女子は観察・実験の役割を，操作面ばかりではなく，学習内容や学習形態に着目して捉えている者がおり，認識の傾向に男女間で違いが見られることが指摘されている[77]。

　したがって，理科の有用性の認識は，中学校段階において女子の方が男子よりも低い傾向にあり，特に，理科嫌いの女子は理科を学ぶ意味を見出せなかったり，入学試験への必要性にしか見出せない状況にあるといえる。

4．理科学習に対する自信・難易度の認識

　次に，理科学習に対する自信や難易度の認識について見てみる。教育課程実施状況調査では，前述の表1-7の設問2の（1）の「理科の勉強がどの程度分かりますか」がこれに該当する質問項目である。この質問項目では，「よく分かる」，「だいたい分かる」，「分からないことと分からないことが半分くらいずつある」，「分からないことが多い」，「ほとんど分からない」の中から選択することとなっていたが，小学校から中学校まで一貫して，女子の「よく分かる」への回答割合は男子よりも低く，中学校2年生では男女の差が14.1%にもなる[78]。そして，「分からないことが多い」と「ほとんど分か

らない」に対する合計の回答割合は，女子が男子よりも10.3％も高くなっている[79]。このことから，女子は学習内容の理解に困難を抱えているということが読み取れる。しかし，すでに指摘したように，理科のペーパーテストの通過率に明確な男女差は見られないため，女子は男子と比較して学習内容を「理解できていない」のではなく，「理解に対して自信をもてていない」ということ，換言すれば，女子は男子よりも理科学習の理解度の自己認識が低く，「自分は理科の内容理解が困難である」と捉えていることがわかる。

　この調査以外で，理科学習に対する自信に関する男女差の調査はあまり行われていないが，前述の鈴木らの中学生に対する調査では，実験の測定結果に対する自信と，観察・実験の基本操作への自信の度合いについて，男女差が明らかにされている[80]。それによると，測定結果に対する自信については男女差がほとんど見られないものの，観察・実験での基本操作については，「電流計・電圧計」で男女差が最も大きく，その他の「上皿てんびん」，「ガスバーナー」，「メスシリンダー」，「顕微鏡」のすべての器具で男子に比べて女子の操作への自信が有意に低かった[81]。また，宮田らは中学生を対象とした観察・実験器具の基礎操作技能に対する難易意識を調査している[82]。その結果，23種の観察・実験器具のうち，男子より女子の難易意識が有意に大きいものは，マッチ，電源装置，ガスバーナー，電流計・電圧計，水上置換法，試験管の加熱，記録タイマー，上皿天秤，顕微鏡の9種であり，逆に女子より男子の難易意識が有意に大きい器具は洗浄・乾燥の1種だけであった[83]。その理由として，女子には「火が怖い」や「まちがえるとこわれそう」，「操作手順が多くて複雑なので覚えられない」といった回答が有意に多かった[84]。これらのことより，女子は操作行為への恐怖心と，論理的な思考を積み重ねて操作方法を理解することへの困難性を強く持っていると結論づけられている[85]。これらの調査から，女子は男子よりも実験器具の操作に対する困難性を抱え，自信をもてていないことが明らかにされているが，学習内容の理解に対する自信や難易度の認識については，今後の詳細な調査が待たれる。

5．学習環境による理科に対する意識

　理科に対する意識は，教師や親，学校の環境などにも大きく影響を及ぼされる。ここでは，その中でも特に初等・中等教育段階の学校教育に直接関連する要素についての先行調査を取り上げる。まず，理科教師に対する女子の意識を見てみる。Kato らの中学生を対象にした調査では，「理科の先生が好きだ」の質問項目に「好き」と答えた男子の割合は34％，女子の割合は17％で，「好きではない」と答えた男子の割合は4 ％，女子の割合は18％であり，大きな差がある[86]。理科教師を好きであれば，必ずしも理科を好きになるとは限らないが，理科教師を嫌いにならないことは理科を好きにさせる第一歩となるのではないか。なぜならば，理科好きと理科嫌いの間に，教師に対する意識に違いがあるかを調査した村松らによれば，図1-3 のように，男女ともに理科好きの生徒に「好きな理科教師がまったくいない」という割合が低いのに対し，理科嫌いの生徒の半数以上が「好きな理科教師がまったくいない」と答えている[87]からである。この図からは，理科教師を積極的に好きに

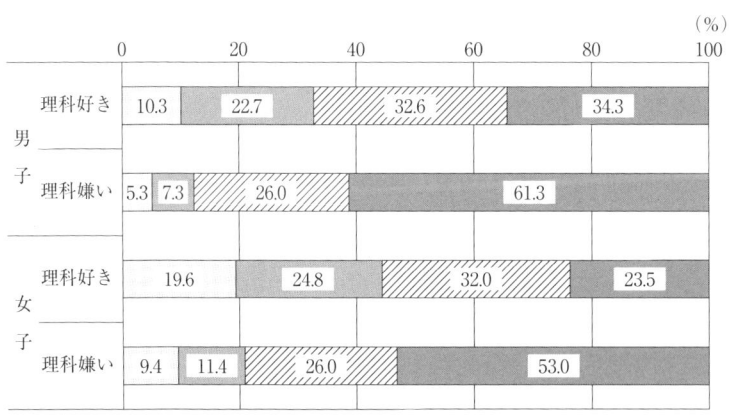

図1-3　理科の好き嫌いと「好きな理科の先生がいる」（中学校 2 年生）

（出典：村松泰子編，『理科離れしているのは誰か　全国中学生調査のジェンダー分析』，日本評論社，2004，49頁，表2-6 より作成。）

なることよりも，嫌いにならないことが理科を好きになることと関連があるように見える。さらに興味深いのは，理科の「好き嫌い」や「興味」，「有用性の認識」などはいずれも男子の方が女子よりも高いのに，この質問項目については，理科教師に対して男子の方が女子よりも否定的な見方をしているということである。この要因は明らかではないが，中学校理科教師には男性教師が多く，女性教師が少ないことに起因しているのかもしれない。文部科学省の平成16年度学校教員統計調査によると，中学校教師全体に占める女性の割合は約40％であるのに対し，中学校理科教師における女性の割合は約23％と大幅に少ない[88][89]。女性の理科教師が少ないことは，理科が男性に優位な領域であることをイメージさせるだけでなく，理工系に進むためのロールモデルを女子生徒に十分に提供できないことも懸念される。中等教育段階における女性理科教師の割合の国際的な平均値は58％であり[90]，これと比較しても日本における女性理科教師の割合が如何に低いかは明らかである。

　また，教師の期待を生徒がどのように感じているかについては，図1-4のように，「期待されている」と肯定的に感じている生徒は，たとえ理科好きであっても意外にも少ないことがわかる。その割合は，理科好きの男子でも25％程度，理科好きの女子では10％程度である。しかも，理科嫌いの女子のうち，教師の期待を感じているのは，約3％しかおらず，ほとんどの生徒は教師から期待されていないと思っているのである。これが，他教科の教師には起こらず，理科教師に特異的なことなのかは不明であるが，教師の期待が生徒の学習意欲を高めることは，ピグマリオン効果としてよく知られており，理科教師はもっと積極的に生徒への期待を表明するべきではないだろうか。

　村松らは，中学校の理科授業を観察し，理科教師にインタビューも行っている。それによれば，男子が教師の発問に対して手を挙げることなく自由に回答したり，授業の進行にそって思いついたままのことを発言したり，他の生徒の発言に野次のように声を挙げたりしていたのに対し，女子は挙手をして指名されるのをじっと待っている状況が多く見られたのである[91]。また，

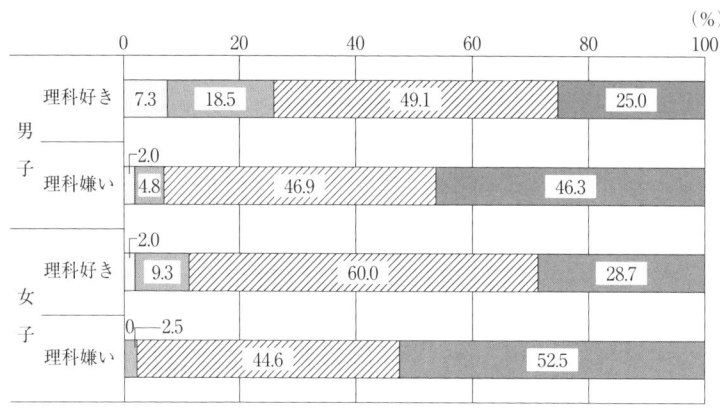

図1-4　理科の好き嫌いと「先生は，私が理科でよい成績を取れると期待している」
（中学校2年生）

(出典：村松泰子編，『理科離れしているのは誰か　全国中学生調査のジェンダー分析』，日本評論
社，2004，48頁，表2-4より作成。)

実験においても同様に男子がイニシアチブをとり，女子がサブに控えている
状態であったにもかかわらず，理科教師のインタビューからは，多くは理科
学習において性別を意識しておらず，男女差より個人差だという意見が多く，
性別によって理科に対する能力や適性が異なるという性差観に対しておおむ
ね否定的であったことを明らかにしている[92]。村松らは，理科教師だけでな
く生徒の性差観についても着目し，IEAの「数学教育の国際比較」[93]のなか
の数学・科学技術に関する性別役割の固定観念についての調査結果から次の
ように指摘している。①男性は女性よりも科学者や技術者に向いている，②
男子は女子より生まれつき数学的能力をもっている，③男子は女子よりもよ
り多く数学を知っている必要がある，④女性も男性も同じ程度に専門的な職
業につく必要があるという4項目に対して，「大賛成」から「大反対」まで
の5段階から選択するという質問があった[94]。この質問項目の結果，数学や
科学技術に関して男女間に能力差や，向き・不向きがあり，就職は男女不平

等でよいと日本の中学生や高校生自身が考えている割合が，調査国のなかでも極端に高かったのである[95]。反対に，性差をあまり意識していない国は，中学校ではフランス，スウェーデン，イギリス，高校ではスウェーデン，ハンガリー，スコットランドなどであった[96]。数学の成績は，領域によっては男女間の差が認められず，かえって女子の方がよくできる領域もあるにもかかわらず，日本ではなぜこのような強固な思いこみがあるのか。そして，このような思いこみを生んだ要因を解明し，誤った固定観念を追放する手立てを講ずることが緊急の課題であると村松らは警告している[97]。

さらに，河野らは中学生を対象とした調査から，「理科離れ」をジェンダーと階層から考察している[98]。具体的には，入学試験のない中学校を「公立校」，入学試験のある中学校を「入試校」とし，それぞれの生徒の家庭的背景および理科に対する意識・態度を調査し，学校間の差に加え，男女差についても分析を行っている。そして，理科に対する意識に関しては，次のような結果を得ている。まず，「公立校」の女子の方が「入試校」の女子よりも理科を好きではない[99]。また，理科が好きな程度が高いのは，「入試校」の男子で，「公立校」の女子の約3倍であった[100]。理科の4領域への関心については，「公立校」の物理，生物，地学の3領域で有意な男女差があり，物理は男子の方が，生物と地学は女子の方が高かった。それに対し，「入試校」では物理にのみ男女差があり，男子の関心が高かった[101]。そして，理科を学ぶ意味については，将来の仕事との関係で意味を見出す「入試校」の男子，受験との関係で意味を見出す「公立校」の男子，そして将来の仕事との関係が見出せない「公立校」の女子という傾向が見られた[102]。さらに，両親の学歴，職業，子どもへの科学的体験などの与え方に関する結果を加え，「公立校」の家庭の方が，理科への方向付けが弱く，その分，学校の役割が大きいとし，学校に期待される支援を以下のように指摘している[103]。第一に，「公立校」の女子に対して，理科を好きになれるような支援が最も必要とされる。「公立校」の女子たちは，ジェンダーと階層の双方からみて，理科か

ら離れた状況にある。しかし，彼女らは，教師や授業をきっかけとして，理科に惹き付けられていることから，学校からの支援によって理科への意識や態度が好転する可能性が秘められている。第二に，「公立校」男子では，受験などに閉ざされずに理科という教科を理解できるような支援が必要である。第三に，「入試校」の女子に対しては，物理領域への関心を高める支援が必要である。第四に，「入試校」男子に対しては，生物領域への関心を高める支援が必要である。

　本項全体を通して，理科に対する女子の意識をまとめておくと，中学校段階において，女子の理科への「好感」，「興味・関心・学習意欲」，「有用感」，「学ぶ意味」，「自信」，「教師からの期待度の受け取り方」などは男子よりも概して低い。しかし，女子は理科学習すべてに対して嫌悪感を持ち，学習することを完全に拒否しているわけではない。それは，女子が，生物学への関心を高くもっていたり，潜在的には理科をそれほど嫌っていなかったり，理科好きの女子は理科の本質的な意義や重要性を認識していたり，好きな理科教師がいる割合は男子よりも高かったりする部分に表れている。つまり，女子が理科を好きになる可能性は十分にありうるのである。

第3項　理科に対する女子の態度および経験

1．授業での態度と実験における役割

　ここでは，理科の授業中の態度に関するこれまでの研究成果をまとめておく。まず，赤井は，中学校の理科授業における生徒の行動を，非参与観察によって記録し，特徴的な部分を記述し，性別の観点から分析を行っている[104]。そして，等速直線運動について調べる実験での力学台車の操作や，魚の解剖実験などの場面の分析を通して，以下のような結果を得ている。男子は実験において，動的あるいは実験の山場となる部分を担い，女子は静的あるいは補助的な役割を担っていることに加え，指導的・統制的で中心的な立場に立つのも，女子より男子の方が多い[105]。また，実験に対して男子が

積極的で，女子が消極的であるが，これは実験器具の使用に際して，男子の方が女子よりも優先されるという意識がはたらいているためではないかとしている。それだけでなく，女子は間違いに対する恐怖心が強く，実験における作業や器具そのものに対する脅えがあるため，実験に自信をもてず，実験に対してより消極的になっていくことも推測している[106]。最終的な結論として，社会的な性役割（ジェンダー）は，理科授業においても，男子が優先されるという形で現れており，理科教育において女子と男子で性別による役割の固定化が行われるのは，実験室のようなところで，子どもたちが自由に動き回り，女子と男子の間で様々な交渉が行われる，あるいは，一緒に作業する機会が多いためであると指摘している[107]。

　観察・実験項目に対する中学生の認識を調査した鈴木らも，観察・実験への積極性は，男子に比べ女子の方がやや欠けることを明らかにしている[108]。さらに，Kato らは，中学生に対して「理科の授業中の次の活動において，男子と女子のどちらが多く参加していると思いますか？」と尋ねた結果から，次のことを導いている[109]。「道具をきちんと操作する生徒は？」，「理科の教師に指名される生徒は？」という問いについては，「男女等しい」と答える生徒が多く，男女間に差は見られない。一方，「実験で結果を記録する生徒は？」，「観察が得意な生徒は？」，「理科の授業中に一生懸命勉強するのは？」という問いでは，「女子」と答える生徒が多く，「手をあげて自分の意見を発表するのは？」，「自分のやり方で器具を操作する生徒は？」，「理科の教師に注意される生徒は？」という問いでは，「男子」と答える生徒が多く，顕著な差が見られる[110]。これらのことから，男子は理科授業に積極的に参加し，女子は努力しているものの，記録をとったり，後片付けをしたりなど，男子の補助的な役割に終始し，消極的であることが明らかである。

　さらに，村松らは性別による実験での役割分担だけでなく，理科の好き嫌いと役割に関係があるのではないかと考え，調査を行っている[111]。その結果，男女ともに理科好きの生徒よりも理科嫌いの生徒の方が実験活動に消極

的であることが明らかとなった。しかし，理科好きの女子であっても，実験
に直接関わっているのは，理科嫌いの男子と同程度の割合であり，女子は理
科好きでも理科嫌いでも，10％以上が記録を担当しているのである。

　実験のやり方の工夫の一つとして考えられるのが，実験のグループ編成で
ある。前述の Kato らは理科の授業における班活動でのグループ分けに関す
る生徒の意識調査も行っており，表 1-13 のような結果を得ている[112]。これ
によると，実際のグループ編成が男女混合である生徒の 7 割以上が男女別の
同性だけのグループで活動をしたいと答えており，実際の班活動に満足して
いないことがわかる。また，実際のグループ編成が男女別である生徒は 9 割
以上が男女別の同性だけのグループを希望しており，実際のグループ分けに
ほぼ全員が満足していることがわかる。男女別の同性だけのグループ編成を
生徒たちが望む理由についての調査は行われていないため，グループ編成を
生徒たちが希望する男女別にしたとしても，女子が積極的に実験に参加した
り，理科を好んで学習したりするとは単純にはいえないが，少なくとも男女
混合のグループ編成は，何らかの不快感を男女ともに与えているといえる。
観察・実験への積極性の男女差を指摘した前述の鈴木らも，その理由の一つ
として，グループ編成などの学習環境をあげ，男子，女子のみの班などをあ
えて編成することを提案している[113]。

表 1-13　班活動のグループ分けの方法に関する中学生の意識

| | | 実際のグループ編成 | | 合計（％） |
		男女混合（％）	男女別（％）	
同性だけのグループで班活動を したいか	はい	72	95	73
	いいえ	28	5	26
男女混合のグループで班活動を したいか	はい	28	9	26
	いいえ	72	91	73

（出典：Kato, A. & Yoshida, A.: Gender Issues in Science Education in Japan, *Journal of Science Education in Japan*, Vol. 27, No. 4, 2003, p. 265, Table 4. より一部抜粋。）

　このように，実験における女子の態度や役割分担に関する調査は多いが，ほとんどが中学生を対象としたものである。湯本らは，小学校 4 年生から 6 年生を対象として，理科実験における児童相互の会話や行動を性別の観点から分析している[114]。その結果，女子が実験等に積極的に参加しにくく，男子が女子の行動を阻害しているのみならず，女子自身が実験を放棄している実態が明らかになった。そして，男子が女子の行動を阻害する場合，また，女子が実験を放棄する場合に，それに対して異議を唱えない事例が少なくないことも明らかにしている[115]。この湯本らの研究では，実験室での授業を非参与観察の形で，ビデオカメラとテープレコーダーにすべて記録し，そのプロトコルから男女の関係性を考察するだけでなく，調査終了後に個別のインタビュー調査も行っている。インタビューのプロトコルには，ある男子は，女子が記録をすることは半ば「当然のこと」という認識を持っていて，インタビュアーの「何で女子は記録係りなの？女子が火つけたりすればいいじゃん」という問いかけに対し，「たまには逆になってもいいけど」と答えており，能動的な役割の変化性は認められず，性別による役割が強固に固定化されている[116]ことが鮮明に現れている。このような状態を問題視した湯本らは，さらに研究を発展させ，「男子が女子の行動を阻害し，女子が異議を唱える事例」や「男子が女子の行動を阻害し，女子が異議を唱えない事例」，さらには「女子が実験を放棄し，男子が異議を唱えない事例」などのビデオ映像を児童に見せたうえで，意図的に男女の役割を交換した授業劇を班内で演じさせることで，実験室での児童の相互作用に変化が生じるかを分析している[117]。このビデオ視聴と授業劇の後に，男子が女子の行動を阻害したり，女子が実験を放棄するような行動は減少し，その効果は 2 ヶ月後も継続していることが明らかとなった[118]。このことから，湯本らは児童自らの中に男女間の相互関係を改善する力があると結論づけている[119]。しかし，ビデオ視聴と授業劇という新たな指導を導入する以前では，児童は男女差に違和感を持っておらず，男女間の相互関係を改善する必要性すら感じていなかった

ため，理科授業における役割の男女差を児童に自覚させ，改善しなければな
らないと気づかせるための特別な指導を行うことが不可欠であり，そのよう
な指導の結果，児童自らが男女間の相互作用を改善するに至ったと解釈する
方が妥当であろう。

2．理科学習に関連する経験の有無

　児童・生徒の理科に対する意識や学習への積極性に影響を及ぼす要因の一
つに，理科学習に関連する経験が考えられる。前述の村松らは，中学生を対
象に「自然体験・生活経験と理科の好き嫌いの関係」や「科学的活動と理科
の好き嫌いの関係」についても分析している[120]。「自然体験・生活経験」に
関しては，「植物を育てる」，「木登りをする」，「タマゴを割る」，「蛍光灯や
電球をとりかえる」といった〈動植物〉〈自然体験〉〈生活経験〉〈日常生活〉
の４カテゴリーの計20項目の経験について「よくする」，「ときどきする」，
「あまりしない」，「全然しない」から選択させている。その結果，女子の理
科好きと関係が深いのは，植物に関する経験に加え，ノコギリやドライバー
を使う，蛍光灯を換える，ナイフで鉛筆を削るなどの危険をともなう可能性
があったり，工学的なものにつながりうる体験であったとしている[121]。女
子にとって，こういった体験が理科を好きになるきっかけとなりうることを
示唆している。さらに，男女ともに理科好きの方が理科嫌いよりも，小学生
のときに外遊びが好きだった傾向が高く，特に女子の方が，外遊びが嫌いな
ことと理科嫌いの関係が強いことが明らかになっている[122]。
　一方，「科学的活動」に関しては，自宅外の活動として「博物館や科学館
に行く」，「ハイキングに行く」，「プラネタリウムに行く」の３項目，読書と
して「科学マンガを読む」，「動植物図鑑を見る」，「科学の本を読む」の３項
目，パソコン・ゲームとして「パソコンを使う」，「テレビゲームをする」の
２項目の頻度を尋ねている[123]。男子は理科好きの生徒が理科嫌いの生徒よ
りも，「テレビゲームをする」以外のすべての項目において活動頻度が高か

ったが，女子の場合は「プラネタリウムに行く」，「科学マンガを読む」，「パソコンを使う」の項目においても理科の好き嫌いによる頻度の差は生じなかった[124]。こういった科学的活動の経験によって理科の好き嫌いが左右されるのは男子であり，女子にはこのような活動の経験が直接理科の好き嫌いに影響するとはいえない可能性がある。

　学校外での理科学習に関連する経験については，家庭や地域の環境によって左右されるため，学校の理科教育から介入することは難しいが，男女間に経験の差が見られるのであれば，それに配慮し，不足している経験を理科学習で補うことも検討しなければならないだろう。なぜなら，経験の不足によって，児童・生徒の理科学習への関心が高まらないだけでなく，観察・実験への恐怖心や不安感を増大させてしまうおそれがあるからである。

　以上のことから，本項をまとめると，女子は理科授業，特に観察・実験場面において，男子よりも消極的で補助的な役割に従事しているといえる。そして，そのような実態は，男子が女子の行動を阻害することのみならず，女子自身が実験を放棄することにも起因している。このようにジェンダーの固定観念によって実験への取り組み方の男女差が見られるものの，実験でのグループ編成について生徒たちは，男女別の同性だけのグループで活動したいと考えており，ジェンダーによって固定化された役割分担に何らかの違和感や嫌悪感を抱いていることが予想される。また，科学に関連する生活経験が豊富な女子ほど理科好きになる可能性が高く，この点からもジェンダーの固定観念にとらわれない体験の必要性がうかがえる。

第4項　女子の理工系への進路選択

1．大学における女子の専攻分野

　初等・中等教育段階を経た女子は，どのような進路をとるのだろうか。まず，大学における学部学生の専攻分野については，図1-5のように，人文科学，社会科学，工学の分野で男女の割合の差が大きく，特に工学を専攻する

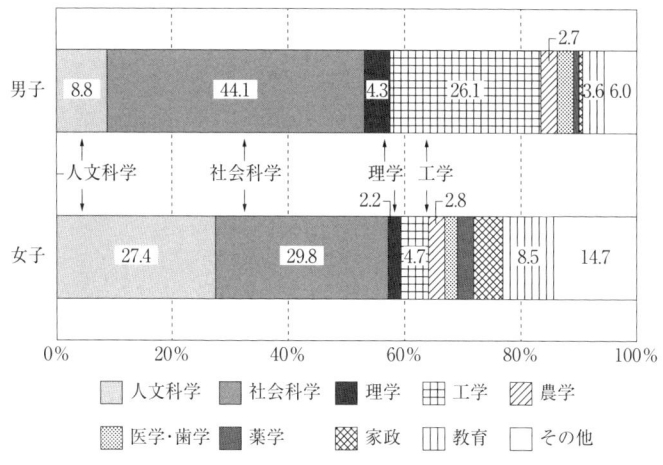

図 1-5　学部学生の専攻分野別の割合（2004年）

（出典：内閣府男女共同参画局，『男女共同参画白書（平成17年版）』，2005，40頁，第 1 −序−37図に加筆。）

女子は女子学生全体から見て，5 ％以下と非常に少なくなっている[125]。この図からは確かに，理学や工学などの理工系を専攻する女子の割合は非常に低いが，男子に目を向けると，7 割以上が社会科学あるいは工学の分野を専攻し，残りの 3 割弱の男子が他の分野に分散しているため，女子よりも男子の方が専攻分野の偏りは大きいように見える。

　図 1-5 は，男子と女子のそれぞれにおける専攻分野の人数の割合であり，男女の人数は当然同じではなく，また，各専攻分野の人数にも大きな差があるため，各分野の男女比などはわからない。そこで，各専攻分野における学部学生および院生に占める女性の割合を見てみると，図 1-6 のようになる[126]。この図によれば，学部学生に占める女子の割合は，理学で25％，工学で10％程度と他の分野よりも低くなっている。図 1-5 では，人文科学を専攻する男子の割合は低いものの，図 1-6 から算出すると，この分野に男子は 3 割以上いるため，男子が極端に少ないとはいえないだろう。図 1-6 において顕著なのは，工学の分野での女子の少なさと，家政の分野での女子の多さ

52

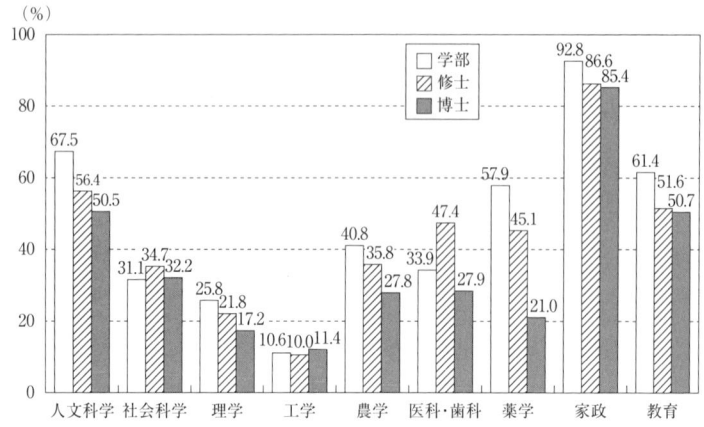

図 1-6　各専攻分野における学部学生・院生に占める女性の割合（2004年）

(出典：内閣府男女共同参画局，『男女共同参画白書（平成17年版）』，2005，41頁，第1－序－38図
より転載。)

である。そして，理工系に属すると考えられる理学，工学，農学，医科・歯
科，薬学の分野の中では，理学，工学では女子は少ないものの，他の分野で
は男子の人数に迫る，あるいはそれを超える女子がいることが読み取れる。
加えて，家政の分野の中には，食物学や被服学，住居学など理工系といえる
研究領域も多く，理工系を専攻する女子は研究内容によって，かなり多くい
ることが推測される。

2．理科に関連する職業への女子の就業意欲

　将来の仕事のために理科を勉強したいという学習意欲の男女差は，教育課
程実施状況調査では前述の表1-7の設問1の（9）「自分の好きな仕事につ
けるよう，理科を勉強したい」に表れている。この設問に対する肯定的回答
の割合を見ると，小学校5年生でもすでに男子の方が高く，女子との差は
7％程度であるが，中学校2年生になるとその差は13％近くにまでなる[127]。
女子は男子よりも学年進行による肯定的回答の割合の減少が大きく，中学校

2年生でその割合は3割以下になってしまうのである。

　Katoらが中学生を対象に行った調査においては，「私は将来，理科に関係する仕事に就きたい」という項目に「そう思う」と答えている女子の割合はわずか4％で，逆に「そう思わない」と答える女子の割合が81％と[128]，女子の理科に関連する仕事への就業希望が非常に低くなっている。理工系の仕事でも看護師や薬剤師といった女性が多い職種はいくらかあるにもかかわらず，希望する女子がここまで少ないというのは，女子が考える「理工系の仕事」というものが工学的あるいは技術的な職種に偏っているのではないかとも考えられる。高校への進学率が95％を超えている現在[129]では，小・中学生に「将来就きたい仕事」を考えさせても，具体的なイメージが湧かず，希望する職種を積極的に指し示せないのではないだろうか。一方，高校生を対象とした職業に関する調査において，小川は，「理系に優れた女性が選択すると予想される職業」について，男子の回答の方が女子の回答と比べてバリエーションが豊富であった。また，「理系に優れた男性が選択すると予想される職業」の回答においても，男子の回答の方が女子の回答に比べてバリエーションが豊富であることを明らかにしており[130]，これらの傾向から，女子の職業展望がステレオタイプ化している可能性を指摘している[131]。

　さらに，村松らが調査した理科の好き嫌いと将来就きたい仕事の関係[132]については，生徒に将来就きたい仕事を，「理系の仕事」，「それ以外の仕事」，「わからない」，「仕事をしたくない」から選択させており，理科嫌いの女子が理系の仕事を希望する割合が特に低いことが明らかになっている。しかし，理科嫌いの女子は理科好きの女子に比べ，「理系以外の仕事に就きたい」と考える割合も低く，理科嫌いの女子が必ずしも理系以外の仕事につくのを希望することにはつながっていないことは興味深い。この現象は男子にはあてはまらず，男子は「理系の仕事」と「それ以外の仕事」の合計の割合が理科好きと理科嫌いでほとんど同じであることから，理科嫌いの女子が仕事に就くこと自体に消極的であることが推測できる。また男女ともに，理科嫌いの

生徒は理科好きの生徒よりも，「仕事をしたくない」という割合がかなり高いことも特筆に値する。これは理科に特化した現象ではなく，他の教科でも同様な結果が得られることも予想されるが，少なくともある教科を「嫌い」であることが，就業意欲の欠如と関連する可能性があるといえよう。

3．女子の理工系選択者の特徴および理工系選択の要因

　日本において，女子の理工系選択の要因あるいは，理工系選択を阻害する要因に関する研究は，1990年代から教育社会学や女性学の研究領域で行われてきている。まず，高田は理系に進学した女性と，進路を途中で理系から文系に変更し文系に進学（以下，文転と略す）した女性との比較をケーススタディとして行っている[133]。その結果，次のことを明らかにしている。進路指導が女子の文転のきっかけのひとつとなっていて，進路指導をしている教員は，女子がつまずきを見せた場合には，無理をしてまでも理系に進学する意義を認めず，安易に文転を勧めている可能性が高い[134]。また，「女子は理系科目が苦手」であることをどちらのタイプの女性も「常識」として持っている[135]。そして，女子の理系進学者には，女子でありながら理系を選択しているという「エリート意識」や「優越感」があり，その過剰な自意識と理系の女子を特別視する周囲の雰囲気が，理系進学を希望する女子に余計な心理的負担をかけていることが，「文転してほっとした／肩の力が抜けた」といった文転者の言葉から窺い知ることができる[136]と述べている。さらに，あまり進学への関心が高くない中学・高校に通っていた人のなかには，女子でありながら成績が良い，理系科目を得意としているなどを理由に，「ガリ勉」，「でしゃばり女」と陰口をたたかれたり，上級生から呼び出されたりした経験を持つ人が複数いたものの，いわゆる「超進学校」の出身者は，そのような経験を全く持っていない[137]ことも明らかになり，女性の理系進学者の経験は，通っていた中学校や高校によっても差が大きく生じることがわかる。

　次に，村松らは，理系・文系への志望決定時期について，大学生を対象に

行った調査結果から，次のように指摘している。理系・文系への志望に関して，男女ともに高校時代に決めた学生の割合が最も高いが，理系学生に特徴的なことは，小学校時代にすでに志望を決めていた学生が男女ともに10％以上いて，文系男女学生の約3倍を示している[138]。つまり，理系のほうが文系よりも志望決定時期が早いという傾向が明らかになっている。また，理系・文系の中でもより細かな専攻分野の決定に関しては，理系男子，文系男女がいわゆる浪人時代や大学入学後に決定することが比較的多いことに比べ，理系女子は高校時代に専攻分野を決めている学生が多い[139]。これらのことから，理系女子学生は専攻分野決定時期が他の学生に比べて早いため，女子に理系進学を促すには，初等・中等教育の早い段階で，理系への志望意欲を持たせ，持続させることが重要であると考えられる。村松らの調査は，専攻分野決定に影響を与えた人やものについても及んでいる。まず，「影響を与えた人」（3つ以内の回答）については，図1-7に見られるように，専攻分野および男女にかかわらず，高校の先生と両親，先輩・友人が高い割合を示し，高校の先生の中では特に学級担任と教科担任が強い影響を与えていることが明らかとなった[140]。理系女子は影響者が「とくにいなかった」の割合が低く，専攻分野を周りの人に相談せずに自分だけで決めるというより家族や先生，友人といった身近な人からの影響を大きく受けていることが窺える。また，文系女子が父親よりも母親の影響を受けているのに対し，理系女子は父親を影響者として挙げる割合が高い。さらに，理系女子は理系男子および文系男女よりも，高校の先生から影響を受けている割合が高くなっている。ここでの「影響を与えた人」とは，「ロールモデルになった」，「相談にのってくれた」，「いいアドバイスをもらった」といったような専攻分野決定に正の影響をもたらした人が主に選択されていると考えられるが，逆に負の影響を与える人もいる。村松らが「専攻分野選択の際に反対した人がいたかどうか」を尋ねたところ，文系女子の9.8％に対して，理系女子では13.9％が「いた」と答え，理系女子の方が反対されることが多かった[141]。具体的には，

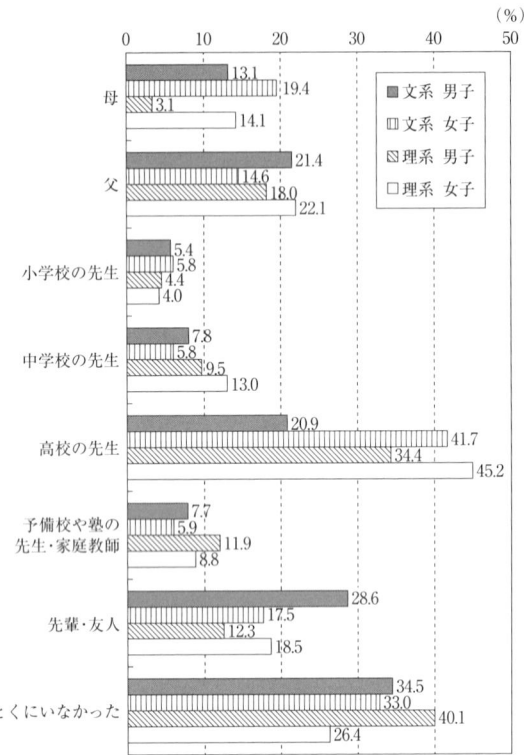

図1-7 専攻分野決定に影響を与えた人（大学生）

(出典：村松泰子編，『女性の理系能力を生かす 専攻分野のジェンダー分析と提言』，1996，73頁，
表3-1より一部抜粋して作成。)

「女は文系でもいいんだけどな」と父親に言われたり，「理系にいく女子は苦
労する」，「お前は理系に向いていない」などと言われたことがある理系女子
が少なからずいることを河野も指摘しており[142]，前述の高田によるケース
スタディと同様の結果といえる。また，教員養成大学学生の進路選択に関す
る意識を調査した吉田らは，理系女子と文系女子の間で，中学校時代の理科
教師への好き嫌いに有意差が認められることから，中学校段階の理科教師へ
の好嫌が，理系・文系を分ける要因の一つとなること[143]を示唆した。そし

て，「影響を与えたもの」については，村松らの調査によれば，理系・文系および男女を問わず，「とくになかった」の割合が最も高く，「自分自身の体験」，「本・雑誌」が続く[144]。理系女子の「自分自身の体験」の具体的内容は，宇宙博見学や自宅の改築などのできごと，小学校の理科係の経験，ペットを飼っていたことなどが挙げられ，小さなきっかけが科学・技術への関心の芽生えとなっていること[145]が示唆された。

　さらに村松らは，大学生の「専攻分野選択の理由」を調査し，理系女子の選択理由の第1位は「専攻分野の勉強・実験などが好きだから」で50％を大きく超えているが，理系男子，文系女子，文系男子の第1位は「専攻分野の学科が自分に向いていると思ったから」であり，理系女子との間には10％以上の差があることを示した[146]。このことから，村松らは「好きだから」の方がより積極的な志向だとすれば，最も積極的な理由で進路を決めたのは理系女子である[147]と論じている。逆に言えば，女子は男子と異なり，積極的な理由が強い人でないと理系には進みにくいという現状を示している[148]とも指摘している。また，理系・文系の大きな違いは，「教養を身につけたいから」に顕著に表れている。専攻分野の決定理由については，前述の吉田らも同様の意識調査を行っており，文系女子が「就職や社会への貢献」を考慮する割合が高いのに対し，理系女子は「この専攻分野を学びたい」という意志が強いこと[149]が明らかにされ，理系女子は積極的志向をもって専攻分野選択をしているという村松らの調査結果を支持している。

　村松らは，出身中学・高校の形態が大学生の専攻分野選択と関係があるかどうかについても調査し，女子学生の女子校出身者の割合を表1-14のように示している[150]。理系と文系の女子中学校出身者の割合を比較すると，2倍以上の大きな差があり，女子中学校の方が共学中学校よりも，女子が理系を志望しやすいような環境，あるいはその志望が支援されるような環境が整っている可能性が示唆された。女子中学校は私立学校で中高一貫教育を行っているところが多く，教育方針，科目編成，履修単位数などにその学校独自

表 1-14　女子大学生の中の女子校出身者の割合

	理系（%）	文系（%）
女子小学校	2.0	1.9
女子中学校	18.9	7.8
女子高校	30.4	35.9

（出典：村松泰子編，『女性の理系能力を生かす　専攻分
　　　　野のジェンダー分析と提言』，1996，92頁，
　　　　表 3-5 より一部抜粋。）

の特色を出している[151]。さらに，中等教育段階で数学や理科を好きだった
女子学生は女子校出身者に多く，嫌いだった学生は共学校に多いことも村松
らの調査から明らかにされた[152]。そして，村松らは，共学校と女子校での
女子の科目の好き嫌いの表れ方の違いは，科目によって女子向き，男子向き
というようなジェンダーイメージがあることと関係していると指摘し，女子
校出身者のほうが「国語は女子向き」とか「数学は男子向き」といったよう
な女子自身の思い込みや，周囲の男子生徒や教師の偏見から自由で，それが
科目の好き嫌いの違いに表れているのかもしれないと推測している[153]。換
言すれば，日々学習する環境において自分が「女子」であることを女子生徒
がどの程度意識しているのか，つまり，女性であることへの女子のコミット
メントの強さが，理科に対する意識に影響を及ぼしていると考えられる。
　女子の理系選択者と文系選択者との比較については，このほかにも研究が
行われている。例えば，下村は女子の理系選択者のほとんどが，小学校卒業
までに博物館や科学館へ行った経験があり，科学者の伝記や科学関連の本の
読書経験も，女子の文系選択者よりも豊富であることを明らかにしてい
る[154]。そして，学生の専攻分野選択や進路選択は，家庭環境からも影響を
及ぼされる。理系女性が育つ家庭環境や生育歴に関する研究も多く行われて
きているが，本研究は学校の理科教育に焦点化した女子の理科学習促進の検
討を目的としているため，これらの点については，先行研究の結果を簡潔に

述べるにとどめておく。

　まず，両親の職業については，理系女子は，両親が「専門・技術的な職業」に就いている割合が高く，女子が理系に進む条件として，男子や文系の女子以上に親の経済的階層や職業的背景が，大きな意味をもつ可能性が指摘されている[155]。次に，両親の学歴と専攻については，理系女子の両親は，学歴が高く，また理系出身者であることが多い[156]。このことは，「家族の中の理系人数の割合」を調査した下村も，理系専攻の人数の占める割合が40%以上であるという家庭に理系女子は多く，40%以下という家庭には文系女子が多いことを明らかにしている[157]。さらに，科学技術に対する関心や環境作りを意識している母親に，理系に進学する子ども（女子）の割合が高いという調査結果もある[158]。一方，学生の生育歴を示すものの一つに，「子どもの頃の遊び」がある。前述の「理科学習に関連する経験の有無」においても触れたが，理系女子の方が文系女子よりも，幼いころ，読書や人形遊びのような屋内での遊びよりも，ゴム段・なわとび，鬼ごっこ・かくれんぼ，砂遊び・ブランコ・すべり台のような外遊びを好んでいたことが明らかになっている[159]。

　本項をまとめると，理科に関連する職業に就くことを希望する女子の割合は低く，職業の展望がジェンダーによって固定化されている可能性が高い。また，理系女子は，志望決定の時期が早く，「好きだから」という積極的志向で進路選択をしている。加えて，理系女子は父親や高校の教師の影響を強く受けていたり，ジェンダーの固定観念による制約から自由な環境で育っていたりすることが明らかとなった。

　本節を総括すると次のようにいえる。女子は理科への「好感」，「興味・関心・学習意欲」，「有用感」，「自信」などの意識面が，中学校段階で男子よりも顕著に低下するだけでなく，態度の面でもジェンダーの固定観念によって，実験において男子よりも消極的で補助的な役割に従事してしまっている。し

かし，女子は理科学習すべてを嫌悪し，学習することを完全に拒否している
わけではない。それは，多くの女子が，生物学への関心を高くもっていたり，
潜在的には理科をそれほど嫌っていなかったりするからである。また，理系
への進路選択や職業選択をする女子は少ないものの，積極的志向で理系を選
択しており，彼女らはジェンダーの固定観念にとらわれない環境で多様な経
験をしていることから，学校において女子にどのような理科教育を提供する
かで，理科好きの女子が増える可能性も十分に考えられる。

第3節　日本の女子の理科学習の問題点

　まず，前節までの先行研究で明らかになった，日本の女子の理科学習およ
び進路選択の実態と，男女差に関連する日本の理科教育の特徴を抜き出すと，
表1-15の左列のようになる。本研究では，これまでほとんど議論および検
討されてこなかった学校の通常の理科授業に焦点化して，女子の理科学習の
促進のための方策を開発することを目指しているため，この表には，学校教
育と直接関わる実態のみを示し，家庭環境や学校入学前の経験，学校外の社
会からの影響については取り上げていない。また，表中の「女子」は，特に
断りがない限り初等・中等教育段階の女子児童・女子生徒を示している。そ
して，表の左列で挙げた項目を，女子の理科学習の問題点として類似する内
容ごとにまとめたものを右列に示す。この分類によって，学校の理科教育に
関連する日本の女子の理科学習の問題点は，「女子の理科学力」，「小・中学
校段階の理科全般に対する女子の意識」，「学習内容による女子の意識」，「観
察・実験に対する女子の意識と態度」，「教師に対する女子の意識」，「女子の
進路選択」，「中・高等学校の教師からの影響」，「学校の種類による影響」の
8点にあると総括される。これら8点は，先行研究での調査によって浮き彫
りにされた女子の理科学習の問題点であり，これら以外の問題点の存在はも
ちろん否定できない。しかし，前節までに示したように，理科学習における

表 1-15　日本における女子の理科学習の実態と男女差に関わる理科教育の特徴に見る
　　　　 女子の理科学習の問題点

女子の理科学習の実態・男女差に関わる理科教育の特徴	女子の理科学習の問題点
（1）小・中学校段階の理科学力に男女差は見られない。 （2）高等学校段階の物理と化学の女子の学力は，男子よりも低い。 （3）小学校段階の女子の科学的論述力は，男子よりも高い。 （4）中学校段階の形式的な推論能力の一部は，女子が男子よりも低い。	◆女子の理科学力 ・高等学校の物理と化学 ・形式的な推論能力（保存・確率・比例）
（5）小学校5年生ですでに女子が男子よりも理科への好感が低い傾向が見られ，学年が上がるにつれ顕著になる。 （6）他教科よりも理科が好きという女子は，男子よりも少ない。 （7）中学校段階で女子は男子よりも理科に興味をもてず，理科授業の満足度も低い。 （8）中学校段階で女子の理科への学習意欲が急激に減退する。 （9）中学校段階で女子の理科の有用性の認識が，男子よりも顕著に低い。 （10）中学校段階の女子の理科嫌いの理由において，「自分で考えるのが苦手」，「暗記がある」，「自然や科学的なことがらに興味がない」，「計算がある」については男子より多くなっている。 （11）中学校段階の女子は顕在的には理科嫌いを表明しているが，潜在的にはそれほど理科を嫌っていない。 （12）中学校段階で理科好きの女子は男子よりも「理科を学ぶ意味」として，自然の謎や不思議の解明への面白さや，自然現象の仕組みを知ることの重要性を認識している。 （13）理科を学習すると「批判的・懐疑的精神が身につく」と考える女子は男子よりも少ない。 （14）「理科の授業時間を増やすべき」と考える女子は男子よりも少ない。 （15）女子は男子よりも理科学習に対する自身の理解度の自己認識が低く，理解が困難であると捉えている。	◆小・中学校段階の理科全般に対する女子の意識 ・好感 ・興味 ・学習意欲 ・有用感 ・顕在的意識 ・学習の意義 ・理解への自信

(16) 中学校理科第1分野への女子の好感度は，男子よりも顕著に低いが，第2分野については，男女差は小さい。 (17) 男子は女子よりも物理・化学的な学習内容に，女子は男子よりも生物学的な学習内容に興味をもっている。	◆学習内容による女子の意識の差
(18) 中学校段階で女子の観察・実験への好感は男子よりも低いが，半数以上が観察・実験を好きである。 (19) 実験では，女子は男子の補助的な役割に終始し，積極的に関与できていない。 (20) 小学校の理科実験では，男子が女子の行動を阻害するだけでなく，女子自身が実験を放棄している場面もある。 (21) 中学校段階で実験における男女別のグループ編成を男女ともに望んでいる。 (22) 中学校段階で女子は実験の基本操作への自信が男子よりも低く，操作行為への恐怖心と，論理的な思考を積み重ねて操作方法を理解することへの困難性を強く感じている。 (23) 中学校段階で女子は男子よりも観察・実験を操作面だけでなく，「確認できるもの」，「共同学習ができるもの」とも捉えている。	◆観察・実験に対する女子の意識と態度 ・役割分担 ・積極性 ・グループ編成 ・操作への自信・困難性 ・観察・実験の意義
(24) 中学校段階で理科好きの女子は，理科嫌いの女子よりも好きな理科教師がいる割合が高い。 (25) 中学校段階で，教師から理科の成績に関して期待されていると感じている女子は男子よりも少なく，理科好きの女子でも教師からの期待を感じていない。	◆教師に対する女子の意識 ・教師への好感と理科の好き嫌い ・教師からの期待の認識
(26) 中学校・高等学校段階において，数学・科学技術に関して男女間に能力差や向き・不向きがあり，就職は男女不平等でよいと考える生徒の割合が，他国より極端に高い。 (27) 理学・工学専攻の女子学生の割合は，他分野よりも顕著に少ない。 (28) 理系女子学生の専攻分野決定時期は，他の学生に比べて早い。 (29) 理系女子学生は，他の学生よりも積極的志向で専攻分野を選択している。 (30) 女子の理科に関する仕事への就業希望は，男子よりも非常に低い。	◆女子の進路選択 ・科学技術に関連する性差意識 ・理工系専攻 ・専攻分野の決定時期 ・専攻分野の選択理由 ・理系職業への希望 ・理系女子の意識

(31) 理系女子学生には，「エリート意識」や「優越感」があり，その過剰な自意識と理系の女子を特別視する周囲の雰囲気が，理系進学を希望する女子に余計な心理的負担をかけている。	
(32) 中学校理科教師における女性の割合は20％程度で，国際的平均値よりも低い。 (33) 中学校理科教師は理科学習における性差を意識していない。 (34) 理系女子は，理系男子および文系男女よりも，専攻分野決定に高等学校教師からの影響を強く受けている。 (35) 進路指導担当の教師は，女子が理系分野につまずきを見せると，安易に文系への変更を勧めることがある。	◆中・高等学校の教師からの影響 ・女性の理科教師の人数 ・性差に対する教師の意識 ・女子の進路選択への影響
(36) 入学試験のある中学校の女子の方が，入学試験のない公立の中学校の女子よりも理科を好きである。 (37) 入学試験のない公立の中学校の女子は，ジェンダーと社会的階層の双方からみて，理科から離れた状況にある。 (38) 理系女子学生には，女子中学校出身者が多い。	◆学校の種類による影響 ・中学校入試の有無 ・女子中学校

　性差および女子の理科離れに対する問題意識は，日本においてもすでに1980年代から高まっており，その実態解明のための調査研究は十分に蓄積している。そのため，主要な問題点は，表1-15に集約した内容でほぼ網羅できていると判断した。また，これらの問題点が起こる要因に関する研究は，実態調査に比べて決して多くないが，次のような指摘がなされている。

　前節において繰り返し取り上げた村松らによる中学生の理科に対する意識調査は，「女子の理科離れの実態」，「なにが理科離れを引き起こしているのか」，「理科がおもしろいのはどんな子か」について明らかにした[160]。彼女らの教育社会学的な調査は，学校の理科教育に限らず，女子の理科学習に関連する広範な事象に着目し，女子の理科離れを引き起こす要因として，「学校」，「自然体験・生活経験」，「家庭環境」，「将来の職業選択」の4点を規定し，質問紙調査を行い，生徒の理科に対する意識と各要因との間の関係を解

明した。この4点の要因の分析から，女子の理科学習の促進のためにしなければならないこととして，村松らは「学校におけるジェンダーバイアスの解消とジェンダーインクルーシブな教育」，「継続的な自然体験」，「家庭の理科的教育力の向上」，「ジェンダー固定観念的な職業イメージの改善」などの重要性を挙げている[161]。これらの改善の必要性はもちろん看過できないが，本研究が焦点化している学校の理科教育における改善に関して村松らは，教師と児童・生徒がもつジェンダーバイアスに重点を置き，そのバイアスによって引き起こされる教師と生徒の相互作用や，観察・実験といったグループ活動での役割分担に変化をもたらす必要性を強調しているものの，理科の学習内容および理科授業における具体的な指導方法といった教科に特化した改善策を提示してはいない。つまり彼女らの分析からは，学校教育全体がジェンダー包括的なものとなるための示唆は得られても，理科教育における具体的な改善策については見えてこない。

　一方，Kato らによる中学生の理科学習の意識調査では，学校の理科教育におけるジェンダー問題を見出すことを目的としているため，家庭環境や進路選択といった視点よりも学校の理科教育に幾分焦点化した考察が行われている。そして彼女らは，日本の理科教育におけるジェンダーの問題を以下の5点にまとめている[162]。

（1）女子は理科を学習するための準備が十分になされていない。
（2）理科カリキュラムの内容は，女子の興味に合っていない。
（3）理科のイメージと理科に関係する仕事は男子に有利である。
（4）ジェンダーに関する生徒の考え方が，女子に理科授業で女性としての消極的な役割を演じさせている。
（5）女子は理系コースに入ることや理科に関係する仕事に就くことを，教師，親，友人といった社会的な文脈から期待されていない。

　つまり，Kato らは，村松らの視点にはなかった「理科の学習内容」と

「理科に関するジェンダーの固定観念」についても理科学習における男女差の要因であることを示したのである。日本では，理科学習に関する様々な視点からの男女差の実証的調査は数多く行われてきたが，理科学習全体を通して，その要因の分析を行ったのは村松らと Kato らの研究しか見あたらない。さらに，そこから発展して，学校の理科教育において女子の理科学習を促進する方策が検討されるには至っていないのである。

　これらの要因分析を踏まえ，表 1-15 でまとめた 8 つの女子の理科学習の問題点を克服するために，学校の理科教育において変革が求められる箇所を以下に考察する。なお，ここで指摘する変革が求められる箇所は，学力調査および日本における先行研究を総括して分類したすべての問題点に関して検討したものであり，多岐に渡っているため，本研究においてそれらすべての改善を目指し，実践的に介入することは困難である。そのため，ここで指摘する箇所に，第 2 章で論じる諸外国における研究の成果や問題点を勘案することによって，本研究において実践的に検討する部分を焦点化する。そして，その焦点化については，第 3 章にて論じることとする。

1）女子の理科学力

　日本においては小・中学校段階における男女の理科学力には顕著な差は見られない。つまり，学習の到達度が低いことが女子の理科学習への消極性を導いているのではないことがうかがえる。そして，女子は理科の学習到達度において，男子と同程度であっても自分の学力に自信を持てずにいる。このことから，女子については，理科の学習到達度と理科学習への意欲は正の相関関係にないこと，あるいは理科学習に消極的にさせる別の要因が学習到達度よりも強く作用していることなどが推測され，今後さらに調査・分析が必要となるだろう。女子の理科学力については，まったく問題がないわけではなく，中学校段階における数値計算や定量的な扱いを伴うような推論能力や，高等学校段階における物理と化学の学習到達度については，女子が男子より

も低いため，何らかの手立てを講じなければならない。女子は意識の面でも，「計算がある」ことが理科嫌いの原因となったり，物理学の内容への嫌悪感が強いことなどから，数的な処理を要する学習活動や，物理・化学的な内容の教授において，女子の理解度の向上に資する方策の開発が求められる。

2）小・中学校段階の理科全般に対する女子の意識

　理科に対する意識の男女差は，小学校段階では小さいものの中学校段階で顕著になる。これは，学年進行による女子の理科離れの速度が男子よりも速いことを意味しているが，中学校段階で理科学力には男女差が見られないことから，学習内容の理解度に直接起因する現象ではなく，理科のもつジェンダー固定観念的なイメージの認識が中学校段階で確立されることによる影響が大きいのではないかと推測される。女子中学生は潜在的にはそれほど理科を嫌っていないにもかかわらず，顕在的には理科嫌いを表明するという調査結果からも，理科の学習そのものよりも，性別役割意識や女性らしさの自己実現などの周辺的な要因によって女子の理科離れが引き起こされると考えられる。このような状況を改善するためには，中学校の理科授業において，理科のジェンダー固定観念的なイメージを打破し，理科授業における活動場面で性別による役割分担が行われないようにしなければならない。また，女子が性別による役割や女性らしさを意識し，それらを理科授業で実現しようと苦心することを差し置き，自ら「参加したい」と熱望するような，女子を強く惹きつける活動を授業に導入することも効果的であろう。

3）学習内容による女子の意識の差

　理科の学習内容については，中学校理科の第1分野や物理学の学習内容を女子が嫌いになる要因を明らかにすることと，第2分野や生物学の内容を好む要因についても明らかにする必要がある。それによって，第1分野および物理学の教授方法を改善する手がかりが得られるだろう。

4）観察・実験に対する女子の意識と態度

　理科授業での活動において女子が補助的な役割を担い，積極的に関与でき
ていない状況は，理科に対する女子の否定的・消極的な意識を加速させてお
り，改善すべき重要な点である。女子が実験操作への恐怖心を克服するため
にも，自ら中心的な役割で実験に参加できるような機会を多く提供しなけれ
ばならないだろう。中学生は男女ともに，実験のグループ編成について，男
女混合よりも男女別を望んでいることからも，全員が実験に関与できるグル
ープ編成について検討する必要がある。また，女子は男子と異なり，観察・
実験の意義を「共同学習ができるもの」と捉えている者もいるため，協力し
ながら活動できるような観察・実験を設定することで，女子の理科学習への
意欲も高めることができるのではないだろうか。

5）教師に対する女子の意識

　先行研究の結果から，女子が理科を好きになる要因の一つとして，教師へ
の好感度の高さが考えられるため，女子に嫌われる理科教師像を明らかにし，
好かれる理科教師になる方法を検討しなければならない。また，女子が理科
教師からの期待を認識できるように，理科教師は自らの言動に留意しなけれ
ばならない。

6）女子の進路選択

　女子の理工系の進路選択が少ない現状を打破するには，まず，女子に対す
るキャリア教育の充実が求められるだろう。特に，理系に進む女子は早い段
階から積極的志向で専攻分野を選択していることから，小・中学校段階から
のアプローチが必要となるかもしれない。序章で示したように，女子の理系
進路選択を促すキャリア教育に関する取組は，学校外で開催されるキャンプ
や講演会などとして，日本でも既に始められてはいるものの，学校の理科教
育においては未だ取り組まれていないため，理科の授業で理工系の進路や職

業について学ぶ機会を設けることも望まれる。また，日本の生徒の科学技術に関する性差意識は他国より高く，理系志望の女子は過剰な自意識をもっていたり，特別視されたりする傾向も強いため，社会全体の風潮が変化するのを待つだけでなく，理科授業においても，理科の学習内容の教授だけでなく，学習者が自然科学そのものを客観的に捉え，付与された教科のイメージとジェンダーに関する固定観念に気づき，それらが正しいかどうかを評価するような場面を提供する必要があるのではないだろうか。

7）中・高等学校の教師からの影響

　小学校教師は通常理科の専科ではないため，教科と担任教師のイメージとは結びつかないかもしれない。しかし，中学校になると教科担任制になるために，教科と教師のイメージとが結びつきやすいと考えられる。理科教師の多くが男性であれば，理科＝男性的なイメージを生徒たちが持つのは当然のことであろう。逆に，女子にとって身近に女性の理科教師がいれば，その教師がロールモデルとなって理系の進路選択を考えるきっかけとなるかもしれない。理系に進学する女性が未だに少ないために，理科教師になる女性は容易には増加しないが，教師は自身の言動が児童・生徒の教科に対する意識や態度，そして進路選択に影響を及ぼすことを自覚し，女子の理科学習に負の影響を及ぼしていないかを点検しなければならないだろう。

8）学校の種類による影響

　学習者が入学する学校は，学習者本人と家族の入学希望と入学試験への合格によって決定されるものであり，学校の理科教育からは介入できない。しかし，女子の理系進学が多い学校というのは，女子の理科学習を促進する環境を提供できている，あるいはそのような授業を実践していることが予測され，そのような学校の教育の特徴を見出すことによって，学校の理科教育における女子の学習促進に示唆を得られるだろう。女子中学校の出身者に理系

進学が多いのは，女子の理科離れが加速する中学校段階において，女子だけの環境で理科授業を行うことによって，実験にも女子全員が主体的に関与できる状態が実現できていると考えられる。

　本章では，日本における女子の理科学習の実態に関する先行研究の成果を示し，学校の理科教育に関連する女子の理科学習の問題点を整理した。次章では，日本における女子の理科学習の促進のための方策を開発する際に参考となることが期待される諸外国における女子の学習促進のための実践的な研究について見ていくことにする。

第1章　引用文献および註
第1節
1）国立教育政策研究所編，『生きるための知識と技能4　OECD 生徒の学習到達度調査（PISA）2009年調査国際結果報告書』，明石書店，2010，19頁.
2）同上書，148-150頁.
3）同上書，161頁. 国立教育政策研究所編，『生きるための知識と技能 OECD 生徒の学習到達度調査（PISA）2000年調査国際結果報告書』，ぎょうせい，2002，131頁. 国立教育政策研究所編，『生きるための知識と技能2　OECD 生徒の学習到達度調査（PISA）2003年調査国際結果報告書』，ぎょうせい，2004，187頁. 国立教育政策研究所編，『生きるための知識と技能3　OECD 生徒の学習到達度調査（PISA）2006年調査国際結果報告書』（以下，PISA2006と略記），ぎょうせい，2007，74頁.
4）国立教育政策研究所編，『TIMSS2003 理科教育の国際比較 国際数学・理科教育動向調査の2003年調査報告書』，ぎょうせい，2005，2頁.
5）同上書，15頁.
6）同上書，33-34頁. 国立教育研究所，『小学校の算数教育・理科教育の国際比較－第3回国際数学・理科教育調査報告書－』，東洋館出版社，1998，175-176頁. 国立教育政策研究所，『数学教育・理科教育の国際比較－第3回国際数学・理科教育調査の第2段階調査報告書－』，ぎょうせい，2001，87頁. 国立教育政策研究所，「TIMSS2007 理科教育の国際比較－国際数学・理科教育動向調査の2007

年調査報告書—」, http://www.nier.go.jp/timss/2011/T07_report_sci.pdf, 2009, 26-27頁, 2013年3月20日取得. 国立教育政策研究所,『TIMSS2011 理科教育の国際比較』, 明石書店, 2013, 50-51頁.

7）国立教育政策研究所教育課程研究センター,『平成13年度 小中学校教育課程実施状況調査報告書—中学校理科—』(以下, H13 実施状況調査と略記), ぎょうせい, 2003, 3頁.

8）同上書, 13頁. 国立教育政策研究所教育課程研究センター,「平成15年度小・中学校教育課程実施状況調査 ペーパーテスト調査集計結果」, http://www.nier.go.jp/kaihatsu/katei_h15/H15/03001100000007003.pdf, 2006, 250-251頁, 2013年3月20日取得.

9）H13 実施状況調査, 前掲書, 4頁.

10）国立教育政策研究所教育課程研究センター,「平成14年度 教育課程実施状況調査（高等学校）ペーパーテスト調査集計結果及び質問紙調査集計結果」, http://www.nier.go.jp/kaihatsu/katei_h14/H14_h/result.pdf, 2004, 36頁, 2013年3月20日取得. 国立教育政策研究所教育課程研究センター,『平成17年度 教育課程実施状況調査（高等学校）vol.2(2/2) ペーパーテスト調査集計結果及び質問紙調査集計結果』, 2007, 77頁.

11）Ogura, Y. & Takemura, S., Gender Difference and the Development Process of Formal Reasoning Abilities and Science Process Skills in Japan, *Journal of Science Education in Japan*, Vol. 18, No. 3, 1994, pp. 115-123.

12）*Ibid.*, pp. 116-118.

13）*Ibid.*, pp. 116-118.

14）*Ibid.*, pp. 119-121.

15）*Ibid.*, pp. 121-122.

16）坂本美紀, 山本智一, 山口悦司, 西垣順子, 村津啓太, 稲垣成哲,「アーギュメント・スキルに関する基礎調査—小学校高学年を対象としたスキルの獲得状況—」,『科学教育研究』, 日本科学教育学会, Vol. 36, No. 3, 2012, 252-261頁.

17）同上書, 257頁.

18）同上書, 259頁.

19）村松泰子編,『理科離れしているのは誰か 全国中学生調査のジェンダー分析』, 日本評論社, 2004, 22頁.

第2節

20) PISA2006，前掲書，131頁.

21) 同上書，133-150頁.

22) 同上書，152頁.

23) 同上書，151-152頁.

24) 同上書，152頁.

25) 小川正賢，「第3節　ROSE 国際調査　─科学・科学技術への興味・関心や態度，生活経験を探る─」，日本理科教育学会編，『今こそ理科の学力を問う　新しい学力を育成する視点』，東洋館出版社，2012，018頁.

26) 同上書，020頁.

27) 同上書，022頁.

28) 同上書，022頁.

29) 同上書，023頁.

30) 同上書，023頁.

31) 同上書，023-024頁.

32) 同上書，024頁.

33) 同上書，024頁.

34) 同上書，024頁.

35) 同上書，025頁.

36) 国立教育政策研究所教育課程研究センター，「平成15年度小・中学校教育課程実施状況調査　質問紙調査集計結果　─理科─」（以下，H15 実施状況調査質問紙と略記），http://www.nier.go.jp/kaihatsu/katei_h15/H15/03001040000007003.pdf，2005，2013年3月20日取得.

37) 同上，1-31頁.

38) 同上，1頁.

39) 同上，17-18頁.

40) 同上，6頁，22頁.

41) 橋本健夫，鶴岡義彦，川上昭吾編，『現代理科教育改革の特色とその具現化 世界の科学教育改革を視野に入れて』，東洋館出版社，2010，30-31頁.

42) 村松泰子編，前掲書，8-11頁.

43) 村松泰子編，前掲書，31頁.

44) H15 実施状況調査質問紙，前掲，1頁.

45) 村松泰子編，前掲書，32頁.

46) 松井一幸, 高須明, 高橋守, 「理科を中心とした学習における男女の学力の傾向 その2」, 『名古屋大学教育学部附属中高等学校紀要』, Vol. 27, 1982, 85-87頁.

47) 鈴木久米男, 戸北凱惟, 「中学校理科における観察・実験項目に対する学習者の 認識」, 『科学教育研究』, Vol. 25, No. 4, 2001, 220頁.

48) 同上書, 220頁.

49) 同上書, 227頁.

50) 同上書, 228頁.

51) 同上書, 228頁.

52) Kato, A. & Yoshida, A.: Gender Issues in Science Education in Japan, *Journal of Science Education in Japan*, Vol. 27, No. 4, 2003, p. 262.

53) 角谷詩織, 無藤隆, 「児童・生徒の理科に対する意識 ―教科・諸活動に対する 意識との比較を通して―」, 『お茶の水女子大学子ども発達教育研究センター紀 要』, Vol. 1, 2004, 102頁.

54) 同上書, 103頁.

55) 同上書, 103頁.

56) 内田昭利, 守一雄, 「中学生の「数学嫌い」「理科嫌い」は本当か ―潜在意識調 査から得られた教育実践への提言―」, 『教育実践学論集 第13号』, 兵庫教育大 学大学院連合学校教育学研究科, 2012, 221-227頁.

57) 同上書, 223頁.

58) 同上書, 224-225頁.

59) 同上書, 225-226頁.

60) 同上書, 226頁.

61) Kato, A. & Yoshida, A., *op. cit.*, p. 262.

62) Ogura, Y.: Development of Interests in Science and the Influences of Gender and Parent, *Journal of Science Education in Japan*, Vol. 19, No. 3, 1995, pp. 172-180.

63) *Ibid.*, pp. 173-175.

64) *Ibid.*, p. 179.

65) *Ibid.*, p. 179.

66) 山谷洋樹, 鈴木誠, 「理科教育における生命観の男女差と地域差に関する研究」, 『理科教育学研究』, Vol. 53, No. 2, 2012, 359-368頁.

67) 同上書, 359頁.

68) 同上書, 365-366頁.

69）同上書，365-366頁.

70）Kato, A. & Yoshida, A., *op. cit.*, p. 262.

71）村松泰子編，前掲書，33頁.

72）同上書，33頁.

73）同上書，33-34頁.

74）同上書，33-34頁.

75）鈴木久米男，戸北凱惟，前掲書，227-228頁.

76）同上書，227頁.

77）同上書，228頁.

78）H15 実施状況調査質問紙，前掲，15頁.

79）同上，15頁.

80）鈴木久米男，戸北凱惟，前掲書，218-229頁.

81）同上書，225-227頁.

82）宮田斉，室谷利夫，「中学理科の観察・実験器具の基礎操作技能指導の改善に関する研究」，『理科教育学研究』，Vol. 49，No. 3，2009，79-90頁.

83）同上書，86頁.

84）同上書，86-87頁.

85）同上書，87-88頁.

86）Kato, A. & Yoshida, A., *op. cit.*, p. 262.

87）村松泰子編，前掲書，49頁.

88）文部科学省，「調査結果の概要」，『平成16年度学校教員統計調査』，http://www.mext.go.jp/b_menu/toukei/001/002/2004/002.htm，2005，2013年 3 月20日取得.

89）文部科学省，「担任教科別中学校教員免許状別教員構成」，『平成16年度学校教員統計調査』，http://www.mext.go.jp/b_menu/toukei/001/002/2004/xls/020.xls，2005，2013年 3 月20日取得.

90）村松泰子編，前掲書，50頁.

91）同上書，46頁.

92）同上書，46-47頁.

93）ここでは，日本において，1980年に高等学校 1 年生，1981年に中学校 1 年生を対象に実施された「第 2 回国際数学教育調査」のことを指している.

94）村松泰子編，『女性の理系能力を生かす 専攻分野のジェンダー分析と提言』，日本評論社，1996，61-62頁.

95）同上書，62頁.

74

96）同上書，62頁．

97）同上書，62-64頁．

98）河野銀子，池上徹，中澤智惠，藤原千賀，村松泰子，髙橋道子，「ジェンダーと
　　階層からみた「理科離れ」―中学生調査から―」，『東京学芸大学紀要　第1部門
　　教育科学』，Vol. 55, 2004, 353-364頁．

99）同上書，356頁．

100）同上書，357頁．

101）同上書，358頁．

102）同上書，359頁．

103）同上書，361-362頁．

104）赤井玄，「理科の授業に現れるジェンダーに関する研究―子どもの行動の分析を
　　中心として―」，『中国四国教育学会　教育学研究紀要』，第43巻，第2部，1997,
　　218-223頁．

105）同上書，220頁．

106）同上書，221頁．

107）同上書，222頁．

108）鈴木久米男，戸北凱惟，前掲書，227頁．

109）Kato, A. & Yoshida, A., *op. cit.*, pp. 263-264.

110）*Ibid.*, pp. 263-264.

111）村松泰子編，2004，前掲書，34頁．

112）Kato, A. & Yoshida, A., *op. cit.*, pp. 264-265.

113）鈴木久米男，戸北凱惟，前掲書，228頁．

114）湯本文洋，西川純，「理科実験における学習者の相互行為の実態と変容に関する
　　研究」，『理科教育学研究』，Vol. 44, No. 2, 2004, 83-94頁．

115）同上書，83頁．

116）同上書，85頁．

117）同上書，87-91頁．

118）同上書，91-92頁．

119）同上書，92頁．

120）村松泰子編，2004，前掲書，55-65頁．

121）同上書，55-61頁．

122）同上書，61-62頁．

123）同上書，63頁．

124）同上書，64-65頁.

125）内閣府男女共同参画局，『男女共同参画白書（平成17年版)』，独立行政法人国立印刷局，2005，40頁.

126）同上書，41頁.

127）H15 実施状況調査質問紙，前掲，9 頁.

128）Kato, A. & Yoshida, A., *op. cit.*, p. 262.

129）内閣府男女共同参画局，前掲書，95頁.

130）小川正賢，「高校生が抱く理系の才能豊かな生徒のキャリア形成イメージ」，『日本科学教育学会年会論文集25』，2001，216頁.

131）同上書，216頁.

132）村松泰子編，2004，前掲書，92頁.

133）高田理子，「女子学生はなぜ理系に進まないか―ケーススタディを中心に―」，『女性学年報』，第14号，日本女性学研究会女性学年報編集委員会，1993，80-88頁.

134）同上書，86頁.

135）同上書，86頁.

136）同上書，86-87頁.

137）同上書，87頁.

138）村松泰子編，1996，前掲書，70頁.

139）同上書，71-72頁.

140）同上書，73-77頁.

141）同上書，76頁.

142）河野銀子，『高校における〈文理〉選択とジェンダー　―大学生調査の分析から―』，平成16年度　文部科学省科学研究費　若手研究（A）　研究課題　科学分野への女子のアクセス課題に関する研究―高校における文理選択に注目して―，2005，14頁.

143）吉田淳，杉愛弓，「理科教育におけるジェンダーの課題　―教員養成大学学生の進路選択意識調査―」，『愛知教育大学教育実践総合センター紀要』，第 5 号，2002，182頁.

144）村松泰子編，1996，前掲書，77頁.

145）同上書，77-78頁.

146）同上書，79-84頁.

147）同上書，81頁.

148）同上書，81頁．

149）吉田淳，杉愛弓，前掲書，183頁．

150）村松泰子編，1996，前掲書，92頁．

151）同上書，92頁．

152）同上書，92-93頁．

153）同上書，92-93頁．

154）下村恭子，『家庭・学校における女性の科学技術教育に関する研究』，平成９年度　科学研究費補助金（基盤研究Ｃ２）　研究成果報告書，1998，14頁．

155）村松泰子編，1996，前掲書，100-102頁．

156）同上書，102-104頁．

157）下村恭子，前掲書，15頁．

158）岡﨑智子，下村恭子，小舘香椎子，「家庭・学校における女性の科学技術教育」，『日本女子大学紀要 理学部』，第５号，1997，79頁．

159）村松泰子編，1996，前掲書，105-106頁．

第3節

160）村松泰子編，2004，前掲書，13-120頁．

161）同上書，37-96頁．

162）Kato, A. & Yoshida, A., *op. cit.*, pp. 265-266.

第2章　諸外国における女子の理科学習促進のための方策

第1節　女子の理科学習に関する諸外国の研究動向

第1項　フェミニズム科学論の興起と発展

1. フェミニズムの変遷と科学論

　まず，フェミニズムとは「性差別・抑圧からの解放をめざす思想と運動」と定義されている[1]。そして，フェミニズム運動はその変遷から大きく二つに分けられ，18世紀後半から1960年代後半までは第一波フェミニズム運動，それ以降は第二波フェミニズム運動と呼ばれている[2]。第一波フェミニズム運動はリベラルフェミニズムとも呼ばれ，公的領域である政治や経済の場面からの女性の排除に性差別の原因を求め[3]，女性が男性と同等の権利を獲得することを目指して進められた[4]。またその一方で，近代産業社会のイデオロギーとして生み出された男女役割分業を内面化し，女性の本分は家事・育児にあるとし，母性の持ち主としての立場から，社会改良運動としての廃娼運動，戦争反対運動，生協運動，反核・反公害運動などに取り組んだフェミニストたちもいた[5]。続いて第二波フェミニズム運動は，私的領域である個人的なこと，つまり恋愛や結婚さらに家族関係といったきわめてパーソナルな関係を秩序づけている「性別役割分業規範」に性差別を問うところから始まった[6]。その特徴は，女性であることの意味をラディカル（根源的かつ過激に）に問い，第一波フェミニズムの平等化要求とは別に，文化や言語さらには私的領域をも含む社会システム全体が包含している性差別を，女性の視点

から問題視したこと[7]にある。また，第一波フェミニズムは比較的限られた知識人を中心に行われた運動であったのに対し，第二波フェミニズム運動は大衆レベルへと拡大した[8]。第二波フェミニズムの成果には，家父長制の発見[9]や，家事・育児が労働であることの発見[10]，文化的・社会的・心理的な性のあり方をさす用語として「ジェンダー」が定義されたこと[11]などがある。

　フェミニズム運動は科学と理科教育にも波及している。第一波フェミニズムの終わりから第二波の初期にかけて，理科教育における女子やマイノリティの問題が取り上げられ，科学における彼女らの到達度，態度，参加状態に焦点をあて，女子とマイノリティを「科学の中に」入れる方法を検討するようになった[12]。しかし，この時点では実践や文化としての科学そのものが，科学コミュニティーの内部で批判されたり，問題にされたりすることはまだなかった[13]。しかし，1970年代末になると，ハーディング，ケラー，ロンジーノといったフェミニストたちが「価値にとらわれない科学は存在するのか？」[14]と科学そのものを問うようになったのである[15]。

2. 『ジェンダーと科学』に見られるケラーのフェミニズム科学論

　「フェミニズムと科学」に関する研究の第一人者で，数理生物学者であったエヴリン・フォックス・ケラーが1985年に著した『ジェンダーと科学』（原題：*Reflection on Gender and Science*, 1993年に邦訳）は，ジェンダーと科学に関する自身の論文を集約したもので，歴史的に科学が男性性とどのように結びつき，女性性とどのように切り離されてきたかが論じられている。ケラーのフェミニズム科学論は，プラトンの認識論やベーコンの科学に見られる性的な隠喩（メタファー）から，現代物理学における認識や女性科学者の新しい科学的探究の方法にまで及んでいる。ケラーは「科学の中立性」を否定し，科学と男性性が結びつけられる過程として二分法を取り上げ，次のように述べている。

　私たちは世界を，概念的にも，社会的にも，公的か私的か，男性的か女性的か，客観的か主観的か，力か愛かといったさまざまな二分法でとらえ，しかもそれらは相互に是認・支持・規定しあっている。たとえば客観的事実と主観的な感情との分断は，客観性を力や男性性と結びつけ，女性や愛とはかけ離れたものとする見方によって維持されているし，反対に，男と女の分断は，男性性を力や客観性と結びつけ，主観性や愛からひき離すことによって維持されるといった具合である[16]。

　このような二分法が科学の性的色づけへと展開されていくのであるが，それは次のような過程を踏んでいるとケラーは論じている[17]。科学イデオロギーはまず世界を，知る側＝精神と，知られる側＝自然とに二分し，その後，この両者の結合―すなわち知の達成―をもたらす相互関係を規定する。その際，精神と自然にジェンダーが付与されるだけでなく，科学的・客観的思考にも男性性というジェンダーが与えられ，これによって，知る側が知識を獲得する活動そのものにも性的色づけが行われるのである。二分法による知る側と知られる側の間に規定される関係は，隔たりと分離であるため，科学的精神は，知られるべきもの＝自然から分離され，その自律性は知識の獲得方法を，この二分状態を崩すおそれのあるものから切り離すことによって保証された。そして「男性的」とは自律，分離，隔たりをも暗示することになったのである。

　科学に性的色づけをする思いこみは，人が科学について語るときの言葉や隠喩のなかに顕在化する[18]ことをケラーは次の事例を用いて説明している。ある生物学者が大学院生に「研究は鹿狩りによく似ている。獲物を見つけるには，適当な時間に適当な場所にいることが必要だし，もちろん弾を込めた猟銃をもち，その使い方を知っていることも必要だ」と語った[19]。つまり，多くの科学者にとって，問題とは「アタックし」，「制し」，「やっつける」対象であり，巧妙な方法が失敗すれば，次には「力ずく」で「荒っぽい」方法をとるのである[20]。科学的言語に表現される特定の攻撃性は，研究者が対象

との間に感じるべき結びつきの欠如を映し出している[21]ことをケラーは指摘
している。よって，ここでもまた科学が力，分離といったものを意味し，
「男性的」であることに結びつけられるのである。

　ケラーはさらに，古典遺伝学と細胞学の分野で20世紀初頭に大きな功績を
残した女性科学者バーバラ・マクリントックの研究生活を調査し，男性的な
自然観，科学観とは異なる彼女独自の自然の捉え方を見出した。遺伝子転移
に関するマクリントックの研究は最初，一株のトウモロコシの何粒かに異常
な斑のパターンを発見したことから始まったのであるが，ケラーはマクリン
トックの研究方法から彼女の世界観を次のように分析している。

　　マクリントックの世界観によれば，自然の理解は違いの存在にかかっている。
　　「例外」があるのは「法則を証明する」ためではない。例外にはそれ自体，固有
　　の意味があるのだ。この点で，違いにもとづいて世界を秩序づける原理は，二分
　　法（主体－対象，精神－物質，感情－理性，無秩序－法則）にもとづく原理とは
　　根本的に異なるものだといえる。こうした対立的世界観が，一方を排除または呑
　　みこむことを特徴とする宇宙的統一へ，統一的・全包括的な法則の確立へと向か
　　っていくのに対し，違いを尊重する世界観は，それ自体を目的とする多様性を排
　　除することなく受け入れるのだ[22]。

　そして，マクリントックによる違いを尊重する世界観は，結びつきを断ち
切り，距離を作る分類という方法と異なり，違いを認識することによって自
然における新たな関連性の様式を理解する手がかりになる[23]。ケラーが展望
するジェンダーのない科学とは，男性的洞察と女性的洞察の並列でも，相補
的共存でもなく，さらに一つの偏狭な形態を別の偏狭な形態と入れ換えるこ
とでもなく，男性的，女性的というカテゴリーそのものの変容を前提とする
科学である[24]として，彼女は本書を締めくくっている。

3．フェミニズムによる科学のジェンダー問題に関する研究とその成果

　ケラーによってフェミニズム科学論が世に送り出されて，30年近くが経過している。その間にフェミニズムは科学をどのように探究し，女性と科学の関係や科学そのものをどのように変革してきているのだろうか。科学と女性の問題を扱ってきた歴史学者であるロンダ・シービンガーは，1999年に出版された『ジェンダーは科学を変える!?』（原題：*Has Feminism Changed Science?*，2002年に邦訳）において，これらの問いに答えている。

　まず，フェミニズムが科学をどのように探究してきたかについては，この本に書かれた「科学に関するジェンダー研究」の中から，具体的な例として，「男女科学者の差異」，「パイプライン・モデル」，「研究領域による男性性の差」について見ていくことにする。初めに，科学者の男女間の差異については，一例として，女性研究者の地位と給与の問題がある。全米科学財団は，年齢，経験，教育を考慮してもなお，女性研究者の地位と給与の低さに対する唯一の理由は，差別であると認めている。なぜなら，指導的立場につこうとする30代の終わりになって，科学や工学から女性が退く傾向にあると報告されたからである[25]。また，論文執筆者の名前の問題をめぐる研究もあり，学問の世界では女性よりも男性の仕事が尊重されることが示された。具体的には，論文執筆者に対する査読者の反応は，内容が同じときですら，執筆者が男性だと言われた論文の方が好まれるという調査報告がなされたのである[26]。

　次に，女性科学者を増加させるためのパイプライン・モデルに関する研究は，1980年代末に，パイプラインの入り口，つまり理科の学習に早い段階から少女を送り込めば込むほど，専門職として有能な女性が増え，未来の科学者の貯水槽（プール）に流れ込むようになる[27]と考えられたのが発端である。女性科学者が少ないという問題を，差別の問題というより自己選択（むしろ不選択）の問題と捉えたのである。パイプライン派は，科学に携わる女性の数が少ないという問題の解決に，個々人の矯正，男子と同じ社会的恩恵を女

子にも与えることをもって臨み，行政，大学，産業の多くの方針に浸透し，科学からの女性の脱落を防ごうとする数多くのプログラムを生み出してきた[28]。しかし，それだけでは，科学の仕事から女性を遠ざけている根本的諸問題を解決することはできないことが明らかになってきた[29]。このモデルは，女性が科学の現行システムに同化すべきだという想定に基づいて築かれており，このモデルでは女性ものびやかに科学者としてやっていくには，現行システムをどう変えるべきかという洞察をもたらすことはないのである[30]。

　さらに，科学の中の研究領域によって男性性の表れ方が異なる状況を明らかにした研究もある。たとえば，アメリカにおいて霊長類学では，博士号の78％が女性に授与されており[31]，女性研究者が成功している分野である。そのため，霊長類学はフェミニスト科学として，あるいは女性が基本的なパラダイムを作り直した分野として広く知られている[32]。そして，アメリカでは博士号全体の38％が女性に授与されているのに対し，わずか13％しか女性に授与されていない物理学については，激しい競争心を要求して女性を押し黙らせる傲慢さが物理学に存在することや，物理学者と軍部とのつながりが女性を遠ざけてきたこと，あるいは「価値中立性」を極度に強調することによってジェンダー批判からこれまで免れてきたことなどが指摘されてきた[33]。物理学に女性が少ない理由のひとつは，物理学は「ハード」だからというものである。ハードサイエンスは「冷厳」で，抽象的で量的とされるが，生命科学のようなソフトサイエンスは「共感的」で質的，内省的であって，日常的関心により近いものとされている[34]。研究対象，研究方法，困難さにおける科学のハードさは，その科学の威信，財政援助と相関し，関わる女性数と負に相関することが明らかにされたが，物理学に帰される「ハードさ」は，女性数の少なさの説明にはならないかもしれないとも指摘されている[35]。なぜなら「ハード」，「分析的」などと物理学をジェンダー化することは循環的で，物理学に女性がほとんどいないということと，物理学はハードで女性を歓迎しないという見解とはどちらが先か断言できないこと，さらには物理学

が他の研究分野よりも難しいというのは，物理学の文化的イメージの一部であることをシービンガーは論じている[36)]。

　ところで，フェミニズムが科学を変えてきたのかどうかについて，シービンガーは次のように述べている。

　　　重要な点は，フェミニズムが多くの面で人間の知識内容を変えてきたということである。霊長類学者は，もはや人間以外の霊長類社会を攻撃的で縄張り行動をする雄の観点からのみ見ることはしない。（中略）アメリカの法律は，医学研究者に対し，男女のバランスがとれた集団で治療することや薬剤のテストを求めている。科学全体が一様にフェミニズムの影響を受けたのではない。物理学や数学においては，その知識内容へのジェンダーの影響を探るために，相応の教育を受け，その機会をもつ人の登場が期待されている[37)]。

　つまり，フェミニズムによって，科学の特定の分野において，知識内容が大きく変えられてきたのである。シービンガーは，女性と科学との歴史的関係の批判的理解を，創造的な文化の転換へとどうつないでいくのか[38)]が今後さらに重要であるとしている。

4．フェミニストの視点による Barton の理科授業実践

　科学の中立性や客観性を批判し，科学の男性性を指摘してきたフェミニズム科学論は，理科教育に果たしてどのような変革を求めているのだろうか。科学と理科教育における人種，階級，ジェンダーの問題を自身の教授実践から研究している Barton の著書 *Feminist Science Education* から，彼女の理科授業を見ていく。

　Barton はコミュニティーカレッジで理科授業を受け持っている。その学生の多くは労働者階級層で仕事をもっているシングルマザーであり，子どもを育てることに強い責任感をもっている。しかし，子どもを育てるという経験が，理科の授業で評価されたり，理科の授業と関連付けられたりはしてい

なかった[39]。Barton は，学生の経験を通して理科を教えることにし，「気体の法則」の授業[40]を次のように進行させた。初めに，学生たちの家や仕事場での経験を通して，気体について知っていることをグループで話し合わせ，気体に関する4つの変数，温度，圧力，体積，分子数の関係を議論させた。息子のブーブークッションや，自動車のタイヤ，スパゲッティ料理の経験など様々な議論がなされた。スパゲッティをゆでたときの経験が議論されたのは，鍋のふたを閉めたまま水を沸かし続けた際に，ふたが勢いよく飛んでいった現象が，気体の温度と体積，圧力と関係があるのではないかと考えられたからである。このグループの学生たちは，ふたを少しずらしておけば飛んでいかないという「料理についての常識」は以前からもっていた。しかしそのことが，教科書に書かれている気体の法則と関連しているということは，この授業で初めて知ったのである。しかし，グループでの議論の後，実験室の器具（シリンジや圧力計など）を用いて，気体の性質に関する確認実験を行い，先の議論との関係性を尋ねたところ，学生たちは沈黙してしまった。Barton はここで，台所や学校外での学生たちの経験は，学生たちが考える「本当の科学」の副次的なものとして追いやられてしまったと感じた。そして彼女は，さらに実験器具を用いて，実験と直接関係のない遊びをさせたり，実験で観察したことをグループ内で話し合わせたりして計画を変更したが，結局，学生たちからは「現実的でない実験からは，法則の有用性を見出せない」という意見が出てしまった。

　この気体の法則の授業では，学生たちの経験と科学の不連続性が，科学という権威のもとで，学生自身の経験の複雑さを沈黙させてしまったのである。この授業では，生活の観点から気体の性質を理論づけるため，科学と科学の中の自分自身についてどのように考えるかを構築するイデオロギーの境界，つまり科学の内部／外部という二分法を壊すまでには至らなかったが，その境界を不鮮明にすることができた。なぜなら，気体の法則の実験後の討論で，学生たちはなぜ自分が科学から離れていて，部外者であると感じるのかにつ

いて話し合ったときに，学生たちはこれまで，科学は自身の経験を抑圧する
存在であると決めつけてきたが，科学を分析する授業において，彼女らの生
活を理論づけたり，彼女らの立場での理解を利用したりしたために，科学の
権威を打破することができたからである[41]。ケラーが論じたように，「二分
法」が科学に関して引き起こす問題について，Barton も自身の授業で実感
したのである。

　フェミニストが訴える解放的な理科教育とは，科学の単一の「知り方」あ
るいは「あり方」に挑み[42]，女性だけでなく，人種，社会階級などによって
これまで科学から遠ざけられてきたすべての学習者各々がもっている科学の
「知り方」を認めることであり，Barton もそれを目指している。Barton の
意図した理科の教授は，学生たちの経験を科学に適合させるのではなく，学
生たちの疑問と批評を彼らの経験に適合させることであった。なぜなら，第
一に，「科学を行うこと」もしくは「科学を行わないこと」，そして「科学の
中にいること」もしくは「科学の外にいること」といった二分法を取り払う
こと，第二に，学生の生活している世界と科学の間の結びつきがより容易に
作られるようにすることの二点によって，科学の境界線を壊すことができる
からである[43]。「すべての者」を含んだ科学をつくるためには，伝統的に科
学として保証されてこなかった経験が，科学であると認められなければなら
ないし，そのような経験と「実際の科学」の間の結びつきと相違が明示的に
つくられなければならないと Barton は論じている[44]。

　本項では，科学の中立性に異論を唱えたフェミニズム科学論について見て
きた。その論者であるケラーは，二分法的思考に問題を見出し，科学に男性
性が埋め込まれてきた過程を説明することに成功した。また，理科教育にお
けるジェンダー研究では，女性研究者を増やすためのパイプライン・モデル
の欠陥が示され，女性が自らの経験と科学との関係を見出せるような理科教
授の必要性が訴えられた。子どもたちは，科学的＝男性的というジェンダー
イメージを強くもった大人たちに囲まれて成長し，同様のジェンダーイメー

ジを科学に対してもつようになる。そして，学校の理科教育において，教師によってそのイメージがさらに強化されるかもしれない。女子の理科学習の促進にとって，科学のジェンダーイメージが大きな足かせとなるのであれば，女子を取り巻く環境，すなわち家庭や地域，学校などから科学の男性的なイメージを取り除かなければならないだろう。

第2項　ジェンダー包括的な理科教育を指向する研究と実践

1．ジェンダー包括的な理科教育への展開

　前項に示したように，理科学習における男女差，延いてはジェンダー差の問題に関する研究は，1970年代の第二波フェミニズムに端を発している。Brickhouse は「フェミニズムは理科カリキュラムを見るために価値あるレンズを提供する」[45]と述べている。このことから，理科教育におけるジェンダー差を是正するための研究が，フェミニズムによって展開された女性解放運動と似通った変遷を辿ってきていることは頷ける。たとえば，イギリスの理科教育におけるジェンダーの問題に関する研究は，理科教育における男女の機会均等についての調査から始まったこと[46]がまさに象徴的である。

　世界の様々なところで，「機会均等」(equal opportunities)，「参入の均等」(equal access)，「公正」(equity)，「性差別反対」(anti-sexist)，「女子が親しみやすい」(girl-friendly)，「ジェンダー中立的な」(gender-neutral)，「ジェンダー公正な」(gender-fair)，「性差別をしない」(non-sexist) といった言葉が，理科教育への新たなアプローチを表現するために教育学者によって用いられてきた[47]。たとえば「性差別をしない」という言葉は，1970年代に，「すべての生徒たちに共通し，平等な処遇」が必要であるという自由主義の考え方に関連したストラテジーを述べる際に用いられた。1980年代に入って，ジェンダーと科学技術に関する第1回国際会議 (the First International Girls and Science and Technology (GASAT) conference) が行われた際に，「女子が親しみやすい」という言葉が使用され普及した。なぜなら，ジェンダーに根づい

た知識や経験，技能は男女がすでに学校に入る前からもっているため，学校で男女を平等に扱うことは適切ではないことと，学校教育は性別に中立ではなく，男子に有利であることが指摘されたからである。しかし，その後「女子が親しみやすい」理科プログラムとは，その言葉の所為で，「女子のために理科をより易しく教えること」と認識されるようになってしまい，その価値が貶められてしまった[48]。その一方で，男性だけでなく女性にも将来のより良い生活を保障することを目指し，教育における両性間の平等を強調した「性的に包括的な」（sexually-inclusive）カリキュラムの開発も行われるようになった。そして，1980年代の終わりになると，文化的・社会的・心理的な性のあり方を示す「ジェンダー」（gender）という概念が浸透し，生物学的な性を示す「セックス」（sex）という言葉と明確に区別されるようになり，学校における男女差は「ジェンダー」にほとんど起因していることが指摘され，「ジェンダー包括的な」（gender-inclusive）という表現に移行していった。そして，現在ではこの表現が国際的に主流となっている[49]。このような言葉の変化を見ると，その研究がどのように展開されてきたかを推測することができる。つまり，学校の理科教育において，男女が均等な機会を与えられているかという調査に始まり，理科における学習機会均等のためのストラテジーの考案がなされた。そして，それと同時に学習の機会だけでなく，理科に関する興味，経験，先行知識など，様々な視点から男女差の調査が進行し，それに伴って男女に同じ機会を与えるだけでなく，理科学習における女子の不足部分を補うための方策が必要とされ，その方策が検討されるようになったのである。

　具体例として，イギリスにおけるジェンダー包括的な理科教育を目指す国家的政策と研究実践に目を向けると，まず，イギリス政府の要請による，教育における男女の学習機会に関する最初の調査が1973年，勅任視学局（Her Majesty's Inspectors）によって行われた[50]。その報告書では，女子は男子よりも理科の勉強時間が少ないことや，初等・中等学校段階での性別による扱

いの著しい違いによって，女子は物理学と道具を用いた技能から，男子は生物学と家政学から締め出されていることが示された[51]。そして，1975年には機会均等委員会（Equal Opportunity Commission）が設置され[52]，その委員会が教育の機会均等の指針を1983年に発表し，「女子が理数方面で不得手になるのは，初等教育段階における制約による」と分析し，早急に対処すべきであると促し[53]，社会科学調査委員会（Social Science Research Council）と共同で，女性の教育に注目したプロジェクトに資金提供を行った[54]。さらに，学校委員会（Schools Council）が「ジェンダーと科学」に関連した研究報告を理科教育研究者に依頼したり，理科教育協会（Association for Science Education：ASE）が「女子と物理教育」に関する分科委員会を支援したり[55]と，様々な公的な機関がジェンダー包括的な理科教育のための研究を推進した。たとえば，1984年に機会均等委員会がエッソやブリティッシュ・ガスなど企業の賛同を得て始めた WISE（Women into Science and Engineering）プロジェクトは，科学技術分野に女性を増やすことを意図したパーマネントプロジェクトで，6台のバスにコンピュータを搭載して全国を回り，女子に新しいテクノロジーを体験させたり，女性技術者が定期的に学校を訪問し，女子に仕事の体験談を語ったりするものであった。このプロジェクトだけの成果ではないだろうが，WISE が発足して以来，工学を学ぶ女子学生が7％から15％に増えたという結果が示されている[56]。そして，1989年のナショナルカリキュラムの導入では，Science for All の考え方に基づき，教育におけるジェンダー公正に限らず，人種や階級の公正が謳われ，5歳から16歳までのすべての子どもたちに理科がコア教科として教えられるようになった[57]。しかし，ナショナルカリキュラムが実施されてもなお，女子の理科への興味は向上していないことが明らかにされ，さらなる介入の必要性が訴えられ[58]，ジェンダー包括的な理科教育に関する議論は現在まで続けられている。

2. 「ジェンダー平等の主流化」を推進する EU の科学政策と ETAN レポート

　イギリスに限らず，ヨーロッパ諸国では「ジェンダーと科学技術」への関心が高く，調査や研究，さらには介入も早くから進められている。欧州連合（European Union：EU）の行政執行機関である欧州委員会（European Commission）は，1999年 2 月に「女性と科学のコミュニケーション―ヨーロッパの科学研究を豊かにすることを目的とした女性の参画促進―」を採択し，科学分野への女性参画が著しく低いことを明らかにし，そのための行動計画に着手した。『ETAN（European Technology Assessment Network）レポート』として知られる『欧州連合における科学政策―ジェンダー平等の主流化（Mainstreaming）を通して長所を活かす―』は，科学技術分野における女性の現状に多くの関心をひきつけることになった[59]。

　『ETAN レポート』はまず，「ジェンダー平等の主流化」を謳い，「すべての組織とその環境に，政策やプログラムや企画に，そして見方ややり方に，ジェンダー平等（Gender Equality）を溶かし込むこと」[60]が示されている。これは，不利な立場にある集団（女性）の「個別の要求」に焦点を合わせるのではなく，そうした不利な状況を生じさせる慣例や方針を問題視することを意味している[61]。レポートでは「科学・工学・科学技術における女性の数の不足」，「科学におけるジェンダーの特徴へ払われる注意の欠如」，「科学的な政策に関する意思決定におけるジェンダーバランスの欠如」の 3 点に焦点があてられ，それらに関する実証的な調査や改善のための指針等が示されている[62]。レポートの中で学校教育に関係する事項は，たとえば次のようなものである。EU 加盟国の女性の学部学生や女性教授の数を調査，比較して，女性参入が遅れている国を指摘したり，学生から教授までの昇進における問題について，各国の「教育と雇用」のシステムの不備を明らかにしたりしている[63]。ETAN レポート自体は，教育に特化したものではないが，このように一国だけでなく，複数の国で問題意識を共有し，広域的に調査を実施し，解決策を見出そうとすることによって，各国が抱えるそれぞれの問題や参考

とすべき箇所が見出され，それらについて議論する新たな場が提供されるという点で大きな意味をもつものと考えられる。

3．理科教育におけるジェンダー問題に対する先導的な取組

　多くの国で「ジェンダーと理科教育」に関する研究が蓄積されていくにつれて，それらの研究の目的や対象，方法などは次第に多様化していく。Harding は理科教育におけるジェンダー差を解消あるいは緩和するための先導的な取組（Initiatives）は，政府によって煽動されることはめったになく，多くは圧力団体の活動や，理科教育に責任を負う立場にいる個人の活動から起こることを指摘し，そのような具体的取組を「調査」（research），「アクションリサーチ」（action research），「介入」（intervention）の 3 つに分類した[64]。「調査」とは，理科教育においてジェンダーに関する何らかの問題があることを証明するか，定義された問題の範囲を説明するか，ジェンダー差の相関を決定するために，統計的なデータを得て調査分析することである。「アクションリサーチ」とは，条件を統制したり，結果を評価したりする試みに介入を結びつけて行うことで，「介入」とは，その計画段階で「調査」からの発見を生かすものの，その影響力を評価するために試みられることはほとんどないと Harding は説明している[65]。以下に 3 種類の取組の具体例を簡潔に示す。

1）調査（research）

　ノルウェーでは，1981年に女子と物理学に関するプロジェクトが開始され，第 7 学年の生徒100人を対象に，理科に関連する経験のケーススタディを含み，理科に対する生徒の態度，選ばれたトピックへの関心，広範囲な理科テストにおける到達度についての国家的な調査がなされた。理科のトピックによって男女の関心が異なること，男女で異なるタイプの支援が必要であることなどが明らかにされた[66]。

イギリスでは，ジェンダーに関する問題に焦点をあててはいなかったものの，ナフィールド科学教授プロジェクトのアプローチ（探究に基づく学習）では，女子は男子と同程度にはうまく行えないということが教師によって見出されていた。また，試験における女子の到達度は，男子と異なり，男女別学か共学かといった学校のタイプに関係し，女子の成績は男子と比べて多肢選択式のテストにおいて点数が低いことも明らかになった[67]。

2）アクションリサーチ（action research）

1980年代半ばに，デンマークの義務教育段階の学校の女性教師が，第7学年（13歳）になる前の導入的な物理学のトピックを用いて，ジェンダー公正のプロジェクトを行っている。彼女は理科授業への女子の興味を持続させるためには，女子に自身が理科に個人的に関わっていると感じさせることと，理科授業で行われている活動の目的を見出させることが必要であると気づいた。これと同時期に，ロスキレ大学の物理学のスタッフとギムナジウムの物理教師のグループが，物理学におけるジェンダー問題を調査し，介入の効果をモニターするプロジェクトを立ち上げた。これにより，女子が学校外で技術的な事柄に関わっていないために，彼女たちの将来に技術的な領域は重要ではないと思わせてしまい，物理学習で困難に遭遇すると学習を放棄してしまうと結論づけた[68]。

3）介入（intervention）

アメリカでは多くの公正プロジェクトが全米科学財団（National Science Foundation）やほかの非営利団体からの資金提供を受けて開発されている。しかし，カンザス大学に置かれた COMETS（Career Oriented Modules to Explore Topics in Science）以外には，学校システムの中で運用されるプロジェクトは最近までほとんどなかった。COMETS は理科がすべての仕事にどのように有用に適用されているかを，男女を問わずすべての生徒たち（第5～

9学年）に示すことが意図されており，その中でも特に女子が積極的に理科を勉強し，理科に関係した職業に就くことを考えるのを支援するためにつくられた。その結果，理科学習と理科に関係した職業で働く女性に対する生徒たちの考えが改善され，その効果は男子よりも女子の方が大きかったことが明らかにされた[69]。

　このHardingの分類では「介入」とは，理科授業やその他の場所で実際に行われているアプローチのことを指し，その効果や影響を調査するために実施されるものではないとされている。一方，介入を試み，それを評価することまでを目的としたプログラムが「アクションリサーチ」であるとしている。つまり，両者の違いは介入を評価するかどうかという点にある。しかし，前述のように，Hardingは「介入」における事例についても，その効果を調査して評価がなされていることを述べている。したがって，Hardingの分類では，評価をすることがプログラムの当初の目的とされているかどうかが，両者を区別する要点となっているようである。ただ，Hardingの分類による「アクションリサーチ」と「介入」は，介入をしているという点では共通しており，その評価が当初の目的に明示されているか否かの違いがあったとしても，結果的には両者とも介入の影響や効果を検討するに至っているため，本論では両者を合わせて「介入プログラム」（Intervention Program）と定義づけることにする。そのため，次節以降に登場する「介入プログラム」とは，理科教育における男女差の解消・緩和や，女子の理科学習の促進を目指し，これまでの理科教育あるいは理科授業を改善する方策を提示し，その方策を用いて介入がなされ，その効果が評価されているプログラムを指すこととする。

　ところで，イギリスのScience for Allの考え方に見られるように，近年では理科教育のジェンダー公正だけでなく，人種や階級も含めたさらに広い意味での「公正」が注目されてきている。たとえば，オーストラリアでは，

西洋科学にその土地固有（indigenous）の科学を結びつけることが推奨され，「文脈の中にすべての事柄をおくこと」，「多様な視点を奨励すること」などといったオーストラリア先住民の思想を理科学習に導入することの意義が見出されている[70]。また，ニュージーランドでは，理科教育にマオリ族の言語と文化を組み込もうとする動きがある。神話や伝説が，地元の地質学の現象や形態と相対して，マオリ族の文化と西洋科学とを橋渡ししようとしているのである[71]。

　「介入プログラム」の開発は1980年代から90年代にピークを迎えたが，2000年代に入っても，*International Journal of Science Education* や *Journal of Research in Science Teaching*, *Science Education* などの理科教育学関連の学会誌において，ジェンダー関連の論文が毎年のように数多く掲載されており，現在でもなお理科教育研究においてジェンダーへの関心が高いことが推測される。しかし，Scantlebury らは近年のジェンダー研究の動向をレビューし，理科教育におけるジェンダー問題に焦点をあてる研究者が減ってきていることから，理科教育研究において女子や女性の存在が見えなくなる可能性を危惧している[72]。このような状況にあるのは，過去30年以上に渡るこの領域における研究の成果によって，現在の理科教育における問題点を検討する際に，その構成要素としてジェンダーをもはや考慮する必要がなくなったと考えられているためではないかと Scantlebury は指摘している[73]。しかし，理科に対する女子の関わり方や態度は，いまだに好ましい状態には至っておらず[74]，そのうえ「介入プログラム」は，理科から遠ざかっていた女子を矯正することに主眼が置かれ，自然科学そのものや理科カリキュラムを批評することに十分ではなかったという指摘もあり，より広い社会文化的な観点，つまり，人種や民族，社会階層，性認識，信仰なども考慮したジェンダー研究が，今後も継続されていかなければならないと彼女は主張している[75]。

94

第3項　理科学習における男女差とその要因に関する研究

1．諸外国の理科学習における男女差の調査

　Jones らは科学と科学者に対する子どもたちの経験・関心・態度における男女差を調査している[76]。アメリカの第6学年の子どもを対象に，「学校外での科学に関係する経験における男女差はあるのか？」，「科学的なトピックにおいて，生徒の関心に男女差はあるのか？」，「科学に対する生徒の態度における男女差はあるのか？」の3点に絞って調査され，概して次のような結果が表れた[77]。

1）学校外での科学的経験

　「木に登ること」や「腕時計を使うこと」といった経験に男女差はないが，男子はライフルや電子的なおもちゃなど多様な道具や物を多く使う一方，女子は「パンを焼くこと」，「星を観察すること」，「編み物をすること」といった経験が多い。また，男子は物理科学，女子は生物学に関係する経験を多くしている。

2）科学への関心

　男子は物理科学に関係するトピックにより関心を示し，女子は生物学に関係するトピックにより関心を示すというジェンダーの典型的なパターンが現れた。さらに，男子の方が様々な領域からのトピックにより多くの関心を示した。

3）将来の仕事にとって重要な点

　男子は女子よりも「他人を統制する」，「簡単な仕事をする」，「有名になる」，「新しいものを作ったり，発明したりする」，「お金をたくさん稼ぐ」といったことを仕事に求め，女子は「他人を助ける」ことを求めている。

4）科学の認識

　男子は女子よりも科学を「力」，「理解の容易さ」，「貧しい者を救う可能性」，「破壊と危険」，「社会の問題を作り出すもの」，「男子によりふさわしいもの」と認識し，女子は科学を理解するのが難しく，実験を含むものであると認識している。

　Jones らの調査では，単に女子が男子より科学に対して消極的であることだけでなく，男女の科学的事象への志向性の違いが明確に表れている。このような調査は，前章で示したように，日本でもすでに行われており，同様な傾向が表れている。

2．諸外国の理科学習における男女差の要因に関する研究

　理科学習における男女差の調査が数多く蓄積されるようになると，その要因を探る研究も盛んになる。一例として，Kahle らが1970年代後半から20年に渡る「理科教育とジェンダー」に関する研究動向をまとめた論文 "Research on Gender Issues in the Classroom" に示されている理科学習における男女差の要因[78]を取り上げる。Kahle らは，学校理科の学習到達度と授業への関わり方における男女差の要因を次の6点に集約している[79]。

1）遺伝的な要素

　遺伝的な要素が理科学習における男女差に影響を及ぼしているという議論が，幾度となく繰り返されているが，空間認識能力のテストでの女性の得点分布は，X染色体の劣性遺伝子によって遺伝的に見られるものではないと結論づけられた。このような生物学的な要因の研究から，現在では「認知的，心理社会的なファクターにおける男女差には，遺伝的な解釈がなされる証拠はない」とされている。

2）認知的な能力

　生徒の空間的，数学的能力における男女差が，理科の学習到達度の違いに寄与するかどうかという議論がある。認知能力の測定結果には確かに男女差が見られるが，学習到達度への影響はそれほど確証されていない。また，空間的に与えられた情報について，論理的に考えることを必要とする空間的な視覚化の作業についても男女差はあるが，この作業能力は訓練によって伸ばすことが可能であることが解明され，教育的な介入が空間認知に関する作業能力における男女差を解消できるとされている。

3）個人の態度と意識

　この要因は，女子がもっている態度や信念が理科学習を阻害するというものである。たとえば，女子は男子と比較して自分の学力に自信をもてず，学習を達成するための活動に挑戦することへの興味も薄いという傾向がある。このような傾向は，「男性の領域」として見られている数学や科学のような分野において特に特徴づけられる。「理科の重要性」の認識には男女間に差はほとんど見られないが，「理科の好き嫌い」，「理科への不安」，「理科への態度」，「学習到達度を上げることへの熱意」のいずれも男子の方が肯定的な捉え方をしている。こういった意識における男女差は，中学生で最大となる。また，男女差の大きさは，学習する内容領域や学校の地理的な立地条件にも依存すると指摘する研究もある。

4）社会文化的な因子

　社会文化的な影響は，西欧文化において科学が男性的なものとして描かれているという前提に基づいている。その男性的なものとしての科学という固定観念が理科を学ぶ子どもに影響を及ぼし，男女差を生むと考えられている。この科学に関するジェンダー固定観念は，第6学年の生徒の学びたい科学的トピックの選択において，すでに男女差を生じさせると指摘されている。ト

ピックの選択理由についても，女子は「知るべきことは何か」に基づき，男子は「知りたいことは何か」に基づいているという違いが表れている。この要因は，本節の前半で述べたフェミニズム科学論が主張する科学の男性性と一致している。

5）家庭環境の因子

　家庭環境という変数は，家の経済状況，家庭環境の質，親自身が受けてきた教育，親の職業における向上心の水準などが，子どもの理科学習に間接的な影響をもつとされるものである。具体的には，経済的に不利な状況にある家庭では，女子の方が男子よりも理科学習に対して強い動機付けをもっていて，中産階級以上の家庭では逆に，男子の方が女子よりも理科学習に積極的であるという調査結果が出ている。また，幼いころに与えられるおもちゃについては，男子の方が女子よりも操作，建築，空間の移動を促進するものが多く，その後の理科学習に有利にはたらくと指摘されている。さらに，親が息子と娘にジェンダー固定観念的なふるまいを期待している傾向も見出され，高校でのコース選択に親の助言が大きな影響を及ぼすことが示唆されている。

6）教育的な因子

　教師の期待，教授の際の言動，教室環境も理科学習における男女差を生み出している。教師への質問紙やインタビューでは，教師は男女生徒ともに等しく期待をもっていることが表れるが，実際に授業観察を行うと，教師が男女に異なる期待を示唆するような言動をすることが記録されるため，この因子の実証的な調査は困難であるとされている。教師と生徒との相互作用や，教授のタイプなどが教室での男子の行動に有利にはたらいていることが明らかにされている。

　この Kahle らによる要因分析の10年後に，1990年代の新たな「理科教育

とジェンダー」に関する調査研究の成果を加えて，理科教育における男女差の原因とその結果，そして解決策についてまとめたのが Tindall らである。その論文によれば，理科教育における男女差の要因は，「幼児期の環境」，「科学に関する興味」，「ジェンダーの固定観念」，「家族の期待」，「教室経営と教授実践」，「試験の手続き」，「ジェンダーバイアスのある教材」，「学問分野としての科学」にあるとされている[80]。Tindall らの要因の分類は，Kahle らと比較すると，より理科教育に焦点化されていて，具体的な表現になっているが，Kahle らの6点の要因をほぼ支持している。特に「幼児期の環境」，「家族の期待」，「学問分野としての科学」以外の5点は理科教育に直接関連している。そして，これらの理科教育に直接関連する要因は，理科学習における男女差を生じさせるために意図的・明示的に行われているのではなく，潜在的カリキュラムとして無自覚的・無意図的に理科に対する学習者のジェンダー固定観念を強化していることにも留意しなければならない。

　これらのほかにも理科学習における男女差の要因研究は多く行われているが，指摘されている要因を大別すると，生物学的な要因と社会・文化・歴史的な要因に分けることができる。前者は Kahle らの指摘における1）遺伝的な要素と2）認知的な能力に該当し，それら以外は，後者のジェンダー的な要因に該当する。理科学習の男女差が何に起因しているのかは，いまだに議論の分かれる場面が多く，決着しているとは言い難い。医学や生物学の研究領域において，人体の構造や機能の男女差が明らかにされる[81]ことも少なくないため，ジェンダー的な要因を認めない研究者がいたり，逆に，たとえ遺伝的あるいは生物学的な性差が存在していても訓練や教育によって性差は克服できるため，理科学習における男女差は生物学的な要因によるものではないと主張する論者もいたりする。ジェンダー的な要因については，前項までのフェミニズム科学論において述べたため，生物学的な要因について補足すると，人の目の網膜の神経節細胞には明確な性差が存在し，男性は位置・方向・速度を感知するM細胞が多く，女性は色と質感を感知するP細胞が多

いことが明らかにされている[82]。また，空間を認知する際，男子は脳の海馬を使い，女子は大脳皮質を使っているために，道を案内するときに，男性は方角や絶対距離の単位を使い，女性は見たり聞いたり嗅いだりできる目標物を使うといわれている[83]。このような生物学的な性差は，幼児期のおもちゃの好みに影響を及ぼし，さらに学校段階になれば理科学習（特に物理学領域）で必要とされる能力にも性差が生まれることは容易に予想できる。これまでの蓄積された研究成果を見ると，女子の理科学習の促進を検討するにあたり，生物学的な要因とジェンダー的な要因のどちらも無視できないだろう。

　一方，日本の研究に目を転じると，前章において示した村松らと Kato らの研究によれば，男女差の要因は，「ジェンダーバイアスのある学校教育」，「家庭環境・幼児期の体験」，「理科の学習内容」，「理科に関するジェンダーの固定観念」，「将来の職業選択」にまとめることができる。これらの要因は，それぞれが独立したものではなく，互いに影響を及ぼしあっている。たとえば，「理科に関するジェンダーの固定観念」が「家庭環境」から生じることもあれば，「将来の職業選択」が「理科に関するジェンダーの固定観念」から生じることもありうるのである。そして，これらの要因は，諸外国で指摘されている要因ともほぼ一致している。ただし，Tindall らが指摘した「試験の手続き」と「ジェンダーバイアスのある教材」という，理科の教授における具体的な改善点を示す要因については日本ではまだ検討されておらず，理科授業において何がジェンダーの固定観念や男女差を引き起こしているのかについて，今後日本ではさらに検討していく必要があろう。

第 2 節　女子の理科学習促進のための「介入プログラム」

　本節では，諸外国の「介入プログラム」の具体的方策を見ていく。「介入プログラム」には，大別して学校の理科教育を対象にするものと，企業や学校以外の公的機関が主体となり，課外での活動を対象にするものとがあるが，

ここでは学校の理科教育において実施されたプログラムについて取り上げる。なぜなら，日本では通常の学校の理科教育において女子の学習促進を図ることにはまだ着手されておらず，その方策を検討しなければならないからである。そのため，日本と同様に女子が理科学習を敬遠している状況にあり，かつ「介入プログラム」の開発が進んでいる国々におけるプログラムの具体的方策を本節において示し，次節において具体的方策の特徴を分析する。本節で分析対象としたプログラムは，理科教育関連の文献および学術誌などで度々議論され，かつ実施国があまり重複せず多様になるように選択したものである。

第1項　ヨーロッパ諸国における「介入プログラム」

1．イギリスにおける「介入プログラム」

　イギリスは「女子の理科学習」に関する研究と，「介入プログラム」の開発に1970年代から積極的に取り組んでおり，この分野を先導する代表的な国である。

1）GIST プロジェクト

　イギリスにおいて，女子の理科の学習到達度を上げることを目指したGIST（Girls into Science and Technology）プロジェクトは，世界初の大規模な「介入プログラム」であった。GIST プロジェクトは1980〜87年にグレーターマンチェスター地域の男女共学の総合制中等学校8校を実験群とし，2校を統制群として実施された。実施された学校の理科教師の裁量により，様々な工夫も取り入れられたが，主として，教師に対するワークショップと研修，カリキュラム改善，教室観察とそのフィードバック，職業教育，マスコミへの宣伝による社会的関心の高揚，女性のロールモデルの提示の6点に焦点があてられていた[84]。この GIST プロジェクトがこれ以降の「介入プログラム」の開発に及ぼした影響は大きく，各国で実施された「介入プログラム」

は程度の差こそあれ，ほとんどがこの GIST プロジェクトを参考にして開発
されている。

　6 点の方策のうち，まず，GIST プロジェクトを実際に行うのは学校の教
師であることから，教師に「介入プログラム」の目的や教師自身のジェンダ
ー固定観念による教室でのふるまいに注意を向けさせるために，教師に対す
るワークショップと研修が実施された。ワークショップでは教室における男
女差の情報と，その差の起源を追究する調査が提供され，研修では理科の授
業で生徒が感じとる教師からの期待度についての議論を行い，教師の態度や
ふるまい，声の調子ですらも女子に否定的なメッセージを与えてしまうこと
が教師たちに伝えられた[85]。ワークショップと研修を受けた教師たちが行う
実際の授業を研究者が観察し，教師と生徒の相互作用や，教師の言動をチェ
ックし，授業後のフィードバックを通して，研究者と教師が議論する機会も
設けられた[86]。教師に対するワークショップと研修，そして授業観察とその
フィードバックは，教師が男女どちらかに有利な状況を作らないようにする
ための二段階の訓練システムとなっていた。

　次に，職業教育とロールモデルの提示では，生徒たちは将来の職への見通
しのための現実的な考えをほとんどもたずに科目選択をし，この選択にはし
きたりと固定観念が大きく影響していることをプロジェクトチームが明らか
にし，この状況を変えるために科目選択と職業教育とを結びつけることを提
案した。科目選択を考える際に生徒たちに配布される小冊子には，男女両方
にアピールするように科目と職業間の結びつきが強調されていた[87]。さらに，
GIST プロジェクトの主要な介入の一つである VISTA と呼ばれるプログラ
ムでは，科学と科学技術の分野で働く女性が学校を訪問する職業教育が行わ
れた。この訪問の目的は，男性に占められた職場で楽しんで働きながら成功
した女性のロールモデルを生徒たちに示すことであった。加えて，理科授業
で取り上げるトピックに関連した職業に就いている女性を学校に呼んで，職
業教育だけでなく，通常の理科授業の講師としても参加してもらっていた。

ほとんどの教師がVISTAプログラムを肯定的に評価し，また，女性のロールモデルたちに対して生徒たちは男女ともに好感を示していた[88]。

　マスコミへの宣伝による社会的関心の高揚は，テレビ・ラジオ番組，新聞や雑誌などにGISTプロジェクトに関する特集を組むように働きかけることであった。プロジェクトチームは積極的に講演依頼を引き受け，自らの仕事を主張することも行った。科学と科学技術における女子の不利な状況は，女性に対する社会の姿勢と密接に結びついていると考えていたプロジェクトチームは，社会の姿勢を変えるためにマスコミに訴えることの重要性を感じていたのである[89]。そして，科学と科学技術における女子の問題はプロジェクト開始後に多くの議論を巻き起こし，1984年はWISE（Women in Science and Engineering）の年と宣言され，女子のための取組が国中のいたる所で開催されたのである[90]。

　最後に，理科カリキュラムの改善について詳細に見ていくことにする。カリキュラムの改善の前に行われたのが，理科の学習内容に関する生徒の関心の調査である。この調査から男子は「機械に関心がある」，「無生物の制御に興味がある」といった分析的（analytical）あるいは手段的（instrumental）な思考をすることが多く，女子は「人に関心がある」，「美的な評価に重点を置く」といった養育的（nurturative）な思考をする傾向にあることが明らかにされた。この分析的・手段的な思考と養育的な思考の特徴は，表2-1のようになる。女子が理科を好きになるには，理科教育が分析的・手段的なものから養育的なものへと，その重点を移行させる必要があるとプロジェクトチームの一員であるSmailは指摘した[91]。このことから，女子が理科に関心をもつために，物理学の概念を人体に結びつけて学習するという試みがなされた。たとえば，「力，てこ，輪軸」という物理学の概念を学習する際には，次のような方法で授業が進められた[92]。まず，女性の解剖学者を学校に招き，生徒が自身の腕の筋肉・骨・神経を探すのを手伝ってもらう。そして，筋肉・骨・神経と，腕の動きとの関係から，てこと輪軸へと授業を展開させるので

表 2-1　理科に関する子どもの思考の特徴

分析的（analytical） 手段的（instrumental）	養育的（nurturative）
・規則・法則に興味がある。 ・機械に関心がある。 ・公平さと公正さに関心がある。 ・世界を関係性の階層として競争的に見る。 ・分析的な思考を強調する。 ・無生物の制御に関心がある。	・関係性に関心がある。 ・人に関心がある。 ・実際的である。 ・世界を関係性のネットワークとして協同的に見る。 ・美的な評価に重点を置く。 ・生物を育てることに関心がある。

（出典：Smail, B.: Organizing the Curriculum to Fit Girls' Interests, *Science for Girls?*, 1987, p. 83, Table 2. より転載。）

ある。授業の展開方法が，物理概念を人体と関連させるという特徴的なものになっていることに加え，女性科学者というロールモデルの提示も同時に行われている。Smail は図 2-1 のような人体から科学概念の学習を展開させていくという中学校での理科カリキュラムの例も具体的に示している。この例のほかにも，家庭生活と自然科学の関連性を強調したり，美の鑑賞を実験に取り入れたりする工夫もなされた[93]。

　さらに，テストの手続きに関する調査が行われ，男子は多肢選択式の問題，女子は記述式と小論文形式の問題に解答するのが得意であるという傾向が見出され，男子の記述力を高めることと，女子の理科学習への自信を高めるために，理科授業に「想像的に書く」という活動が取り入れられた。具体的には，「自分より幼い子どもに電動機のような器具の作り方を教えること」，「実験器具の広告」，「発明家へのインタビューのための原稿」，「科学的な現象についての詩」などである[94]。このような取組を通して，最終的に Smail は女子が親しみやすい理科カリキュラム開発のための指針として以下の 6 点を挙げている[95]。

　（1）科学的な原理の利用法と応用法に関する情報を提示することによって実験

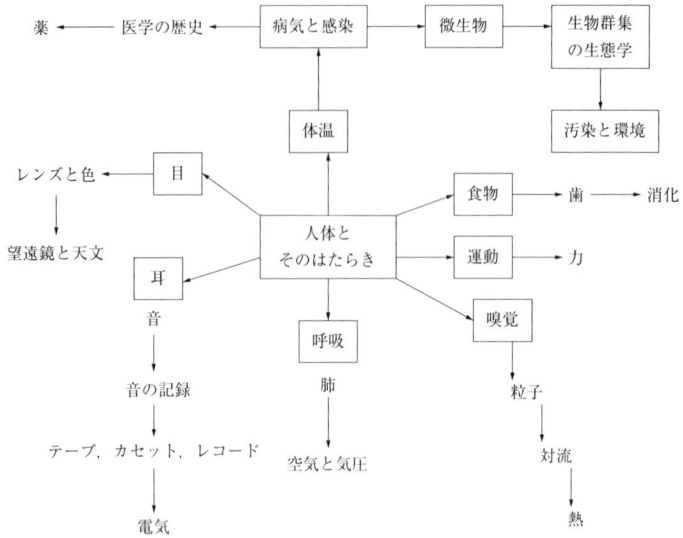

図 2-1　人体に基づいた中学校における理科カリキュラムの構造

（出典：Smail, B.: Organizing the Curriculum to Fit Girls' Interests, *Science for Girls?*, 1987, p. 85, Figure 1. より転載。）

を文脈の中におくこと。科学概念が実験によって導き出される前に，なぜ実験を行っているのかを説明すること。

（2）自然科学の原理を人体に結びつけること。

（3）危険性よりも安全性を前もって強調すること。

（4）科学の発展の利益と不利益についてバランスのとれた見方ができるよう，「エネルギーと爆弾」のような科学的なイシューズを討論すること。

（5）美的にアピールするような実験を行うこと。

（6）科学的な原理と科学概念を理解するために，想像的に書く活動を取り入れること。

このプロジェクトは「生徒の科学に対する固定観念と態度の変化」，「教師の科学に対する固定観念と態度の変化」，「世間の風潮の変化」に大きな功績

を残した。生徒については，男女ともに理科を「男性的・男子にふさわしい科目」と捉えなくなり，女子の科学的・技術的な仕事への関心が高まった。また，教師については，教室における自身の言動の変化を認めた。特にプロジェクトのねらいについて当初は懐疑的であった男性教師が渋々認めるといった状態から，積極的参加へと態度を次第に変化させていった。世間の風潮については，マスコミへの宣伝によって，「女子と理科教育」についての社会的な関心が高まった。しかし，女子の自然科学系の科目選択については，物理学の選択率があまり上昇せず，女子が理科に関心をもつだけでは，科目選択にはつながらないことが明らかにされた。また，女子の理科の学習到達度についてもあまり上昇しなかったと結論づけられた[96]。

2）SLIPP プロジェクト

　GIST プロジェクトのカリキュラム開発に刺激され，SLIPP（Supported Learning In Physics Project）という物理学習におけるプロジェクトも開発された。これは特に女子の物理学習だけに着目したプロジェクトではなく，16歳以上の生徒を対象に男女ともに物理学習の動機付けを強化し，物理学の履修率を上昇させることを目標としていた[97]。その特徴は，物理学の学習内容が「現実生活の文脈」（real-life context）におかれていることにあった。表 2-2 のように，物理学の学習内容は 8 つの単元にまとめられ，8 分冊のテキストとして1997年に出版されている[98]。たとえば，"*Physics, Jazz and Pop*"（物理学，ジャズ，ポップ）と題されたテキストでは，音楽をコンサートホールで聴くという文脈で学習が展開され，振動や波，理想気体といった物理概念を学ぶ。残りの 7 冊のテキストも，「スポーツのための物理学」や「一皿の上の物理学」，「環境の中の物理学」のような生徒にとって身近で興味をもてるタイトルがつけられている。8 つの単元の中には重複する物理概念があるが，これにはある一つの物理概念を異なる現実生活の文脈で導くことによって，生徒により多くの情報を提供でき，学習を強化できるという効

表2-2　SLIPP プロジェクトの各単元で学習される文脈とその内容

単元のタイトル	教える文脈	主な物理学の内容領域
①Physics, Jazz and Pop	現代的なコンサートホールでコンサートを聴くこと	振動，単振動，波，理想気体，伝達
②Physics on the Move	人と物の安全な輸送	静力学，動力学，エネルギー，運動，ニュートンの法則，力
③Physics for Sport	ロッククライミング，飛び込み，スキューバダイビング	静力学，動力学，力，ベクトル，振動，単振動，理想気体，エネルギー，固体の構造と性質，容積の特性
④Physics on a Plate	食事をつくること	熱，電磁気学，幾何光学，固体の構造と性質，エネルギー，電気
⑤Physics in Space	宇宙探査	量子現象，重力の範囲，光，核，幾何光学，放射能
⑥Physics Phones Home	携帯電話の発展と使用	電磁気学，電気と重力の範囲，電気，円運動
⑦Physics in the Environment	持続可能な未来のための地球上の生命	量子現象，熱，電気，$E=mc^2$，核分裂と核融合
⑧Physics of Flow	川はどのくらいの速さ？私が必要なのはどのくらいの大きさのパイプ？	流体の流れ，電気，電磁気学

（出典：Whitelegg, E.: The Supported Learning in Physics Project, *Physics Education*, 1996, p. 292, Table 1 を基にし，実際に出版されたテキストと照らし合わせ，一部を修正した。）

果がある[99]。この単元で授業を行った結果，多くの女子が学校外での自身の関心と物理概念との関係を知り，物理学は面白く，理解できるものであると捉えるようになった。また，女子は物理概念を具体的な生活場面に適用することの必要性についても自ら語るようになった[100]。したがって，このプロジェクトは，「現実生活の文脈に物理概念の学習をおく」という教授方法が，女子に効果的であると示したことによって，女子の物理学習を促進させるには，自身の生活と物理概念の関係を女子に理解させることが重要であること

を明らかにしたのである。

２．ノルウェーにおける「介入プログラム」

　北欧諸国では，1970年代から雇用における男女の機会均等が叫ばれ，それにともなって，科学技術分野への女性参入の増加を目指した様々なプロジェクトが学校において展開されてきた。

　ノルウェーでは理科に関する国際調査の結果から，女子の理科に対する肯定的な態度が，学年上昇とともに低下していくことと，学習到達度についても女子が男子よりも低いことが明らかになり，この状況を改善するために1986年に初等理科プロジェクト（The Primary Science Project in Norway）という「介入プログラム」が開始された[101]。このプロジェクトではこれまで重視されてこなかった初等理科のカリキュラムが見直され，研究者と小学校の教師が共同で新たなカリキュラムを作成した。そして新しいカリキュラムを使用して行われた授業の観察や教師へのインタビューから，教材の設計と評価が行われた[102]。このカリキュラム開発では「磁石」，「謎の粉」，「音」，「光」と題された４つの単元が作られた。たとえば，「音」の単元は，「説明的に書くこと」が強調された単元で，単元開始前の「音」についての子どもたちの記述は，多くの形容詞を用いて音のタイプが書かれてはいるものの，科学的な用語は使用されていなかった。単元終了直後と一年後には科学的な用語を用いて，音についてより詳しく書かれており，さらには子どもたちが記憶している実験と科学的な概念が直接結びつけられていることも明らかになった[103]。表2-3は「音」の単元における活動の進行の様子である。このカリキュラム開発を通して，Jorde らは初等理科カリキュラムを成功させるためには次のことが必要であるとしている[104]。

　　（1）「磁石について何を知っていますか？」のような問いかけによる授業の開始
　　　　は，知っている子どもだけが手を挙げ，たいてい数人の騒がしい男子が，

表2-3　ノルウェーの初等理科プロジェクトにおける「音」単元の展開

順番	主要なテーマ（上段）とその内容（下段）
1	私たちは音について何を知っているのか？
	・子どもたちは音について知っていることをすべて書く。 ・その書いたものをお互いに読み，音について不思議に思うことを２つ挙げる。 ・実験のためのゴムバンドが配られ，楽器を作ることが宿題として与えられる。
2	音は振動しているものからやってくる。
	・家で作ってきた楽器を各々が披露する。 ・その楽器を用いて，グループで歌や詩を作る。 ・授業で演奏したあと，実際に音を作り出しているのは何かをそれぞれの楽器を観察することで調べる。
3	揺れるひも
	・ひもを引っ張ることによって音を作り出す様々な実験を行う。 ・音の高低と大小の概念を導入する。
4	大気圏外の空間に音はあるのか？
	・異なる媒体間で音がどのように伝わるのかを実証する活動を行う。 ・ヨーグルトのカップとひもを使って電話をつくり，その電話を用いて実験を行う。
5	音は時間がかかる。
	・運動場で音の速度を測定し，こだまの壁も探す。
6	私たちはどのように聞いているのか？
	・自分の耳について学習する。特に，音の波は音源から自分たちの耳までどのように伝わるのか，そして最終的に脳にどのように届くのかについて学習する。 ・動物の耳を参考にして，耳の形についてのディスカッションを行う。
7	私たちは音を何に利用しているのか？
	・音は私たちの環境の一部であることを説明する。 ・聴力障害者のための手話を紹介する。

（出典：Jorde, D. & Lea, A.: Sharing Science: Primary Science for Both Teachers and Pupils, *Gender, Science and Mathematics*, 1996, p. 161, Figure 1. より作成。）

ほかの子どもたちが考える前に答えを叫んでしまうため推奨できない。

（２）過去の偉大な科学者と同様に，子どもたち自身が科学の原理を「発見する」

ことを期待するのは難しい。科学概念や理論を学習するには，自由に実験活動をさせるだけではなく，適切な指導によって子どもたちを導くことも必要である。

（3）「文章で書くこと」や「絵で表現すること」といった多様な表現方法を授業に取り入れることが，女子を積極的に理科学習に参加させることにつながる。

（4）これまで内容の少なかった領域は，もっと時間をかけ，さらにおもしろく，学習意欲をかきたてるカリキュラムにする。

（5）ノルウェーの小学校教師は，学校での理科教育を十分に受けていないため，理科を教えることへの自信が欠如している。子どもたちが尋ねる典型的な質問や，質問への答え方，学習内容の詳細な情報などを含んだ教師用の手引きが必要である。

（6）学校全体で理科カリキュラム開発へ取り組むことが重要である。新しいプログラムを積極的に援助する管理職，同じ活動を試行しその経験を分かち合える教師集団，共通の教材・教具の提供，新しいプログラムを伝えるための現職教育の4点が揃う必要がある。

　Jorde らは，「女子に合うものを作り出すための特別な配慮がなされている理科カリキュラムは，男女問わずすべての子どもたちにとってより良いカリキュラムとなる」と主張している[105]。そして，教師の理科に対する態度を変える必要性も訴えている。なぜなら，小学校教師のほとんどを占める女性教師が，理科指導への自信をもっておらず，科学的な領域を無視して教えないことがあり，このことが女性の科学に対する負のスパイラルを永続させているからである。つまり，女性教師が理科を苦手としている様子がロールモデルとなり，女子の理科への消極性につながり，その女子が将来，小学校教師になると同様のことを引き起こしてしまうのである。この負のスパイラルを断ち切るためには，小学校の女性教師に理科指導の自信をもたせるための方策を講じなければならないとしている[106]。

3．ドイツにおける「介入プログラム」

　ドイツには Häussler らによって1991年から始められた物理授業における女子の興味，自己概念（self-concept），学習到達度を向上させることを目標とした「介入プログラム」がある。このプログラムには特別な名前はついていないが，物理のカリキュラム，教師のふるまい，クラス編成を変化させ，その効果を実証的に調査している。その介入は，6つの中学校において物理の学習が開始される第7学年を対象として実施された[107]。そして，キール大学の IPN（Leibniz-Institut für die Pädagogik der Naturwissenschaften：ライプニッツ自然科学教育研究所）によって，1994年に介入研究で開発された物理学の新たなカリキュラムが，1冊の指導事例集として出版された。

1）物理学の新カリキュラムによる指導事例集

　IPN による指導事例集 *Physik-Anfangsunterricht für Mädchen und Jungen*（『女子と男子のための物理学の導入授業』）は，大きく7つのセクションから構成されている[108]。まず，序論では，介入研究の理念や背景，全体的な流れなどが示され，次に，5つの単元の具体的な指導例が続き，最後に付録として，介入研究で実施された生徒の物理学習に関する認知的および情意的な調査の結果が載せられている。5つの単元は，ドイツの第7学年のカリキュラムに規定されている内容領域「音と騒音」，「力と速さ」，「熱の移動」，「電気と磁気」，「光の直進伝播」であり，その内容は次のようになっている。

　各単元の初めには，表2-4のように単元の主目的（leitmotiv）が設定されている。生徒は主目的を達成するために，各単元の物理概念を理解する必要に迫られる。これらの主目的は，女子の興味を喚起するために，女子が経験したことのある事柄が用いられている。

　たとえば，単元2の「力と速さ」においては，女子が機械的なおもちゃで遊んだ経験が少ないことを考慮して，女子の経験を取り入れることのできる「自転車に乗る時のヘルメット」が主目的の題材とされた。安全なヘルメッ

表2-4　ドイツの指導事例集における各単元の主目的

	単元	主目的（leitmotiv）
1	音と騒音	楽器の調査と騒音の測定をする。
2	力と速さ	自転車に乗る人のための安全なヘルメットとは何かを調査する。
3	熱の移動	料理をする際の熱源と温かさを知る。
4	電気と磁気	単純な回路と精巧なスイッチ（自転車のライト）を使用する。
5	光の直進伝播	ピンホールカメラで写真撮影をする。

（出典：Faißt, W., Häußler, P. u.a.: *Physik-Anfangsunterricht für Mädchen und Jungen*, Kiel, 1994
　　より作成。）

トを考える過程で，（a）頭への衝撃を減らすために，ヘルメットそのもの
を変形させることが，ヘルメットの必須の機能であること，（b）衝突の危
険性は，その相対的な速さに依存していることを生徒は学ぶことができ
る[109]。

　そして，主目的の説明の後には，「物理学への女子（および男子）の興味を
喚起するための7つの指針」を授業に適用する方法が示されている。この指
針は生徒の物理学への意識調査の結果[110]を踏まえて創出されたもので，以
下のようになっている[111]。

　　（1）驚嘆する機会を提供する。
　　（2）男女両方の過去の経験に内容を結びつける。
　　（3）じかに得られる体験を提供する。
　　（4）物理学の社会的な重要性に関する議論と熟考を励ます。
　　（5）物理学を実用性につなげる。
　　（6）人間の体に関係づけて物理概念を示す。
　　（7）物理学を量的に扱うことの利益と利用法を説明する。

　これらの指針をいかに授業に適用するかについても説明されており，単元
1の「音と騒音」および単元3の「熱の移動」における具体的方法を

表2-5　指導事例集における指針の適用例　－単元1「音と騒音」と単元3「熱の移動」－

指針	単元1「音と騒音」における適用方法	単元3「熱の移動」における適用方法
（1）驚嘆する機会を提供する。	音が遠くまで到達できれば，音の速さも測定可能になる。	熱伝導率の差と金属・プラスチックに触れた時の温度感覚の差を知る。
（2）男女両方の過去の経験に内容を結びつける。	音楽は快適でも，雑音は不快であるように騒音は主観的なものであることを実感する。	台所の熱源からやかんの持ち手や鍋つかみなどへの熱の伝わり方を想起する。
（3）じかに得られる体験を提供する。	単純な楽器を組み立て，演奏する。	温度計を用いてジャガイモ料理のプロセスを記録する。
（4）物理学の社会的な重要性に関する議論と熟考を励ます。	騒音を防止するための音の測定の必要性や，条例の必要性を議論する。	余熱による調理や，熱源と深鍋の間の十分な接触などから省エネの視点を取り上げる。
（5）物理学を実用性につなげる。	騒音防止壁をデザインしたり，補聴器を調査したりする。	料理の準備方法や，現代の繊維製品作りの技術的進歩を知る。
（6）人間の体に関係づけて物理概念を示す。	耳への騒音の影響と騒音公害について考える。また，耳および鼓膜の構造を知る。	人の熱感覚に関する調査をして，やけどや低体温，健康のための衣服の機能について学ぶ。
（7）物理学を量的に扱うことの利益と利用法を説明する。	振動数を変化させることによって，音の高さが変化することを知る。	温度によって正確に膨張・収縮する温度計の中身と有用性を知る

（出典：Faißt, W., Häußler, P. u.a.: *Physik-Anfangsunterricht für Mädchen und Jungen*, Kiel, 1994より作成。）

表2-5に示す。たとえば，単元1では，「音」を空気の振動による物理現象として生徒に理解させることにとどまらず，音楽と騒音の違いや楽器の構造を考察させることにまで及んでおり，「音」に関して多様な視点から学習させるようになっている。

　次に，学習内容の教授展開の例が段階を追って解説され，各段階における

教授内容，生徒の活動，実験器具・方法，そして教師の発問や説明の方法の事例も示されている。この具体的な指導方法例の説明の次には，生徒の学習順序に沿って学習内容が説明された，いわば生徒用のテキストのような部分が 6 〜 8 頁程度続く。ここでの説明の文章量は少なめで，物理現象もしくは実験の操作などを図解した挿絵が毎頁に載せられている。それらの絵は，平易でイメージしやすく，女子にも馴染み深いものが多い。たとえば，単元 1 「音と騒音」では耳への音の伝わり方やバイオリンの構造の図が，単元 3 「熱の移動」では熱の伝導，対流，放射といった物理概念を説明するためにジャガイモの調理やチキンの丸焼きの図が描かれている。挿絵だけを見ると，一般的な物理学のテキストとは到底想像できず，まるで生物学や地学，あるいは音楽科や家庭科の学習内容が盛り込まれているかのように見える。さらに，生徒用のテキストの後には，生徒が単元の学習内容を理解したかを確認する 10 題程度のテストが付されている[112]。そして，単元の最後には，「単元の学習の中で何が一番好きでしたか」，「友人や家族と単元の内容について話してみましたか」といった各単元の学習後の物理学習に対する生徒の意識を調査する質問紙が載せられている[113]。これらの認知的・情意的なテストは，カリキュラムの効果を評価するために介入研究で実施されたものである。介入研究の対象校では，学年の初め，各単元の学習直後，学年の終わり，さらに一年後にこの調査が行われた[114]。

2）教師のふるまいを変化させるための訓練

　教師のふるまいを変化させるための訓練は，生徒の物理学に関する興味，学校外での生徒の社会化の過程，教師のジェンダー固定観念的なふるまいなどに関する情報提供や討論を含んだワークショップとして行われた。このワークショップにおいて，女子が肯定的な自己概念を発達させるためには，授業において教師がどのようにふるまうのが適切であるのかが検討された[115]。表 2-6 はこのワークショップでまとめられた 3 つの状況における教師の適切

表2-6　物理学への肯定的な自己概念を促進するための適切・不適切な教師のふるまい

状況1	ある女子が教師に，簡単な課題ができないと合図を出している（低い自尊心を示しているあるいは，より注意を惹くための方法としてなされている）。	
	不適切な ふるまい	・教師が説明せずに手助けする（できないという先入観を強調する）。 ・その女子を笑い者にする。
	適切な ふるまい	・教師は女子の問いかけを真面目に受け取り，それから尋ねる。「その課題でのあなたの問題点は正確には何ですか？」 ・直接的な手助けは控えるが，その課題のやり方のヒントを与える。
状況2	女子の貢献を男子が嘲笑する。	
	不適切な ふるまい	・教師がその侮辱している言葉を無視する（同意していることを伝達している）。
	適切な ふるまい	・その侮辱を議論し，そのような行為は許容されないということをクラスで取り決める。
状況3	女子が自分の学習到達度が不十分であることに気づかされる。	
	不適切な ふるまい	・彼女が物理学を学ぶ能力に欠けていることを教師が伝える。 ・教師が彼女の努力をほめることにより彼女を慰める（能力の欠如を伝達している）。
	適切な ふるまい	・教師は彼女とともに，将来到達度が向上するための計画を立てる。 ・教師は彼女にもっと期待していたことを伝える。

（出典：Häussler, P. & Hoffmann, L.: An Intervention Study to Enhance Girls' Interest, Self-Concept, and Achievement in Physics Classes, *Journal of Research in Science Teaching*, Vol. 39, No. 9, 2002, p. 876, Table 4 より転載。）

なふるまいの例である。表の状況2のように，生徒もジェンダー不平等なふるまいをしないよう，教室における規範を取り決めることを強調している。

3）クラス編成

　さらに，このプログラムでは，クラスの編成方法によって男女の学習に差が生じるかも検討している。具体的には，男女共学と男女別学のクラスを作り，クラスの人数を半分にした男女共学と男女別学のクラスも作り，新しいカリキュラムを用いた授業が行われた[116]。

　この「介入プログラム」の効果は，学年の初めから終わりまで8週間おきに，物理学に対する認知的・情意的な領域におけるテストを生徒に実施することで評価された。調査の結果，女子の物理学への興味を喚起するカリキュラムは，男子にも効果的にはたらき，男子の物理学への興味も高めることが明らかになり，また，クラスの人数を減らすことよりも男女を分けて授業を行う方が認知的にも情緒的にも男女両方にとって肯定的な影響をもたらすことが実証された[117]。そして，Häusslerらは物理学における女子の興味，自己概念，到達度を向上させるには次のことが重要であると結論づけている[118]。

　（1）女子の興味に近づけるという方法でカリキュラムを開発すること。
　（2）男子と女子を分けて教えること。
　（3）ジェンダーに関して公正な教師が授業を行うこと。
　（4）教師のふるまいが変化するまで辛抱強く研修を続けること。

4．スイスにおける「介入プログラム」

　1995〜96年にスイスではGirls and Physicsという女子と物理学に焦点をあてた教授ストラテジーの開発が行われた。物理教師のジェンダー問題に関する意識変容と，男女ともに物理学への態度と到達度の向上のための方策が検討された。「物理学」を学び始める後期中等教育段階における「光学」と「運動学」の単元の授業が介入の対象となった[119]。この介入の特徴は，教授ストラテジーと教材を教師と研究者が共同で開発したり，単元ごとにそのストラテジーを教師に訓練させたり，同僚や研究者による授業の観察とそのフィードバックが行われたりすることにあった[120]。生徒への物理学に対する意識調査や，効果的な物理教授に関する先行研究から，この「介入プログラム」の物理教材を開発する際に留意された点は以下のようであった[121]。

（1）物理教授の内容と文脈は，男女両方に直接関連するものでなければならない。

（2）男女の先行知識と経験は，テキストの中に組み込まれなければならない。授業に関する生徒の経験が足りなければ埋め合わせの機会を設ける。日常的に使われる言語と，物理学で使われる言語の関係と相違を強調し，ディスカッションを行う。

（3）生徒－生徒間，教師－生徒間のコミュニケーションを高めるために，集団討論，生徒の発表，エッセイを書くこと，ポスターのデザイン，小規模な「研究プロジェクト」などの積極的で相互作用的な学習環境を可能な限り多く取り入れる。

（4）文章や図において，性別による差別をせず，男女の釣り合いをとる。

　さらに，物理学の授業中に用いられるべき教授ストラテジーは，教師と研究者の議論の末，次の４点に要約された[122]。

（1）相互作用とフィードバック：男女に等しく接し，同じ期待をはっきりと述べる。質問に答えるための考える時間を生徒に十分に与える。一つの問いに対して，複数の回答を取り上げる。教師は肯定的なフィードバックを生徒に与える。

（2）女子の自己概念：女子の勤勉さと規律正しさだけをほめるのではなく，物理学における能力と才能もほめること。物理学は高い才能をもつ人や，男性のためだけのものという印象を与えない。

（3）物理授業の内容：男女の異なる経験と授業の文脈に注意を払う。物理学と人間との関係を築く。

（4）学習の雰囲気と方法：頻繁に会話と討論を実施する。集団討論や実技試験では男女別の集団をつくる。競争をやめさせ，協力することを援助し，物理学の教室をより快適なものにする。

　ここで訓練された教師たちが，「介入プログラム」実施後の通常の授業においても，ジェンダーに配慮した教授を続けられたかどうかは不明であるが，少なくとも教師へのアンケート調査とインタビュー調査からは，ジェンダー

問題に関する彼らの知識は増し，ジェンダー問題に敏感に気づくようになったことが示された。また，このストラテジーによって授業を受けた生徒たちの物理学に対する態度と物理学の学習到達度は男女ともに向上した。しかし，結果的に男女差は残ったままであるため，男女差を縮めるためのさらなるストラテジーも検討しなければならないと締めくくられている[123]。

第2項　オーストラリア・ニュージーランドにおける「介入プログラム」

1．オーストラリアにおける「介入プログラム」
1）マクリントック・コレクティブ

　オーストラリアにおいても1970年代後半から，「ジェンダーと科学」について議論が繰り広げられている。1977年にヴィクトリア州の教育省には，ジェンダーと科学のプロジェクトのために援助を行う機会均等団体（Equal Opportunity Unit）が設けられ，1980年に「女子のための教育移行プロジェクト」（The Transition Education for Girls Project）がその中におかれた。そのプロジェクトは教室のダイナミクスを分析し，学校の理科と数学に女子の積極的参加を増加させることをねらいとしていた[124]。さらに，「理科の教室における機会均等」（Equal Opportunity in the Science Classroom）と名づけられたヴィクトリア州全体の教師の現職教育プログラムが1983年に組織され，理科の教室，カリキュラム，教科書の記述における女子の不利な状況に関する調査が行われた。この最初の現職教育のワークショップに参加した教育関係者たちで組織されたマクリントック・コレクティブ（McClintock Collective）は，ノーベル医学生理学賞を受賞した女性科学者バーバラ・マクリントックにちなんで名づけられた。この団体の重要な役割は，女子と男子のための包括的な教授ストラテジーを開発することにあった[125]。

　コレクティブの活動は，①科学分野における女性の少なさに注目されていないことの指摘，②見落とされている女性の調査，③なぜ女性は科学分野で

そんなに少ないのかという疑問の追究，④科学に関する女性の経験の研究，⑤科学とは何かというパラダイムへの挑戦，⑥ジェンダーフリーなカリキュラムへの改善・再構成という段階を経て現在に至っている[126]。①〜③の初期の段階では，コレクティブは科学分野に女性が少ない理由を問い，責任の一端が教室のダイナミクスにあることを明らかにした。たとえば，男子が実験器具を独占するだけでなく，教師の注目をも独占している状況や，教師が女子の経験を無視して，男子の学校外での理科に関係する経験を例として授業を進めている状況などである[127]。さらに，コレクティブは④〜⑥の段階へと進み，「女子の学校外での科学に関連する経験とは何か？」，「女子は科学的な現象をどのように見ているのか？」，「ジェンダー包括的なカリキュラムは伝統的なカリキュラムとどのように異なるのか？」，「女子のための教材は作れるのか？」といった様々な問いについて，繰り返し討論された。こういった議論から，女子の理科学習を促進するには，「協力的なグループ作業」，「創造的な絵画や作文」，「ロールプレイング」，「メディアの活用」，「科学の社会的な含意」，「価値の説明」，「性役割への気づき」などを理科授業に盛りこむことが重要であるとコレクティブは結論づけた[128]。

　また，コレクティブは近年，ジェンダー包括的な理科カリキュラムの作成にも乗り出している。たとえば，家庭用電化製品，酸性雨，スーパーマーケット，ローラースケートといった，生徒の生活の中にある科学の問題を取り上げて，男女ともに理科学習への動機づけを高めてから，科学概念の学習に発展させるというカリキュラムが考案された。そして，このカリキュラムで授業を行う際には，前述の「協力的なグループ活動」や「創造的な絵画や作文」といった教授ストラテジーが用いられ，教科書の内容を追うだけのこれまでの伝統的な理科教授とは大きく異なるものとなった[129]。マクリントック・コレクティブでは現在，新しいカリキュラムの開発と同時に，その評価が行われている段階である[130]。

2）教師の現職教育プログラム

　オーストラリアではさらに，教師教育に重点をおいた「教師の態度と小学校理科の教室環境に関する現職教育の効果」（The Effect of In-service Training on Teacher Attitudes and Primary School Science Classroom Climates）と題された「介入プログラム」が，1983年に実施された。第5学年の生徒を対象に，物理学の「電気」のトピックが用いられ，授業の実施前にトピックの内容に関する教授のスキルと授業におけるジェンダー公正の2点について研修が行われた。このプログラムの目標は次の3点であった[131]。

　（1）理科における女子の不利と長期的な影響についての教師の気づきを高めること。
　（2）公平な教室環境を作り出し，それを維持するスキルを教師が獲得し，さらに「電気」に関する知識と教授スキルも新たにすること。
　（3）教師の態度の変化とスキル獲得を評価し，教室内の相互作用のパターンを観察すること。さらに，「電気」についての生徒の態度と認識の変化を評価すること。

　参加した教師は，ウェスタンオーストラリア州の公立学校の第5学年担当の教師で，物理学のトピックの教授におけるスキルと自信に関する自己認識の低い人たちが選ばれた。「物理教授のスキルとジェンダー公正」の二つの研修を受けるグループと，「物理教授のスキルのみ」の研修を受けるグループに分けられ，受けた研修によって教授に差が出るかどうかも確認された。「スキルと公正」のグループでは，まず物理教授のスキルとして，「電気」を教えるための具体的な活動が指導され，学校に戻って教授するのに必要な道具も与えられた。そして「公正」については，性役割の固定観念に教師自身が気づくように，視聴覚教材を用いた解説と討論が行われた。「スキルのみ」のグループでは，「公正」のワークショップと研修は実施されなかった。教師たちは学校に戻った後，「電気」の領域で6時間の授業を実施した[132]。授

業前の質問紙調査からは，物理学習において女子は男子よりも理解が困難で，
興味と自信も低いだろうと教師たちが考えていることと，生徒たちの科学に
おける興味は学校外での経験を反映していることが明らかにされた。一方，
授業後の質問紙調査では，教師たちは自身の授業への姿勢と考え方が変化し，
「電気」のトピックを教える自信が高まったことを示し，生徒たちは「電気」
の授業を楽しみ，女子の「電気」に関する興味が特に向上し，教授前の男女
差は大きく縮まっていた。とりわけ「スキルと公正」の研修を受けた教師に
教わったクラスでは，男女差はまったくなくなっていた。教室観察からは，
授業時間のうちの95％で，生徒が何らかの「課題」に積極的に取り組んでい
たことが明らかとなった。さらに，生徒への問いかけについては，「スキル
と公正」を受けた教師は男女に平等であったが，「スキルのみ」を受けた教
師は，男子に多く問いかけていたことが明らかにされた[133]。

　このプログラムにおける現職教育では，「納得させる」，「義務づける（命
令する）」，「報酬を与える」という3点から教師にアプローチしたことが成
功の鍵となった。まず「納得させる」は，プログラムの指導者に，行政の管
理職や研究者のような信頼度の高い人物を迎え，視聴覚教材を用いてより広
い文脈にジェンダー公正の問題を位置づける活動を行ったり，性差に関する
データの提供とセッションを通して，ジェンダー公正の問題とその地域との
関連性を考えたりすることによって達成された。これに加え，教師が批判で
きる時間的余裕も与え，十分に議論を行ったことが，教師たちを「納得させ
る」に至った。第二の「義務づける」については，すべての教師が授業を観
察され，その教授を問われ続けるということを教師たちに伝えておくことを
意味していた。第三の「報酬を与える」は，教師が日々のプレッシャーから
解放され，同僚や熟達者と問題を議論する機会から満足感を得たり，教授の
スキルと物理学の知識に関する自信が向上していると実感したり，研究者に
よる教室観察からフィードバックを与えられたりすることによって達成され
た[134]。

このプログラムはジェンダーと科学技術に関する国際会議（the third International Gender and Science and Technology Conference：GASAT 3 ）で報告された後，アメリカに受け継がれ，同様の現職教育プログラムが実践されて，二国間の比較も行われた[135]。その詳細については，アメリカの項で述べる。

3) SSEPP プロジェクト

理科授業において男女がより効果的に学ぶことができるのは，男女共学の集団か，男女別学の集団かという，集団編成に関する研究が世界各国で行われており，オーストラリアにおいても SSEPP（Single-Sex Education Pilot Project）と呼ばれるプロジェクトが，1992年にウェスタンオーストラリア州で開始された。このプロジェクトのねらいは，理科と数学の学習への女子の積極的参加を促すことにあった[136]。1993～94年に10校の男女共学の高校において，通常の理科と数学の授業で男女別学クラスを組織し，授業後に生徒には質問紙調査を実施し，教師には感想を尋ねることによってその効果が検証された[137]。

このプロジェクトの結果をまとめると次のようになる[138]。概して，先行研究と同様に，女子だけのクラスの環境は静かで協力的であり，男子だけのクラスでは騒々しく競争的であった。男女別学のクラスは，男女共学のクラスよりも，教師にとってより容易にジェンダー包括的な理科教授ストラテジーを実行できる環境であることが明らかになった。特に，男女別学のクラスにおいては，男子については書くこと・話すことといったコミュニケーション能力の乏しさ，女子については積極的に参加するオープンエンドな問題解決の経験不足に着目して授業を進めることが可能になる。プロジェクトに関わった教師たちは，ジェンダー包括的な理科教授について前向きに取り組めるようになったと話し，肯定的な意識変革が起こっていることが判明した。しかし，男女別学クラスから通常の共学クラスに戻すと，教師が女子を利用して男子の勝手なふるまいを抑えようとすること，男子の乏しいコミュニケ

ーション能力に対して真剣に取り組まずに放置してしまうこと，女子に危険を伴う活動やオープンエンドな問題解決の機会を与えることができなくなってしまうことなどを教師自身が危惧していることが明らかになった。

これまでの男女別学に関する研究からは，別学クラスで利益を得るのは女子だけであり，男子にはあまり効果が見られないと言われてきた。しかし，このプロジェクトから男女別学によって，男子のコミュニケーション能力の不足に教師が気づき，教授の力点をおくことができるという新たな効果が示された。男女別のグループ化が理科学習において男女両方に有効な状況設定の一つになることを SSEPP プロジェクトは提示したのである[139]。

2．ニュージーランドにおける「介入プログラム」

ニュージーランドもほかの国々と同様に，物理学と工学の分野で女性の大学卒業者が少ない。そこで若い女性が工学的な分野と仕事に関心をもてるようにするために，SOS―Skills and Opportunities in Science for Girls という「介入プログラム」が開発され，1989年にオークランドの女子グラマースクールの第4学年（13～14歳）の女子を対象に実施された。プログラムの目的は以下の3点である[140]。

(1) 女子が上級学校で科学を学ぶようになれば，様々な職業機会を手に入れられるということを女子に示すこと。
(2) 科学者と技術者の仕事を描き出すこと。
(3) 問題解決の練習を通して，科学者と技術者が用いている実践的なスキルの経験を女子に与えること。

具体的には，工業界で働く女性の指導のもとで，「SOS協議」と名づけられた工業に直接関係する様々な問題解決活動が行われた。たとえば，'Egg-straordinary' という一分間で卵を泡立てられる泡だて器を作る課題では，女性の機械技術者とともに活動したり，'The Choicest Jelly' という美味し

くないゼリーを改良して販売促進戦略を練る課題では，食品関係の女性技術者とともに，新しい食料生産品の開発と販売促進の経験を分かち合えるようにしたりした。また，‘The Great Park Experience’という課題は，レクリエーション地域の開発を考えるもので，環境に関する技術者が，決められた予算内で開発を行うのと同時に，地質学，地形学，その地域のコミュニティーの希望も考慮に入れなければならないことを解説した[141]。プログラムの作成には，以下の6点の工夫がなされていた[142]。

（1）複数のロールモデルを紹介する。

　　　科学的・技術的な職業への参入は，女性にとって例外的ではなく，標準的であることを示すために，複数の女性のロールモデルを紹介した。

（2）若い女性が特別視されないところで，威嚇的でなく友好的な雰囲気を作りだす。

　　　「SOS協議」は学校と異なる雰囲気で，女子がリラックスできるように，花や快適な椅子を置いた特別な場所で行われた。競争の雰囲気を和らげるために，問題への「最もよい」解決を評価するだけでなく，創造性や円滑なコミュニケーションにも賞が与えられた。

（3）科学には既存のものに替わるイメージがあることを説明する。

　　　女子にとって科学とは，3つのM－Mathematics, Mechanics and Macho（数学，機械工，マッチョ）を思い浮かばせるが，科学は3つのC－Communication, Creativity and Cooperation（コミュニケーション，創造性，協力）に結びつけられるものであることを強調した。

（4）問題解決の活動中には，協力と学習経験の分かち合いが重要であることを示す。

　　　SOSの活動は競争よりも協力に重点をおいた。

（5）女子が実験のスキルの向上を経験するための特別な時間を提供する。

　　　SOSの活動は説明を聞いていることよりも実際に行うことを重視した。

（6）科学は若い女性の生活に直接関係があることを説明する。

　　　ロールモデルの女性技術者たちは，ゴミの集積場の設置場所，下水処理の代替的方法，有害な化学薬品の使用のように，生活に影響を及ぼす決定をする際に，自身の仕事において期待されている判断基準を説明する。

124

　さらに，学校でこのプログラムを運営する際に，「スポンサーを探す」，「協議を行う場所や道具の準備をする」，「ロールモデルを訓練する」，「教師たちにプログラムをうまく使用できる力をつける」，「仕事に結びついた問題解決活動を開発する」といった作業が行われた[143]。SOS プログラムを体験した女子からは，「SOS 協議」はおもしろく，忘れられないものになったという応答が多かった。Farmer は，「介入プログラム」は教授ストラテジーと体験的活動とが同時に，かつ相補的に行われる必要がある，つまり教師たちの積極的な協力が不可欠であり，「介入プログラム」には教師教育のプログラムが含まれなければならないと述べている[144]。

第3項　アメリカにおける「介入プログラム」

　前述したオーストラリアの現職教育プログラムの成果が，ジェンダーと科学技術の国際会議 GASAT 3 で報告された後，アメリカでも1990〜91年に「理科における小学生の到達度と態度に関する教師の現職プログラムの効果」(The Effect of Teacher Inservice Programs on Elementary Students' Achievement and Attitudes in Science) と題された研究が行われた。オーストラリアとアメリカの二国間の比較をするために，このプログラムはできるだけ同じように実施されるよう計画された[145]。

　このアメリカにおける現職教育プログラムでは，オハイオ州の第4学年と第5学年の教師たちが「物理教授のスキルとジェンダー公正」，「物理教授のスキルのみ」，「ジェンダー公正のみ」の3つのワークショップに振り分けられた。オーストラリアでは「公正のみ」の研修が行われた教師はおらず，アメリカにおいて付加された試みであった[146]。プログラムの実施後，オーストラリアとアメリカから以下のような著しく類似した結果が表れた[147]。

　まず，教師への質問紙調査からは，両国の教師ともにワークショップを好意的に受けとめ，「公正」の訓練を受けた教師たちは教室での女子の活動により目を向けるようになったと回答し，およそ半数が活動への女子の積極的

参加を増加させる努力をしていた。また，オハイオの教師たちは「電気」の
トピックで男女両方が等しく良く成し遂げたことを認め，体験的な活動を女
子が喜んで行ったことと，その能力の高さに驚きを示していた。

　次に，教室観察では両国とも，教師から生徒へのフィードバックの回数に
は，生徒の性別との相関は見られず，教師が訓練を受けたワークショップの
型にも依らなかった。「公正」の訓練を受けなかった「スキルのみ」の教師
たちは，女子だけのグループにおいて，教師自らが実験器具を多く使い，課
題を実演してしまうだけでなく，教師が作業を完結させてしまうことも度々
あった。オハイオの「公正のみ」のグループの教師たちは，物理教授に関す
る訓練を受けていないために，物理学に関する自身の教授能力に自信がもて
ず，生徒との相互作用が最も少なかった。

　さらに，生徒への質問紙調査では男子が物理学を好み，女子が生物学を好
むという伝統的なパターンは明確には表れなかった。むしろ，生徒たちは経
験を積むことができる事柄を好きになることが明らかになった。あるトピッ
クを相対的に嫌いであるというのは，これまでの経験の欠如に関連している
ため，生徒の表現した好き嫌いに基づいた理科教授を計画することは適当で
はないことを Parker と Rennie はすでに指摘していたのであるが，オハイ
オでの結果もこのことを裏付けていた。

　両国のプログラムの評価から，科学についての教師と生徒の両方がもって
いる信念，態度，認識は国家間の違いを超越し，その国の文化によらず類似
していることが明らかになった。「教師の信念，態度，認識」，「生徒の信念，
態度，認識」，「教室での教師と生徒のふるまい」という3つの変数が相互に
影響を及ぼし，科学に対する態度，認識，教室でのふるまい，学習成果にお
ける男女差を生み出していると Rennie らは指摘した。そして，生徒の科学
に対する見方，信念，到達度，将来の進路選択における変化は，教師たちが
教室での活動の中にどのようにカリキュラムを組み込むかによって影響され
るため，教師が変化を生み出す重要な鍵となることも示したのである[148]。

第3節 「介入プログラム」の方策の特質

1.「介入プログラム」による改善の観点

　まず，分析対象とした各国の「介入プログラム」の概要をまとめると表2-7のようになる。各国の「介入プログラム」は1980年代から90年代に渡って開発されており，その対象は初等教育から中等教育段階にまで及ぶ。規模についても1校から10校までと幅広く，「介入プログラム」は多様な形態をもっているといえる。また，理科の中でも特に，女子が男子よりも顕著に苦手とし，学習意欲の低い物理学に関するプログラムが多く見られる。一方，それぞれの「介入プログラム」の具体的方策に着目すると，改善を試みた観点は，1）教師教育，2）教授方法・学習環境，3）学習内容，4）キャリア教育の4点に分類することができる。各カテゴリーに含まれる具体的な改善方法は以下のようなものである。

1）教師教育

　イギリスの GIST プロジェクトでは，教師に対するワークショップと研修が行われ，理科授業における教師の態度やふるまいが生徒に及ぼす影響について話し合われた。また，オーストラリアのマクリントック・コレクティブでは，教師の科学に対するジェンダーの固定観念を直接的に変えることだけでなく，「女性と科学」に関する広範な研究を行っていた。さらに，オーストラリアとアメリカで行われた現職教師教育プログラムでは，理科教授に自信をもてない教師を対象に，ジェンダー公正の研修だけでなく，物理教授のスキルについても研修が行われた。加えて，多くの「介入プログラム」において，教師同士が理科授業におけるジェンダー問題について討論したり，研究者や同僚教師が授業を観察し，フィードバックをしたりといったことも行われている。教師教育の改善だけでも多様な方法が実践されているが，ほぼ

表2-7　分析対象とした各国の「介入プログラム」の概要

プログラム名	実施国	実施期間 (年)	対象学校[註]	概要
①GIST プロジェクト	イギリス	1980〜87	中学校 (10校)	社会の風潮まで変革する広範な方策の実施
②SLIPP プロジェクト	イギリス	1997〜99	高校	物理学の学習内容を「現実生活の文脈」を用いて教授
③初等理科プロジェクト	ノルウェー	1986〜 (不明)	小学校	小学校女性教師の理科教授に対する自信の向上
④物理教授に関するプログラム	ドイツ	1991〜93	中学校 (19クラス)	物理カリキュラム，教師の訓練，集団編成に焦点化
⑤Girls and Physics	スイス	1995〜96	高校 (31クラス)	物理学の教授方策と教材を教師と研究者が共同で開発
⑥マクリントック・コレクティブ	オーストラリア	1983〜 (不明)	(限定せず)	女子の理科学習促進を研究する団体による取組
⑦現職教師教育プログラム	オーストラリア アメリカ	1983 1990〜91	小学校教師 (豪：20人, 米：23人)	教師への物理教授のスキルとジェンダー公正の訓練
⑧SSEPP プロジェクト	オーストラリア	1992〜94	高校 (6校)	理科授業における男女別学の効果を測る研究
⑨SOS	ニュージーランド	1989	中学校 (女子校1校)	女子に工学的な仕事に関心をもたせるための実践

註）国によって学校の名称は異なるが，ここでは初等教育段階を小学校，前期中等教育段階を中学校，後期中等教育段階を高校と表現している。

　共通しているのは，①理科授業におけるジェンダー問題に関する情報の提供，②ジェンダー固定観念的なふるまいに教師自身が気づき，改善するための討論，③研究者による教室観察とフィードバックの3点である。

2）教授方法・学習環境

　教授方法・学習環境の改善には，たとえばノルウェーの初等理科プロジェクトにおける文章や絵による表現活動や，ドイツの物理教授プログラムにおける教室での規範設定といった「教授方法」の改善がまず含まれる。文章による表現活動の導入はイギリスの GIST プロジェクトにおいても行われ，「書くこと」によって思考を組織化させることと，コミュニケーション能力を向上させることが可能であるため，男女どちらにも必要な指導であると指摘されている。また，男女別のクラス設定を研究したオーストラリアのSSEPP プロジェクトのような「集団の編成方法」の改善と，ニュージーランドの SOS プログラムなどに見られるような，科学のイメージを変えるために，授業の雰囲気を競い合いから協力へと移行させる「教室環境・雰囲気」の改善も含まれる。教授方法や教室の雰囲気を改善するためには，教師がその改善策を理解し，行動に移すことが必要不可欠である。したがって，前の分類項目である「教師教育」の改善との関連性が強いといえる。

3）学習内容

　GIST プロジェクトの女子が親しみやすい理科カリキュラムの開発や，ドイツの物理教授に関するプログラムにおけるカリキュラム開発などが，この学習内容の改善にあたる。女子の経験や興味に合わせた学習内容や教授展開を理科カリキュラムに導入することが多く，特に女子が男子と比べて顕著に苦手意識をもっている物理学に関して改善する事例が多い。前節で示したプログラム以外においても，たとえば，スコットランドでは，10歳から18歳までの男女の物理学に対する意識と態度を調査し，中等教育段階（12—16歳）に入ると女子が男子よりも有意に物理学に対して消極的な態度を示すことを明らかにし，前期中等教育段階における理科コースのカリキュラムを見直す必要があると指摘している[149]。

　さらに，イギリスの SLIPP プロジェクトのように，男女ともに物理学習

を促進させることを当初の目標としていたプログラムが，実施後には女子により大きな効果をもたらすことが明らかにされ，女子の理科学習促進のための「介入プログラム」として再評価されることもある。このようなタイプのプログラムには，SLIPPプロジェクト以外にも，1984年から開始されたソルターズカリキュラムプロジェクト（Salters' curriculum project）という化学のカリキュラムと教材の開発を行ったプログラムがある[150]。ここで作成されたカリキュラムの特徴は，化学を社会的・環境的な文脈で教えることにあった。当初はすべての生徒の化学学習の促進を目指して開発されたプログラムであったが，社会的な文脈で授業が展開されることで，女子が化学を身近なものに感じ，男子よりも積極的に授業に参加し，学習内容への関心の高まりを見せた[151]。そのため，ソルターズカリキュラムプロジェクトはジェンダー包括的なカリキュラムとして再評価されるようになったのである。

4）キャリア教育

　キャリア教育の改善は，進路や職業に関する指導を通して，生徒がもつ科学や科学技術に関する職業への伝統的な固定観念を変えたり，科学技術分野への女性進出を直接支援することを目指しており，女性のロールモデルの提示や職場体験などが行われた。たとえばGISTプロジェクトの中のVISTAプログラムや，ニュージーランドのSOSプログラム，北欧諸国で行われたブリュット・プロジェクトなどでも実施された。「介入プログラム」におけるキャリア教育の改善は，特に女子の理系の進路選択や科学技術系の職業選択の増加が目指されているが，女子に限らず男子も含めた全生徒に対して，教科の学習と関連づけたキャリア教育が諸外国では発達していると鶴岡らは指摘している[152]。

　以上の4つの改善の観点とその方法をまとめると表2-8のようになる。この表から，「介入プログラム」の方策は，物理授業の展開の工夫や，学習集

表 2-8　「介入プログラム」の改善の観点とその方法

改善の観点	改善方法の例
1）教師教育	・科学に対する教師のジェンダー固定観念を変容するための 　ワークショップや研修 ・教師のふるまいをチェックする教室観察とフィードバック
2）教授方法・学習環境	〈教授方法〉 ・教室規範の設定 ・討論，発表，文章・絵画表現などの活動の導入
	〈集団の編成方法〉 ・男女別のグループ分け ・全員が活動できるような集団の人数設定
	〈教室環境・雰囲気〉 ・競い合いから協力への移行 ・教師が男女に等しく相互作用すること
3）学習内容	・女子の経験，興味に合わせた学習内容の選択 ・物理授業の展開の工夫
4）キャリア教育	・ロールモデルの提示 ・職場体験

団の編成といった理科授業における顕在的な部分に限らず，教室の雰囲気を協力的なものへと変えたり，教師の科学に対する固定観念を変えたりといった潜在的な部分にも介入を試みていることがわかる。

2．「介入プログラム」における改善の観点の構造

　次に，表2-7の9つの「介入プログラム」が，表2-8に示した4つの改善の観点のいずれに介入したのかについてまとめると表2-9のようになる。これを見ると，②のSLIPPプロジェクトを除くすべての「介入プログラム」において，1）教師教育と，2）教授方法・学習環境に改善が試みられたことがわかる。

　前述のようにSLIPPプロジェクトは，教材の開発当初は男女問わずすべての生徒を対象としていたものの，実施後に女子の学習促進に特に功を奏す

表2-9　各「介入プログラム」において介入された観点

「介入プログラム」＼改善の観点	1）教師教育	2）教授方法・学習環境	3）学習内容	4）キャリア教育
①GIST プロジェクト	○	○	○	○
②SLIPP プロジェクト			○	
③初等理科プロジェクト	○	○	○	
④物理教授に関するプログラム	○	○	○	
⑤Girls and Physics	○	○	○	
⑥マクリントック・コレクティブ	○	○		○
⑦現職教師教育プログラム	○	○		
⑧SSEPP プロジェクト	○			
⑨SOS	○	○		○

○…介入された観点

　ことが明らかにされ，女子の理科学習促進のプログラムとして改めて認識されたという経緯があり，ほかの「介入プログラム」とは，開発時の目標が異なるため，特殊な事例と見做すことができる。したがって，SLIPP プロジェクト以外のすべての「介入プログラム」が1）と2）の観点に改善策を講じていることから，理科教育における男女差の是正と女子の理科学習の促進には，「教師教育」および「教授方法・学習環境」の改善が重要かつ有効であると「介入プログラム」の開発者たちに考えられていることが窺える。
　「教師教育」の改善は，理科や理科授業に対する教師のジェンダーの固定観念を変容させることを目的とし，それが達成されることで教師の発言やふるまいが，女子の理科学習を支援するものへと好転することが期待されている。一方，「教授方法・学習環境」改善は，女子の学習に有効な活動を授業に取り入れることや，これまでの理科授業における教室の雰囲気を女子が学習しやすいものに変えることなどが目指されている。この両者は女子の理科

学習促進にとって，どちらも重要な改善策であるが，「教授方法・学習環境」の改善については，理科の教師がたとえ授業に討論や文章を書くという活動を導入することを命じられたり，教室を競い合いから協力の雰囲気に変えることを薦められたりしたとしても，教師自身がそのようにすることの意味を理解し，その効果を承認して実行に移さなければ，真の改善には至らない。つまり，教師の理解や承認を促すための方策が「教授方法・学習環境」の改善の前段階として必要であるといえる。このことは表2-7の⑤ Girls and Physics プログラムの開発者である Labudde らが，女子の物理学習への態度と到達度を向上させるのに欠かせないのは，教師の能力である[153]と結論づけていることや，⑨ SOS プログラムにおいて，Farmer が「介入プログラム」には教師教育のプログラムが含まれなければならない[154]と指摘していることに見られるように，「教師教育」の改善が最優先されるべき観点であることを示唆している。また，観点3）の「学習内容」および4）の「キャリア教育」の改善にも同様に，教師が改善策の目的や効果を理解しなければ，たとえ実施されたとしても成果をあげないか，あるいは女子に特に効果的なものとはならないことが推測され，方策を実行する教師の能力をどのように向上させるべきかが重要な課題であるといえる。表2-9を踏まえ，これらをまとめると，「介入プログラム」の改善の観点は，「教師教育」の改善を基盤として，「教授方法・学習環境」を改善し，さらに各プログラムの介入の重点に応じて，「学習内容」や「キャリア教育」の改善が付加されているといえる。

3．「介入プログラム」開発の進展における介入の重点移行

さらに，表2-9からは，① GIST プロジェクトと⑥マクリントック・コレクティブが4つの観点すべてに改善を試み，多様で広範な方策を実施したプログラムであることがわかる。この二つのプログラムはそれぞれイギリスとオーストラリアにおいて，1980年代初めに女子の理科学習を促進するための

方策が検討され始めた初期の段階に開発されたものである。これらの先駆的な「介入プログラム」の開発および実践が契機となり，その後，各国でプログラム開発が盛んに行われるようになったのである。そのような経過の中でプログラムの開発が進展するにつれ，その介入対象は，3）の「学習内容」か4）の「キャリア教育」のいずれかに重点がおかれるか，もしくは1）の「教師教育」と2）の「教授方法・学習環境」に特化して介入されるようになってきていることが表2-9から読み取れる。つまり，「介入プログラム」の開発は過去20年あまりの間に，教師教育が一貫して重視されつつも，先駆的なプログラムほど，その方策は多岐に渡り，教師や学校の裁量に任される部分も大きいが，追って開発されたプログラムは，女子の理科学習促進に効果的な方策をより精微に解明するために，その目的を「物理カリキュラム」あるいは「グループ活動における集団編成」などの改善に焦点化するようになり，介入の対象をより限定する方向へと進んできているといえる。

　ところで，「ジェンダーと理科教育」の問題に取り組んできた過去20年以上の様々な研究をまとめた Kahle らは，学校理科教育で実施された「介入プログラム」の目標は次の4点であると指摘している[155]。

　　（1）ロールモデルや職業の情報を生徒に与え，科学の男性らしさと神秘性を取り除くこと。
　　（2）女子の科学的な能力への自信と自己認識を向上させること。
　　（3）女子が理科授業に積極的に参加するような教授ストラテジーを実践すること。
　　（4）理科を行う女子のスキルを発達させること。

　この4点の目標を達成するための方策はそれぞれ，（1）が本論における4）の「キャリア教育」の改善，（2）・（3）・（4）は本論の2）の「教授方法・学習環境」の改善と3）の「学習内容」の改善にあたるだろう。本論の1）の「教師教育」の改善は，Kahle らの目標には明言されていない。しか

し，これらの目標4点のそれぞれの主語，つまり「誰がこの4点を行うのか」は，もちろん「教師」であり，Kahleらは目標を達成するために，教師が女子の理科学習促進のために労を執ることを前提としていることが考えられる。つまり，「教師教育」の改善は「介入プログラム」の目標として明示されていないが，当然達成されるべきこととして認識されているのではないだろうか。

また，Tindallらも1990年代に検討された多くの介入研究から，学校理科教育において男女差を是正するための具体的なストラテジーとして，以下の8点を提案している[156]。

(1) 生徒が授業に積極的に参加できるよう，教室規範を設定する。
(2) 公平な学級経営と教授を実践する。
(3) 生徒の多様な学習スタイルと視点に配慮する。
(4) 科学概念を生活経験に結びつける。
(5) 自信と成功感のもてる環境づくりを促進する。
(6) 教室内に共同体感覚をつくりだす。
(7) 生徒に実在の女性のロールモデルを提示する。
(8) ジェンダーに公平な教材を唱道する。

これらの8点のストラテジーは，本論における4つの改善の観点よりも具体的に示されている。しかし，Tindallらの（3）のストラテジーは本論1）の「教師教育」の改善に相当し，（7）のストラテジーは4）の「キャリア教育」の改善に相当するといった具合に，8点すべてを本論の4つの観点に振り分けることが可能であり，本論の分類はより集約されているものの妥当であるといえるのではないだろうか。Tindallらと本論における方策の分類の対応関係は表2-10のようになる。ただし，Tindallらによる分類における（1）教室規範の設定や，（2）公平な学級経営と教授，（6）教室内の共同体感覚などは，本論における1）の「教師教育」あるいは2）の「教授方法・

表2-10　女子の理科学習促進のための方策に関する Tindall らの提案と本論における
　　　　改善の観点の対応関係

Tindall らによる分類	本論の改善の観点
（3）生徒の学習スタイルと視点への配慮	1）教師教育
（1）教室規範の設定	2）教授方法・学習環境
（2）公平な学級経営と教授	
（5）自信と成功感をもてる環境づくり	
（6）教室内に共同体感覚をつくること	
（4）科学概念と生活経験を結びつけること	3）学習内容
（8）ジェンダーに公平な教材の使用	
（7）実在の女性ロールモデルの提示	4）キャリア教育

学習環境」の改善のどちらにも分類可能である。

4．「介入プログラム」の成果の共通性

　各国の「介入プログラム」の実施後，複数のプログラムから共通して得られた成果は，以下の三つに大別できる。

　第一に，男女生徒ともに，介入によって科学に対するジェンダー固定観念を変容させることができた。また，理科教師も自身の科学に対するジェンダー固定観念に気づき，教室での言動に留意するようになった。

　第二に，女子の経験や興味に学習内容を合わせることによって，女子が理科，特に物理学に関心を示し，学習により積極的になった。また，その学習内容や授業展開は男子の理科学習に対しても効果的であった。

　第三に，男女別の集団編成が男女両方の理科学習の促進に効果的であった。

　まず，第一の成果については，前述の4つの改善の観点のうち，1）の「教師教育」および2）の「教授方法・学習環境」の改善が効果的であったと考えられる。プログラム実施後の具体的な変化は，たとえばイギリスの

GIST プロジェクト実施後に，男女生徒ともに理科を「男性的あるいは男子にふさわしい科目」と捉えなくなり，教師もまた自身の教室における言動の変化を認めたといったことに表れている。

　第二の成果については，3）の「学習内容」の改善が功を奏したものと推測できる。表2-9の②SLIPP プロジェクトは，ジェンダー公正に関する教師教育を実施していないが，物理学習に興味を示す女子の増加という成果を残しており，「学習内容」の改善だけでも女子の学習促進に一定の効果を示すといえる。

　また，第三の成果の男女別の集団編成については，男女別学が好影響をもたらすのは女子に対してだけであるという通説が流布していたり，現在でもなお否定的な意見[157]が出されたりしているが，複数の「介入プログラム」が男女を別学にすることによって，女子の学習促進だけでなく，教師が男子のコミュニケーション能力不足に気づき，それを育成するための教授に力を注ぐことができることを明らかにしている。

　これらのことをまとめると，「介入プログラム」の共通する成果は，「生徒・教師の科学に対するジェンダー固定観念の変容」，「女子の理科への興味・関心の向上」，「男女別学の集団編成による男女の理科学習の促進」の3点であるといえる。

5．「介入プログラム」の成果の限界性

　「介入プログラム」は大きな成果を上げたといえるが，介入の結果にはいくつかの問題も残っている。たとえば，表2-7の①GIST プロジェクトにおいては，女子の物理選択者が増加しなかったことが報告されている。また，⑤Girls and Physics プログラムでは，物理学の学習到達度と物理学に対する態度は男女ともに向上したものの，結果的に男女差は残ったままであると指摘された。つまり，理系の進路を選択する女子の増加と，男女の理科学習の差の縮小が，介入後に残された課題である。

　このような問題点の原因として，以下の3点が考えられる。第一に「介入プログラム」は短期的な介入であり，即時に現れる結果しか評価できていないこと，第二に，これまで様々な方策がとられているものの，それらだけでは不十分であり，理科教育に導入する方策やアプローチのさらなる開発が求められること，そしてそこから派生して第三に，歴史的・社会的・文化的に作り上げられてきた理科教育における男女差は，理科教育の改善からだけでは克服できない点を含んでいる可能性があるということである。

　Jones らの調査では，「介入プログラム」によって多岐に渡る方策が講じられ，理科教育におけるジェンダー問題が盛んに論じられてきた1980年代，90年代を経てもなお，女子の理科に対する経験，関心，態度などの傾向はほとんど変化していない[158]と指摘されており，プログラムの実施直後の成果が必ずしも持続，定着されていないことを示唆している。また，前述のシービンガーも指摘しているように，パイプライン・モデルを成功させるための「介入プログラム」だけでは，女子の理科学習促進には不十分であることが予測される。このことは，科学技術分野におけるジェンダー公正を研究する国家的な取組の中に「介入プログラム」の開発が置かれてきたものの，プログラムの実施後の成果を踏まえた理科教育に関する国家的な制度上の改革がなされていないことに起因していると考えられる。さらに，「介入プログラム」は，理科カリキュラムや自然科学そのものを批評することよりも，むしろ女子を「直す」（あるいは「調整する」：原語では fix）ことに集中してきた点に問題があるとし，学習の社会文化的側面により焦点をあてるべきだと指摘する研究者もいる[159]。今後はこういった点を克服しなければならず，「介入プログラム」を開発および実施してきた諸外国においても，多様な視点を取り入れたより包括的な「介入プログラム」が検討され，理科教育における国家規模の制度改革がなされなければならないと考える。

第2章　引用文献および註

第1節

1）国立女性教育会館女性学・ジェンダー研究会，『女性学教育／学習ハンドブック〔新版〕』，有斐閣，1999，76頁.

2）松本伊瑳子，金井篤子編，『ジェンダーを科学する　男女共同参画社会を実現するために』，ナカニシヤ出版，2004，18頁.

3）国立女性教育会館女性学・ジェンダー研究会，前掲書，77頁.

4）松本伊瑳子，金井篤子編，前掲書，18頁.

5）同上書，18頁.

6）国立女性教育会館女性学・ジェンダー研究会，前掲書，77頁.

7）松本伊瑳子，金井篤子編，前掲書，21頁.

8）小川眞里子，『フェミニズムと科学／技術』，岩波書店，2001，27頁.

9）松本伊瑳子，金井篤子編，前掲書，22-23頁.

10）同上書，26-27頁.

11）国立女性教育会館女性学・ジェンダー研究会，前掲書，250頁.

12）Barton, A. C.: *Feminist Science Education*, Teachers College Press, 1998, pp. 2-3.

13）*Ibid.*, pp. 3-4.

14）*Ibid.*, p. 5.

15）小川眞里子，前掲書，31-35頁.

16）エヴリン・フォックス・ケラー，幾島幸子，川島慶子訳，『ジェンダーと科学』，工作舎，1993，18頁.

17）同上書，129-130頁.

18）同上書，126頁.

19）同上書，203頁.

20）同上書，204頁.

21）同上書，205頁.

22）同上書，269頁.

23）同上書，270頁.

24）同上書，297頁.

25）ロンダ・シービンガー，小川眞里子，東川佐枝美，外山浩明訳，『ジェンダーは科学を変える!?』，工作舎，2002，50頁.

26）同上書，66頁.

27）同上書，72頁.

28）同上書，72-84頁.

29）同上書，84-85頁.

30）同上書，85頁.

31）同上書，119頁.

32）同上書，161頁.

33）同上書，202頁.

34）同上書，203頁.

35）同上書，205頁.

36）同上書，205頁.

37）同上書，227-230頁.

38）同上書，230頁.

39）Barton, A. C., *op. cit.*, p. 92.

40）*Ibid.*, pp. 93-105.

41）*Ibid.*, pp. 106-109.

42）*Ibid.*, p. 90.

43）*Ibid.*, pp. 112-113.

44）*Ibid.*, p. 87.

45）Brickhouse, N. W.: Feminism(s) and Science Education, in Fraser, B. J. & Tobin, K. G. (eds.), *International Handbook of Science Education*, Kluwer Academic Publishers, 1998, p. 1067.

46）Harding, J. & Parker, L. H.: Agents for Change: Policy and Practice towards a more Gender-inclusive Science Education, *International Journal of Science Education*, Vol. 17, No. 4, 1995, pp. 542-543.

47）*Ibid.*, p. 538.

48）*Ibid.*, p. 539.

49）*Ibid.*, p. 539.

50）*Ibid.*, p. 542.

51）*Ibid.*, pp. 542-543.

52）村松泰子編，『女性の理系能力を生かす　専攻分野のジェンダー分析と提言』，日本評論社，1996，194-195頁.

53）同上書，195頁.

54）Harding, J. & Parker, L. H., *op. cit.*, p. 543.

55) *Ibid.*, p. 543.

56) 村松泰子編，前掲書，201頁.

57) Harding, J. & Parker, L. H., *op. cit.*, pp. 543-545.

58) Woodward, C. & Woodward, N.: Girls and Science: Does a Core Curriculum in Primary School Give Cause for Optimism?, *Gender and Education*, Vol. 10, No. 4, 1998, pp. 387-400.

59) ヘルガ・リュープザーメン＝ヴァイクマン他編，小川眞里子，飯島亜衣訳，『科学技術とジェンダー ─EU の女性科学技術者政策』，明石書店，2004, 8 頁.

60) 同上書，53頁.

61) 同上書，53-54頁.

62) Rees, T.: Mainstreaming Gender Equality in Science in the European Union: the 'ETAN Report', *Gender and Education*, Vol. 13, No. 3, 2001, p. 244.

63) *Ibid.*, pp. 246-254.

64) Harding, J.: Grass Roots Equity Initiatives, in Fraser, B. J. & Tobin, K. G. (eds.), *International Handbook of Science Education*, Kluwer Academic Publishers, 1998, p. 912.

65) *Ibid.*, p. 912.

66) *Ibid.*, pp. 912-913.

67) *Ibid.*, pp. 913-914.

68) *Ibid.*, pp. 914-915.

69) *Ibid.*, p. 918.

70) Baker, D. R.: Equity Issues in Science Education, in Fraser, B. J. & Tobin, K. G. (eds.), *International Handbook of Science Education*, Kluwer Academic Publishers, 1998, p. 888.

71) *Ibid.*, p. 888.

72) Scantlebury, K. & Baker, D.: Chapter 10 Gender Issues in Science Education Research: Remembering Where the Difference Lies, in Abell, S. K. & Lederman, N. G. (eds.), *Handbook of Research on Science Education*, Routledge, 2007, p. 277.

73) Scantlebury, K.: Chapter 34 Still Part of the Conversation: Gender Issues in Science Education, in Fraser, B. J., Tobin, K. G. & McRobbie, C. J. (eds.), *Second International Handbook of Science Education Volume 1*, Springer, 2012, p. 499.

74) Scantlebury, K. & Baker, D., *op. cit.*, p. 278.

75) Scantlebury, K., *op. cit.*, pp. 501-511.

76) Jones, M. G., Howe, A. & Rua, M. J.: Gender Differences in Students' Experiences, Interests, and Attitudes toward Science and Scientists, *Science Education*, Vol. 84, No. 2, 2000, pp. 180-192.

77) *Ibid.*, pp. 185-187.

78) Kahle, J. B. & Meece, J.: Research on Gender Issues in the Classroom, in Gabel, D. L. (ed.), *Handbook of Research on Science Teaching and Learning*, Simon & Schuster Macmillan, 1994, pp. 542-557.

79) *Ibid.*, pp. 544-550.

80) Tindall, T. & Hamil, B.: Gender Disparity in Science Education: The Causes, Consequences, and Solutions, *Education*, Vol. 125, Issue 2, 2004, pp. 282-295.

81) ドリーン・キムラ，野島久雄，三宅真季子，鈴木眞理子訳，『女の能力，男の能力　性差について科学者が答える』，新曜社，2001.

82) レナード・サックス，谷川漣訳，『男の子の脳，女の子の脳』，草思社，2006，39-44頁.

83) 同上書，48-50頁.

第 2 節

84) Kelly, A., Whyte, J. & Smail, B.: Girls into Science and Technology: Final Report, in Kelly, A. (ed.), *Science for Girls?*, Open University Press, 1987, pp. 100-112.

85) *Ibid.*, p. 101.

86) *Ibid.*, p. 102.

87) *Ibid.*, pp. 102-103.

88) *Ibid.*, pp. 103-104.

89) *Ibid.*, p. 103.

90) *Ibid.*, p. 111.

91) Smail, B.: Organizing the Curriculum to Fit Girls' Interests, in Kelly, A. (ed.), *Science for Girls?*, Open University Press, 1987, pp. 80-84.

92) *Ibid.*, pp. 85-86.

93) *Ibid.*, pp. 84-86.

94) *Ibid.*, p. 87.

95) *Ibid.*, p. 88.

96) Kelly, A., Whyte, J. & Smail,B., *op. cit.*, pp. 105-112.

97) Whitelegg, E.: The Supported Learning in Physics Project, *Physics Education*, Vol. 31, No. 6, 1996, p. 291.

98) *Ibid.*, p. 295.

99) Whitelegg, E. & Edwards, C.: Beyond the Laboratory — Learning Physics Using Real-life Contexts, in Behrendt, H. et al. (eds.), Research in Science Education — *Past, Present, and Future*, 2001, p. 337.

100) *Ibid.*, pp. 339-341.

101) Jorde, D. & Lea, A.: Sharing Science: Primary Science for Both Teachers and Pupils, in Parker, L. H. et al. (eds.), *Gender, Science and Mathematics*, Kluwer Academic Publishers, 1996, p. 158.

102) *Ibid.*, p. 159.

103) *Ibid.*, pp. 160-162.

104) *Ibid.*, pp. 162-165.

105) *Ibid.*, p. 165.

106) *Ibid.*, pp. 165-166.

107) Häussler, P. & Hoffmann, L.: An Intervention Study to Enhance Girls' Interest, Self-Concept, and Achievement in Physics Classes, *Journal of Research in Science Teaching*, Vol. 39, No. 9, 2002, p. 872.

108) Faißt, W., Häußler, P. u.a.: *Physik-Anfangsunterricht für Mädchen und Jungen*, IPN-materialien, Kiel, 1994.

109) Häussler, P. & Hoffmann, L., *op. cit.*, p. 874.

110) Häussler, P., Hoffmann, L., Langeheine, R., Rost, F. & Sievers, K.: A Typology of Students' Interest in Physics and the Distribution of Gender and Age within Each Type, *International Journal of Science Education*, Vol. 20, No. 2, pp. 223-238, 1998.

111) Häussler, P. & Hoffmann, L., *op. cit.*, p. 873.

112) Faißt, W., Häußler, P. u.a., a.a.O., S. 103ff.

113) Ebenda, S. 107f.

114) Häussler, P. & Hoffmann, L., *op. cit.*, p. 873.

115) *Ibid.*, p. 876.

116) *Ibid.*, p. 873.

117) *Ibid.*, pp. 884-885.

118) *Ibid.*, p. 885.

119) Labudde, P., Herzog, W., Neuenschwander, M. P., Violi, E. & Gerber, C.: Girls and Physics: Teaching and Learning Strategies Tested by Classroom Interventions in Grade 11, *International Journal of Science Education*, Vol. 22, No. 2, 2000, pp. 144-145.

120) *Ibid.*, pp. 149-151.

121) *Ibid.*, pp. 147-148.

122) *Ibid.*, p. 148.

123) *Ibid.*, pp. 154-155.

124) Kreinberg, N. & Lewis, S.: The Politics and Practice of Equity: Experiences from Both Sides of the Pacific, in Parker, L. H. et al. (eds.), *Gender, Science and Mathematics*, Kluwer Academic Publishers, 1996, pp. 190-191.

125) *Ibid.*, pp. 191-192.

126) *Ibid.*, pp. 193-194.

127) *Ibid.*, pp. 194-195.

128) *Ibid.*, p. 196.

129) *Ibid.*, pp. 196-197.

130) *Ibid.*, p. 197.

131) Rennie, L. J., Parker, L. H. & Kahle, J. B.: Informing Teaching and Research in Science Education through Gender Equity Initiatives, in Parker, L. H. et al. (eds.), *Gender, Science and Mathematics*, Kluwer Academic Publishers, 1996, pp. 203-204.

132) *Ibid.*, pp. 204-205.

133) *Ibid.*, pp. 205-207.

134) *Ibid.*, pp. 208-209.

135) *Ibid.*, p. 209.

136) Parker, L. H. & Rennie, L. J.: Teachers' Implementation of Gender-inclusive Instructional Strategies in Single-sex and Mixed-sex Science Classrooms, *International Journal of Science Education*, Vol. 24, No. 9, 2002, pp. 885-886.

137) *Ibid.*, pp. 885-887.

138) *Ibid.*, pp. 887-894.

139) *Ibid.*, pp. 894-895.

140) Farmer, B.: 'Do You Know Anyone Who Builds Skyscrapers?' SOS—Skills and

Opportunities in Science for Girls, in Parker, L. H. et al. (eds.), *Gender, Science and Mathematics*, Kluwer Academic Publishers, 1996, pp. 167-168.

141) *Ibid.*, pp. 167-168.

142) *Ibid.*, pp. 170-172.

143) *Ibid.*, pp. 172-174.

144) *Ibid.*, pp. 174-175.

145) Rennie, L. J., Parker, L. H. & Kahle, J. B., *op. cit.*, p. 209.

146) *Ibid.*, pp. 209-210.

147) *Ibid.*, pp. 210-213.

148) *Ibid.*, pp. 213-219.

第3節

149) Reid, N. & Skryabina, E. A.: Gender and Physics, *International Journal of Science Education*, Vol. 25, No. 4, 2003, pp. 509-536.

150) Campbell, B., Lazonby, J., Millar, R. & Nicolson, P.: Science: The Salters' Approach—A Case Study of the Process of Large Scale Curriculum Development, *Science Education*, Vol. 78, No. 5, 1994, pp. 415-447.

151) Hughes, G.: Salters' Curriculum Projects and Gender Inclusivity in Science, *School Science Review*, Vol. 81, No. 296, 2000, pp. 85-89.

152) 鶴岡義彦，鈴木亜紀，三橋佳奈，「キャリア教育・進路指導の要素を取り入れた理科指導」，『理科の教育』，東洋館出版社，Vol. 26(12)，1997，44-49頁.

153) Labudde, P., Herzog, W., Neuenschwander, M. P., Violi, E. & Gerber, C., *op. cit.*, pp. 154-155.

154) Farmer, B., *op. cit.*, pp. 174-175.

155) Kahle, J. B. & Meece, J., *op. cit.*, p. 550.

156) Tindall, T. & Hamil, B., *op. cit.*, pp. 288-294.

157) Parker, L. H. & Rennie, L. J., *op. cit.*, p. 895.

158) Jones, M. G., Howe, A. & Rua, M. J., *op. cit.*, p. 190.

159) Scantlebury, K., *op. cit.*, p. 502.

第3章　日本における女子の理科学習促進のための授業開発の視点

第1節　日本における理科授業改善の観点

1．日本の問題点と諸外国の改善の観点との対応関係

　第1章第3節で指摘した日本における女子の理科学習の問題点を克服するために，学校の理科教育において改善が求められる箇所をまとめると，表3-1の左列のようになる。そして，これを第2章第3節で明らかにした諸外国の「介入プログラム」における改善の観点に照らし合わせ，相当する観点を表3-1の右列に挙げる。学習内容と活動，そしてキャリア教育に求められる改善は，諸外国の改善の観点との一致が語句の表現からも明確にわかるが，日本の学習者の「理科のジェンダー固定観念的なイメージ」の改善については，諸外国の改善の観点には含まれているのだろうか。この点については，前章の各「介入プログラム」における具体的方策と，それをまとめた表2-8から次のように解釈できる。諸外国の「介入プログラム」では，学習者の理科に対するジェンダー固定観念的なイメージを変容させる方策は，2）教授方法・学習環境，3）学習内容，4）キャリア教育のすべてに導入されている。なぜならば，表2-8の事例に示したように，理科授業の雰囲気を競い合いから協力へと移行させることや，女子の経験・興味に合わせた学習内容を選択することなどはまさに，理科を男性的なイメージに直結させずに，女子でも積極的に参加可能な教科であることを明示する方策であり，これまでの理科のジェンダー固定観念的なイメージを変容させることを目標としているからである。「介入プログラム」における方策の根底には，フェミ

表 3-1　日本の理科教育において改善が求められる箇所と諸外国の「介入プログラム」における改善の観点との対応関係

日本において改善が求められる箇所	相当する諸外国の改善の観点
①女子の理科学力 ・数的な処理を要する学習活動 ・高等学校の物理学・化学の内容の教授	2）教授方法・学習環境 3）学習内容
②小・中学校段階の理科全般に対する女子の意識 ・理科のジェンダー固定観念的なイメージ ・活動における性別役割分担	2）教授方法・学習環境
③学習内容による女子の意識 ・中学校理科第1分野および物理学の教授方法	3）学習内容
④観察・実験に対する女子の意識と態度 ・理科のジェンダー固定観念的なイメージ ・実験における性別役割分担 ・性別による実験への関与の程度	2）教授方法・学習環境
⑤教師に対する女子の意識 ・教師の言動	1）教師教育
⑥女子の進路選択 ・理科におけるキャリア教育 ・理科のジェンダー固定観念的なイメージ	4）キャリア教育
⑦中・高等学校の教師からの影響 ・女性理科教師の数 ・教師の言動 ・ロールモデルとしての教師	1）教師教育
⑧学校の種類による影響 ・学校の特色による女子の理科学習の差	該当なし

註）右列に示した改善の観点に付されている番号は前章の表2-8に対応している。

ニズム科学論が指摘する理科の男性性の排除が意図されているのである。したがって，諸外国における改善の観点には，学習者の理科に対するジェンダー固定観念的なイメージの変容も含まれており，表3-1の日本における改善が求められる箇所の⑧「学校の特色による女子の理科学習の差」以外はすべて，相当する諸外国での改善の観点が存在するといえる。このことから，日

本の女子の理科学習促進のためには，諸外国と同様に4つの観点について改善を検討していくことが望まれる。

　現在までのところ，日本においてこれら4点の改善に関して，具体的な方策が展開されているのは，2）の教授方法・学習環境と4）のキャリア教育だけである。しかし，前者の教授方法・学習環境の改善に関しては，女子校における理科授業改善にわずかに見られるだけで，一般的な共学校において，当初から女子の理科学習促進を目的として方策を開発し，実践および評価まで行われた研究はほとんど存在しない。唯一，松井らが高校2年生の物理授業において，男女差をなくすために，①学習内容を生徒全員にわかりやすいものにする，②意識的に，女子にやる気が出るよう声をかける，③授業中にいろいろな話を混ぜ，授業を楽しいものにする，④試験は復習中心のものにする，⑤ゆっくりと進むなどを心がけた授業を行ったものの，男女差を縮めることはできなかったと結論づけている[1]。しかし，松井らはこれらの方策の効果を定期テストの得点のみで評価したため，女子の学習の多面的な変容を捉えきれていなかったことが懸念される。このような研究の一方，研究開始当初には女子の学習促進をねらいとしていなかった教授方法・学習環境に関係する実践が，結果的に女子の学習に効果的であったことを示す研究については，少数ではあるがいくらか存在する。さらに，後者のキャリア教育については，学校の教育課程外で大学や民間企業などが開催するものが多く，小・中学校の理科教育において女子の理工系キャリア支援のための方策が検討されるには至っていない。このように，日本の初等・中等教育段階の理科教育においては，これら2点の改善ですらあまり検討されていない上に，1）の教師教育と3）の学習内容に関してはほとんど着手されていない。つまり，日本では早急にこれらの観点から多様な方策を実践し，その効果を検証しなければならない。

2．日本の理科授業改善のための観点

　まず，本研究では，日本においてこれまで女子の学習という視点から検討されてこなかった学校の一般的な理科授業に焦点化して，女子の理科学習の問題点の改善が期待できる方策を開発する。また，理工系への女子の進路選択の促進については，本研究では目標としない。なぜならば，学校外での学習機会における取り組みや，進学率の高い女子校での理科授業の改善には日本でも着手されているものの，中学校段階で顕著に理科から離れていく一般的な女子が，理科と直接関わる場である学校の理科授業についてはいまだに検討されていないからである。加えて，第3期科学技術基本計画では，「理数好きの子どもの裾野を広げる取組の中で，女子の興味・関心の喚起・向上にも資する取組を強化する」[2]ことを目指していることから，女子の理工系への進路選択を促す前に，まずは理科好きの女子を増やすことを第一の目標に据えることにしたからである。さらに，前章に示したように，パイプライン・モデル，つまり理科に関する経験を女子に多く提供し，理科好きにすることで，科学技術分野への女性参入が増えるという想定は，単純には実現せず，女子が理科好きになることと，女子が理工系への進路を選択することとの間には教育だけでは乗り越えられない障壁があるという指摘もあるため，学校の理科授業への介入で実現できる目標は，理工系への進路選択の促進ではなく，女子の理科離れの改善に据えることが妥当であると判断した。

　これらを踏まえると，表3-1の①から⑤および⑦が，本研究における理科授業の開発に関わる部分であり，諸外国の改善の観点の1）教師教育，2）教授方法・学習環境，3）学習内容が該当する。これら3点の改善の観点に関して，前章の表2-8で示した改善方法の例を参照すると，諸外国では理科授業を構成する要素として，「教師のジェンダー固定観念と言動」，「教室規範」，「学習活動（活動の種類，形態，環境）」，「学習内容」の改善を試みていることがわかる。これらの構成要素に関して，第一に，「教師のジェンダー固定観念と言動」および「教室規範」については，理科授業への介入の前段

階として教師教育を行うことでその改善が実現されるものであり，教師教育を行わない限り，教師の考え方や力量によって授業実践に差が出やすい。したがって，この2点については，新たな方策を導入する理科授業実践の前に，実践を担当する教師に理科教育におけるジェンダー問題についての情報を提供し，女子の学習促進の重要性を認識してもらい，授業中の言動に留意するように教師を支援しなければならない。本研究では，教師のジェンダー固定観念の変容および授業における言動の改善を研究の直接的な課題とはせず，これらの点は実践授業の前にすでに達成できている状態から授業への介入研究を開始することとする。なぜならば，前章で論じたように，諸外国の「介入プログラム」では「教師教育」が最優先されるべき観点であり，そのうえで他の観点の改善が効果を上げると考えられているためである。日本では，教師の考え方と言動が，女子の理科学習にどのような影響を及ぼすのかに関する実証的な調査すら行われていないため，そのような調査も必要とされるところではあるが，本研究では，女子の学習促進のために，理科授業に導入すべき新たな方策の開発に主眼を置き，教師の変容については評価の対象とはしないこととする。

　第二に，「学習内容」という構成要素については，諸外国の「介入プログラム」では，女子の学習促進のために，ある学年の物理学の学習内容すべてを吟味し，再構成するといった大幅なカリキュラム改善が行われることも少なくない。具体的には，これまで他学年で学習していた内容を組み込んだり，ある学習内容を削除したりといった作業である。しかし，日本の小・中学校では，学習指導要領において学年ごとの学習内容が規定されているため，学年を超えて学習内容を組み替えることはできず，また授業時数を勘案すると単元レベルでの過大な学習内容を新たに導入することも難しい。そのため，大規模なカリキュラム開発を要する学習内容の改善は，日本で実施することはできない。ただ，学習指導要領で規定されている科学知識や技能を習得させるために，理科授業で使用される具体的な内容（素材や題材など）について

は，特に限定されていないため，教科書に示されている内容を授業で扱わなかったり，新たな内容を加えたり，内容の学習順序を変更したりといった授業展開における細かな学習内容の改善は可能である。本研究では，大幅なカリキュラム改善を伴う「学習内容」の変更と混同しないために，このような授業レベルでの改善が可能な「学習内容」については，その意味を比較的正確に表現できる「教材」という用語を使用することとする。「教材」の定義は論者によって異なるが，長谷川によれば「教材とは，教育内容を具体化した素材であり，子どもにとっては学習する対象であり，教具に担われた意味内容である」[3]と定義づけられており，本研究における「教材」の捉え方は妥当であろう。これらのことから，日本における女子の理科学習促進を指向する理科授業の開発には，「学習内容」の一部を成す「教材」を改善の観点に据える。

　第三に，理科授業の構成要素の「学習活動」については，日本では女子の理科学習促進という文脈での改善は，ほとんど試みられていないものの，理科教育学研究全般においては，改善の対象として研究されることは珍しくない。したがって，女子のための理科授業改善の観点として，「学習活動」に着目することは特に問題はないと考える。

　本項をまとめると，日本における女子の学習促進を指向する理科授業の開発として，本研究では「教材」と「学習活動」を改善の観点に据えることとする。また，「教材」と「学習活動」を理科授業で実践する教師には，事前に理科におけるジェンダー問題への理解を促し，ジェンダー包括的な理科教授が行われるように支援をしなければならない。

第2節　日本の理科授業における介入の対象

1．介入の対象とする学習内容
　第1章において，日本の女子は中学校段階で急速に理科学習から離れてい

く状況にあり，特に第1分野の内容への好感度が低いことを指摘した。では，女子は具体的にどのような内容を苦手としているのだろうか。平成15年度の教育課程実施状況調査の質問紙調査には，当時，中学校の学習内容であった各単元に対する好き嫌いと理解度の自己認識を尋ねる設問が用意されていた。その結果を表3-2に示す[4]。各単元の「好きだった」，「きらいだった」，「よく分かった」，「よく分からなかった」の男女の回答割合を見ると，すべてにおいて，女子の方が男子よりも単元による変動の幅が大きい。たとえば，男子の「好きだった」割合が最も高い単元は，第1学年の「地層と過去のようす」で55.5%，最も低い単元は，第1学年の「植物の仲間」で36.7%となっており，その差は20%に満たない。一方，女子の「好きだった」割合が最も高い単元は，第3学年の「生物と細胞」で61.3%，最も低い単元は，第2学年の「電流の利用」で16.6%と，その差は45%近くになっており，男子よりも顕著に大きくなっている。「きらいだった」，「よく分かった」，「よく分からなかった」の割合においても同様の傾向が見られ，女子は男子よりも単元によって，「好き嫌い」と「理解度の自己認識」が明確に分かれるといえる。各選択項目の最大値と最小値についてさらに見ていくと，男子は項目によって最大値と最小値を示す単元が異なっているが，女子はすべての項目で，第2学年の「電流の利用」と第3学年の「生物と細胞」が最大値と最小値（逆の項目では，最大値と最小値が入れ替わる）を示しており，加えて，女子の方が男子よりも「よく分かった」の割合が高いものほど「好きだった」割合が高くなっており，女子は「好き嫌い」と「理解度の自己認識」の相関が強いことが窺える。しかし，その一方で，男子はすべての単元において，「よく分かった」の割合が「好きだった」の割合を上回っているものの，女子は第2学年の「天気の変化」，そして第3学年の「天体の動きと地球の自転・公転」と「太陽系と惑星」において，「好きだった」の割合が「よく分かった」の割合を上回っており，その単元の内容を「よく分かった」と強く実感できなくても，その内容を好きだと思える可能性があることを示唆している。

表3-2 平成15年度小・中学校教育課程実施状況調査の質問紙調査―理科―における
中学校の各単元に対する生徒の好き嫌いと理解度の自己認識

学年	単元名	好きだった (%)		きらいだった (%)		よく分かった (%)		よく分からなかった (%)	
		男子	女子	男子	女子	男子	女子	男子	女子
第1学年	光と音	45.1	30.1	34.2	48.4	56.6	40.0	31.4	44.5
	力と圧力	41.8	23.4	36.7	54.1	51.2	32.0	35.1	50.9
	物質のすがた	50.0	37.4	28.9	39.0	57.9	42.1	27.6	38.4
	水溶液	55.1	46.9	25.3	32.7	61.3	47.9	25.1	33.9
	生物の観察	43.6	42.4	34.6	35.0	55.6	54.1	26.3	24.1
	植物の体のつくりとはたらき	40.7	51.3	38.9	29.6	57.7	62.6	28.8	21.8
	植物の仲間	36.7	45.6	41.2	32.9	52.5	56.4	32.6	26.7
	地層と過去のようす	55.5	42.3	23.3	33.5	59.7	47.6	22.6	30.6
	火山と地震	53.3	39.7	24.0	33.0	58.1	43.8	23.4	32.3
第2学年	電流	40.5	22.4	40.6	58.9	49.6	33.1	36.7	50.2
	電流の利用	37.7	16.6	41.1	62.4	44.6	23.5	39.4	58.0
	物質の成り立ち	49.3	36.0	29.6	41.5	56.7	39.5	27.6	40.0
	化学変化と物質の質量	45.5	31.6	32.5	44.8	50.9	33.4	31.8	44.8
	動物の体のつくりとはたらき	48.1	50.7	29.3	27.4	62.9	57.9	21.9	23.2
	動物の仲間	53.1	57.5	23.9	20.6	70.5	67.7	15.2	14.6
	気象観測	41.5	33.9	32.6	38.2	46.8	34.9	33.0	41.2
	天気の変化	40.5	33.0	33.2	39.2	44.3	31.6	35.2	43.8
第3学年	運動の規則性	46.4	30.7	28.2	42.3	64.4	46.8	21.4	33.7
	物質と化学反応の利用	47.3	35.2	29.3	40.6	56.9	41.9	27.4	37.7
	エネルギー資源	48.8	28.2	22.9	37.1	61.5	37.9	20.3	35.9
	生物と細胞	51.8	61.3	22.6	15.8	70.4	72.5	15.5	11.3
	生物の殖え方	46.2	51.6	25.1	20.1	66.0	64.8	18.1	16.3
	天体の動きと地球の自転・公転	50.2	50.6	28.0	28.6	52.2	42.3	30.7	36.5

| 太陽系と惑星 | 54.7 | 52.5 | 22.9 | 24.7 | 58.4 | 46.2 | 23.9 | 30.9 |
| 自然と環境 | 49.6 | 47.2 | 22.3 | 22.2 | 61.4 | 53.4 | 18.9 | 21.4 |

註1）第3学年の「科学技術と人間」と「自然と人間」については，どちらかを選択して履修する
　　　内容となっていたため，除外した。
註2）網のついているセルは，男女の各項目における割合の最大値と最小値を示している。
（出典：国立教育政策研究所教育課程研究センター，「平成15年度小・中学校教育課程実施状況調査
　　　　質問紙調査集計結果－理科－」，http://www.nier.go.jp/kaihatsu/katei_h15/
　　　　H15/03001040000007003.pdf，2005，93-141頁より作成。）

　さらに，女子の「きらいだった」割合が半数を超えているのは，第1学年
の「力と圧力」，および第2学年の「電流」と「電流の利用」であり，これ
らの単元は「よく分からなかった」の割合も半数を超えている。割合から見
ると，「電磁気学」に対する好感度が最も低く，次いで「力学」の好感度が
低い。これらのことを踏まえ，まずは中学校理科の「電磁気学」と「力学」
の内容の教授に介入が必要であると考えられる。

2．介入による変容の対象とする女子の学習

　次に，理科授業への介入によって目指すべき女子の学習の変容について検
討する。第1章において日本の女子の理科学習の実態から，概して理科学力
に男女差は見られないことが明らかとなっている。また，中学校段階で，女
子の理科に対する好感，興味，学習意欲，有用感，理解への自信などが男子
よりも顕著に低くなり，女子は実験において補助的な役割に終始し，積極的
に関与できていないという問題がある。このような状況は諸外国では珍しく，
理科学習のジェンダー分析を行った村松は，小・中学校教員との座談会にお
いて，次のように語っている。

　　IEA（教育到達度評価学会）の国際比較調査では，日本の男女の成績は最近はそ
　　れほど違わないんですよね。国際レベルで比べれば男女ともよくできているのに，
　　理科が好きとか興味があるかなどの態度に関してはとても男女差がある国という

ので，日本は世界的には有名らしいですよ[5]。

　しかし，日本においても高等学校段階になると学力の面でも男女差は明確に出現するようになる。高等学校において理科学習の男女差を解消するために行われた先述の松井らの研究では，生徒の好き嫌いの感情の男女差が，成績における男女差と一致し，まずは学習好きにさせることが大切な要因になるという結果が得られ，彼らは生徒の能力を云々する前に，学習への興味，関心を動機づけることこそ重要な因子であると結論づけている[6]。このように，高等学校段階で理科学力に男女差が生じるのは，中学校段階で女子の理科に対する意識と態度が低下し，理科学習から離れていくために引き起こされるのではないだろうか。したがって，女子の意識や態度の低下が小学校高学年という早い段階で先に起こり，引き続いて学力の低下が起こるために，中学校段階ではまだ学力差が明確には表れていないと考えられる。

　そこで本研究では，日本の中学校段階においては理科学力に明確な男女差は見られず，女子の理科に対する意識と態度に問題があるという状況に鑑み，中学校の理科授業への介入によって，女子の理科学力の向上ではなく，理科に対する意識と態度の変容，具体的には否定的・消極的から肯定的・積極的へと変容させることに焦点化する。なお，ここでの「意識」とは，学習者の感情と意志を指し，第1章における先行調査で測定された理科への好き嫌い，興味・関心，大切さ・有用性・意義の認識，イメージ，学習意欲，授業の満足度，自信，理解度の自己認識（難易度の認識）などを含むものとする。また，「態度」とは，学習者の感情や意志が，表情や行動などとして表出されたものを指し，授業への積極性，活動への参加の度合い，授業中の言動，役割分担などを含むものとする。

　さらに，前述のように，本研究では理工系への女子の進路選択の促進も，介入の対象としていない。しかし，諸外国の「介入プログラム」では，第2章で示したように，女子の理科に対する意識・態度の改善に限らず，女子の

理科学力の向上や，キャリア教育の視点による女子の理工系への進路選択の促進も含んだ広義の「女子の理科学習」の促進を目標としている。女子の理科学習を多様な側面からモニタリングし，改善のための方策を多数講じることは当然必要であるが，本研究では，日本の女子の現状に合わせることと，理科授業で実践可能な方策の検討を最優先にしていることの2点から，介入の直接的な目標が，諸外国の「介入プログラム」の目標よりも限定的になっている。

　本節を総括し，第4章以降の介入研究の対象を具体的に以下のように設定することとした。まず，「力学」の内容については，平成20年告示の中学校学習指導要領によれば，中学校第1学年で「身近な物理現象」の内容の中で「力と圧力」を，中学校第3学年で「運動とエネルギー」の内容を学習することになっている[7]。「力と圧力」を学習するのは，中学校に入学後まもなくであることが多く，理科学習における男女差はそれほど顕著ではない時期である。本研究では，前述のように，開発した方策の導入によって，女子の理科に対する意識と態度の改善できるかどうかを検証することを目標としている。そのため，女子の理科離れが顕著ではない学年段階よりも，女子の理科に対する意識が低下し，理科学習から遠ざかっている段階において介入する方が，方策の効果を明瞭に判断できる可能性が高い。このことから「力学」に関しては，第3学年の「運動とエネルギー」の内容の授業に介入することとする。一方，「電磁気学」の内容については，平成20年告示の中学校学習指導要領において，第2学年でのみ学習することになっているため，第2学年の「電流とその利用」[8]の内容の授業に介入することとする。また，すでに述べたように，「力学」よりも「電磁気学」に対する女子の嫌悪感が強いため，「力学」よりも「電磁気学」への介入研究に，より多くの方策や時間を費やす必要があるだろう。そのため，最初に「力学」を対象とし，学習すべき内容（科学概念）を一つだけに絞り，女子の意識と態度の変容を目

指した通常の授業とは異なる授業構成を開発・実践し，評価することとする。
そして，そこから得られた成果も踏まえたうえで，「電磁気学」の内容全体
に渡る授業構成を検討し，実践を通して評価することにする。

第3節　教材の選択方法

　本節では，理科授業の開発の観点として据えた「教材」と「学習活動」の
改善のうち，「教材」について，女子の理科に対する意識と態度の変容が期
待できる方策を開発する。

　諸外国の先行研究では，女子の理科学習促進のために，女子の興味・関心
や経験の特性を活かした教材を選択している。女子の理科学習に関連する興
味・関心の特性として，女子は男子よりも現実的かつ身近な事象に対する関
心が高い傾向にあることが指摘されている。たとえば，女子の物理学習に関
する多くの先行研究の知見をまとめた英国物理学会の報告書 *Girls in the
Physics Classroom* には，女子の興味は男子よりも自分自身あるいは個人的
な関心事に向けられていることや，女子は物理学の考え方が日常生活に役立
たないと頻繁に主張すること[9]などが示されている。このように女子は抽象
的な事柄よりも，自身の興味に具体的かつ現実的に関連する事柄に関心が高
い[10]と指摘する研究は多く，これまでの理科教育では，ボールを用いたスポ
ーツや乗り物など，男子の幼児期からの経験に結びつく題材に頼りがちで，
女子にとって現実的で経験したことのある事象を扱ってこなかったことも問
題視されている[11]。

　女子の経験や日常生活と物理学の学習内容を結びつけて教授することの必
要性は，前章で挙げたスイスの "Girls and Physics" という介入研究におい
ても強調されている[12]。女子は自身の経験や生活に直接的な関連が見られな
い学習内容については，関心や有用感を抱きにくく，逆に，自身に身近であ
ると認められるとその内容に対する興味・関心が男子よりも向上する傾向に

ある。そして，注目すべきは，生徒の経験や日常生活と関連づけた物理学の
教授展開の結果はいずれも，女子により大きな効果を示すものの，男子の物
理学習も改善しているということである。つまり，全ての学習者を対象とし
た物理学習促進の検討にも示唆を与えうるといえる。

　第1章で示したように，日本においても女子は男子よりも理科の有用性を
認識していないことや，日本の理科カリキュラムの内容が女子の興味に合っ
ていないことがすでに明らかにされている。これらのことから，教材を選択
する際には，女子の興味や経験を考慮した女子に身近な事象を用いることが
望まれる。本節では，「女子の興味や経験を考慮した女子に身近な事象」を
理科授業に取り入れる具体的方法として，「生物や人体に関する題材の利用」，
「美的観賞の導入」，「教授展開における女子と関連のある文脈の利用」の3
種類を以下に提案する。

1．生物や人体に関する題材の利用

　前章で取り上げたイギリスの GIST プロジェクトでは，科学に関連するも
のの見方や関心において，男子は規則や法則，機械，無生物の制御などに関
心があり，いわば分析的・手段的であるのに対し，女子は関係性，人，生物
を育てることなどに関心があり，養育的な見方をする傾向にあることが明ら
かにされた[13]。これは性別による歴史的な役割分担に起因しているとも考え
られるが，実際に理科に関連する職業の中でも，医療，看護，保健，育児と
いった養育的要素の強い分野への女子の進路選択の割合は，諸外国ならびに
日本においても高くなっている[14][15]。また，女子は理科の中でも物理学に関
連する内容には嫌悪感を示すものの，生物学関連の内容には男子と同程度あ
るいはそれ以上の好感度を示すことが，日本においても前節の表3-2のよう
に明らかである。そこで，女子の関心が高い生物や人体，養育的要素などの
題材を特に物理学に関連する内容の教授に利用することを提案する。このよ
うな方法は，前述の GIST プロジェクトのカリキュラム開発の指針の一つに，

「自然科学の原理を人体に結びつけること」として明示されているだけでなく，ドイツの介入研究においても強調されている。また，組織的な介入研究に限らず，研究者や理科教師の個人レベルでの実践研究においても度々指摘されている。たとえば，Ponchaud は患者に注射をする場面の討論を通して圧力と水圧の学習を展開したり，人間の骨格を参考にして「てこ」の学習を進めたりといった実践を紹介したり[16]，Mottier はジェンダー包括的な物理教科書を作成するためには「人間の体に関係する事例と現象を扱うこと」を提唱したりしている[17]。

　日本では女子の理科学習促進のために，理科，特に物理学の内容の教授に生物学的・養育的な題材を利用するという方法は，これまで試みられていない。しかし，看護師養成課程を有する学校で使用されている物理学のテキストには，人体と物理概念との関連性を強調した解説が盛り込まれているものがあり，この方法と同様の視点が用いられている。看護学生のための物理学テキストは，女子の物理学習の促進を目的にはしていないが，必ずしも物理学を得意としない看護学生たちに，将来の仕事に物理学の知識が有用であることを伝えようと医療や看護の文脈でわかりやすく物理概念を説明しているため，本研究において参考となる点が多いと予測される。以下に，このような物理学テキストの特徴を示す。

　分析した物理学テキストは，①『New ベッドサイドを科学する　―看護に生かす物理学』[18]，②『系統看護学講座　基礎1　物理学』[19]，③『看護学生のための物理学』[20]の3冊である。テキスト①と③は，人体や医療器具の機能と構造を理解したり，適切な看護とは何かを考察したりするのに物理概念を用いて説明をしている。また，物理概念を利用すれば，経験的に知っている看護に関連する事象の原因や理由をうまく説明できることも示している。一方，②のテキストは，物理概念の説明の事例として人体・看護・医療器具が利用されており，物理学の教科書としての色が濃い。テキストによって違いはあるものの，3冊のテキストに共通しているのは，物理概念の中で

「力」および「熱」に関して多く取り上げていることである。「力」については，力のモーメント（トルク）と圧力に関する説明が詳細で，人体の重心と安定性，ベッド上の患者を移動させる際の看護師の体勢，理学療法における滑車での牽引方法，注射・点滴・血圧測定による圧力の解説などがいずれのテキストにも書かれている。「熱」については，体熱の産生と喪失，身体の冷却と保温，エネルギー代謝などが解説されている。また，聴覚や視覚，内視鏡などを題材とした「波動」の解説もいずれのテキストにも見られるが，その記述量や精細さは，テキストによって差が大きい。これらの物理概念以外に，高校物理の一単元をなす電気・磁気についても，②のテキストでは電気機器の安全性，感電，電気メス，心電図，テレメーターなどを用いて詳しく述べられている。3冊のテキストには，高等学校の物理学のテキストで頻出している力学台車，てこ，バネ，レンズといった物理学的な器具以外に，人体・看護・医療器具に関連する題材が，物理概念の説明のために数多く使用されている。3冊に共通して掲載されている医学的器具は，点滴，血圧計，電子体温計，ファイバースコープなどである。

　また，患者と看護者にとってより良い看護方法とは何かを考えさせるための選択肢を提示するという記述がいずれのテキストにも見られる。たとえば，絆創膏をはがすには，はがす方向に引っ張るのがよいのか，あるいは逆向きに引っ張るのがよいのか，さらに，引っ張る際には皮膚に対してどのくらいの角度がよいのかといった具合である。力の合成・分解という物理的な思考が必要なのは言うまでもないが，物理的な理由だけでなく，患者の状況や痛みも考慮した選択をしなければならないことが本文中で説かれている。探究的な実験に依存しない即座に体感できるような活動は，女子にとって身近な経験とすることができるため，女子の興味と思考の特性にも合致しているといえる。また，「どの方法が適切なのか」という問いに対する選択肢を用意しておくことは，女子に限らず学習への関心や意欲の低い生徒たちにも，考えるきっかけを与えることができると考えられる。

　看護において重要であると考えられている物理概念については，テキストの全体を通して度々取り上げられたり，人体・看護・医学に関係する複数の事例を用いて解説されたりしている。たとえば，「圧力」については，スニーカーとハイヒールの人がそれぞれ片足立ちしたときに地面に及ぼす圧力，注射針の先端が皮膚に及ぼす圧力，骨の耐久圧力，水圧，入浴とベッドの圧力効果，呼吸，点滴など非常に多くの事項から説明されている。一つの物理概念を様々な場面で複数の事例を用いて説明するという方法は，前章に示したイギリスの SLIPP プロジェクトやソルターズカリキュラムプロジェクトでもとられている。

　このように，看護学生用の物理学のテキストは，女子の物理学への関心を高めるために，有用であると期待できるが，いくつか問題点もある。まず，①と③のテキストに顕著に見られるが，「適切な看護・医療とは何か」を考察する際に，物理概念を利用するという方法をとっているために，物理学あるいは物理概念の系統性に従って展開されているわけではないということである。物理学の系統性を守らずに説明が可能であるのは，簡単な物理概念については中学校段階までにすでに学習済みで理解しているものとテキストの著者たちが捉えているからではないかと推測する。さらに著者たちは，これらのテキストにおいて物理学の理解そのものを目的的に捉えているのではなく，人体・看護・医療について考察するために物理学を手段的に捉えていることも，このような記述方法から読み取れる。そして第二に，これらのテキストで扱われている内容は，中学校理科の物理学関連領域の内容よりも難解であるということである。そのため，中学校理科の授業で実践する際には，習得させるべき内容から逸脱しないように，そして難易度も考慮しつつ，これらのテキストの解説方法を参考にして教材を作らなければならないだろう。看護や医学的な文脈による物理学習の展開は，物理学的な系統性に従っていないものの，女子にとって身近であるため，学習の意義を見出しやすく，学習意欲を高めることが期待できるが，中学校理科の授業で適用するには以上

の点に留意しなければならない。

２．美的観賞の導入

　「女子の興味や経験を考慮した女子に身近な事象」を理科授業に取り入れる具体的方法の２点目として，美しさの観賞や視覚的な評価を理科授業に導入することを提案する。前章で示したイギリスの GIST プロジェクトでは，カリキュラム開発の指針の一つに「美的にアピールするような実験を行うこと」が挙げられていたり，ノルウェーの初等理科プロジェクトでは，ポスターの制作を通して教室の壁を美しく装飾することが目指されていたり，さらには，ニュージーランドの SOS プログラムでは，女子がリラックスできるように，花や快適な椅子を置いた特別な場所が提供されるなど，美しい実験や環境を理科授業に取り入れることが，女子の学習に有効であるとされている。GIST プロジェクトでは，授業に招いた女性科学者のほとんどが，自身の研究の話をするために，視覚的にアピールするようなサンプル（真鍮の鋳物，クジラの歯，地質のサンプルなど）を持ってきたことや，著名な女性科学者の多くが，美的な観察を分析に結びつけるような天文学，顕微鏡学，結晶学の分野で研究していることを明らかにし[21]，カリキュラムの指針に加えているのである。前章において，理科学習における男女差の要因の一つとして，人の目の網膜の神経節細胞の性差を挙げたが，女性は色と質感を感知するのに長けているために，美的な観賞を含むような視覚に訴えかける実験が効果的なのかもしれない。

　日本においては，高江洲が女子高校の化学の授業での生徒実験を通して，女子が興味をもった実験と嫌った実験を解説している[22]。それによると，女子は球形になったハンダや形の整った結晶，アンモニアの噴水，ヨウ素の昇華による紫色の気体の発生など，視覚に訴えかけるような実験に興味を示し，臭気が強いものや爆発の危険のあるもの，手指が汚れるもの，量的な関係性を調べるものに嫌悪感を示すという。また，檀上も女子高校における物理授

業で実践した放物運動に関する実験を複数紹介し，女子校では美しい実験の人気が高いことを指摘している[23]。このように，日本でも女子が美しい実験を好む傾向が見られるため，美的な観賞を授業に導入することによって，女子の関心や授業への積極性を高めることが期待できる。本研究の実践では，美的な観賞を含むような教材の開発を行うこととする。

3．教授展開における女子と関連のある文脈の利用

近年，context-based（文脈に基づいた）アプローチあるいは humanistic（人間的）アプローチと呼ばれる教授方略が，生徒の物理学習への動機づけや学習到達度の向上に有効であり，特に女子にその効果が大きいことが示されている[24]。前章で取り上げたソルターズカリキュラムプロジェクトはまさに，この context-based アプローチをとっており，日本においてもすでに紹介されている[25]。このアプローチでは，将来科学の専門家にならない学習者のために用意されるべき理科教育のあり方を検討し，学習者の日常生活あるいは社会と科学との「関連性」を明示する教授方法を推奨している。このような教授方法は，特に新奇なものではないが，従来では科学概念の教授後に，その概念と日常生活や社会との関連性が示されることが多かったのに対し，context-based アプローチでは，学習の冒頭から関連性が示され，後に科学概念が教授されるという構造がとられている点で異なっている[26]。つまり，科学知識の理解および概念形成の出発点にコンテクストが位置づけられているのである。したがって，学習者と関連の深い事象が学習の最初に登場するため，その事象の原因や仕組みを知るには，おのずと科学概念の理解が必要になると学習者が認識できるのである。学習者が科学概念を "need to know" であると捉えることができるという context-based アプローチの特徴は，まさにこの教授展開に表れている[27]。

物理の教授展開における文脈の重要性は，ドイツで介入研究を行った Häussler らによる事前の調査からも指摘されている。その研究では，11歳

から16歳までの生徒たちは，自分自身のために自然の法則を探究しようと努力する小さな科学者ではなく，物理学の実用的な適用方法，自然現象を説明する物理学の力，物理学に基づくテクノロジーのチャンスとリスクといった文脈において，物理学を学ぶことに関心があることが明らかにされた[28]。さらに，Kahle らによれば，生徒たちが理科に関して学習したいトピックを選択する理由には男女差が見られ，男子は「自分が知りたいことは何か」に基づき，女子は「自分が知るべきことは何か」に基づいて選択するという調査結果があり[29]，女子の方が男子よりも，学ぶ必要性と使命を実感することで学習へと向かう傾向があるといえる。このことからも，いかなる文脈で物理学の内容を教授展開するのかが，女子の学習に影響を及ぼすことが窺える。

　さらに，イギリスの SLIPP プロジェクトは，「現実生活の文脈」（real-life context）に物理学の学習内容が置かれ，女子の学習に効果的であったことを前章で述べたが，そのテキストの一分冊である "Physics on a Plate"（一皿の上の物理学）は，表3-3のような構成となっている。このテキストでは「食事をつくること」の文脈で，熱，エネルギー，物質の状態変化，電気，光の屈折など，多様な物理概念を学ぶ[30]。料理を題材にして物理概念を学習することは，ドイツの介入研究においても一つの単元として提示されているが，SLIPP プロジェクトでは，多くの物理概念を一つの単元で学ぶという点で異なっている。つまりドイツの介入研究は「熱」に関して学習するために「料理」を用いているが，SLIPP の方は「料理」から熱や物質の状態，光，圧力など，様々な物理概念を学ぶようになっているのである。このように「料理」という文脈で物理学習を展開するにも多様なアプローチ方法があることがわかる。

　日本の中学校理科教科書では，白砂糖，デンプン，食塩，グラニュー糖を区別するための実験[31]や，ホットケーキがふくらむ理由の説明[32]などのように，食品に関連する内容はわずかに掲載されているものの，料理が授業の主となるテーマとして展開されるような構成にはなっていない。ソルターズの

表3-3 SLIPP プロジェクトのテキスト "Physics on a Plate" の章構成と学習内容の概要

章のタイトル	上段：学習内容の概要 中段：節のタイトルの例（抜粋） 下段：取り扱う物理概念
1．Introduction （導入）	この教科書で何を学ぶか。
2．The Menu （メニュー）	食べ物に関するエネルギーを多方面から見る。
	「何を料理する？」，「温かい夕食」，「カロリーを計算する」，「代謝」
	エネルギー，平衡，エントロピー，熱力学
3．Preparing to Cook （料理の準備）	台所で調理するときの物理学に関する事柄を調査する。
	「熱い鍋と冷たい持ち手」，「圧力下の調理」，「オーブンの中」，「魔法瓶」
	熱伝導，蒸気圧，相図，ルシャトリエの原理，ウィーンの変位則
4．At the Factory （工場で）	現代の食品工業で行われていることとそのプロセスを知る。
	「冷凍食品」，「食品の乾燥過程」，「なぜ牛乳は白いの？」
	状態変化，結晶構造，結合エネルギー，スペクトル，誘電率，X線分析
5．Carrying it Home （家に持って帰る）	食品を包装する材料の物理的性質を調査する。
	「缶の中で」，「袋の中で」，「食品の色づけと目を引く容器」
	弾性限界，延性，アモルファス，吸収バンド，ヤング率，量子力学
6．In Control （管理・制御）	調理器具の温度や時間を制御する方法を知る。
	「制御に必要なこと」，「電気で熱する」，「温度計とサーモスタット」
	抵抗，オームの法則，膨張率，起電力，バイメタル，熱電対
7．Conclusion（結論）	まとめ

（出典：Barrett, C. et al.: *Physics on a Plate Supported Learning in Physics Project*, Heinemann, 1997.）

カリキュラム開発やSLIPPプロジェクト，ドイツの介入研究などの成果から，「料理」を含め，女子の関心が高く身近な事象を，単発の実験や，授業の導入のための簡単なトピックとしてだけでなく，授業展開そのものに文脈として組み込んでいくことが女子の学習促進に功を奏すことが予想される。「料理」以外の具体的な文脈として，前述のような生物や人体に関する女子の関心の高さに基づけば，ガーデニング，動物園，水族館，育児，医療，看護，介護，健康，ダイエットなどが考えられる。また，一般的に女子の関心が高いと予想されるファッション，音楽，携帯電話，芸能界，漫画なども文脈として利用可能ではないだろうか。ただし，この「教授展開における女子と関連のある文脈の利用」という方法は，男子ではなく女子に特有に関連性の強い事象に限定して文脈にすることを提案しているのではない。つまり，「女子と関連のある」という表現は，女子と同様に男子も関心がある事象を文脈として取り上げることを排除しておらず，男子の方が女子よりも明らかに関心が高く，経験も豊富であるような事象については避けることを意味している。

第4節　学習活動の設定方法

　本節では，理科授業の開発の観点として据えた「教材」と「学習活動」の改善のうち，「学習活動」について，具体的な方策を検討する。前節の「教材」が，授業において実際に扱う題材やトピックといった学習内容を含むことがあるのに対して，本節で取り上げる「学習活動」は，学習内容に左右されずに授業に導入可能な活動の形態や，学習内容に応じて設定可能な活動など，学習内容に依存しないことが多い。そのような学習活動の設定方法について，女子の学習促進を期待できる方策を諸外国の研究成果を参考に，日本の理科授業において実現が期待できる「想像的な記述活動の導入」，「協同性の重視」，「男女別の集団編成の導入」を以下に提案する。

1．想像的な記述活動の導入

1）諸外国における自由な記述活動の推奨

　前章で示した諸外国の介入研究の中で，ノルウェーでは「文章を書くこと」や「絵を描くこと」を授業に取り入れることが，女子の積極的な理科学習を促す[33)]と論じられ，スイスの研究では，ジェンダーを勘案した物理授業には，「ハンズオンの活動や，小規模な研究プロジェクト，グループディスカッション，発表，エッセイを書くこと，ポスターをデザインすること」などが導入される必要がある[34)]と述べられている。さらに，オーストラリアのマクリントック・コレクティブにおいても，「創造的（Creative）なスケッチとライティング」を理科授業に盛り込むことが重要である[35)]と論じられている。このように，諸外国では理科授業に様々な表現活動を取り入れることが，女子の授業への積極的な参加を促すことが度々指摘されている。

　そのような多様な表現活動の中でも特に，記述（ライティング）活動に関して詳述されていることが多い。たとえば，イギリスのGISTプロジェクトでは，次のように示されている。女子は男子と比べ，テストにおいて多肢選択式問題よりも小論文形式の問題を得意としている。しかも多肢選択式の問題は，事実を学び，それを反復することによって，記憶の呼び戻しをテストするだけで，理解および高度な思考過程を必要としないため，理科学習に小論文のスタイルを導入すべきであるとしている。つまり，科学原理と科学概念を理解するためには，想像的（Imaginative）な記述活動を授業に取り入れる必要があると主張している。そして，具体的には，「電気モーターのような，何かの作り方を小さい子どもに説明すること」，「実験や科学概念を記述する友人への手紙」，「発明家へのインタビューのための原稿」，「科学的現象に関する詩」といった課題を例示している[36)]。前述のノルウェーの介入研究において提案されている記述活動とは，科学的なレポートを超えて，学習者が何を考え，何を経験したかなどを自由に書かせることであり，重要なポイントは，思考を組織化させ，書くことを通じて他者に伝達することである[37)]

と述べられている。具体的には，「音」の単元の教授前に「音について知っ
ているすべてのことを書きなさい」という課題で子どもたちにエッセイを書
かせ，さらに単元の教授後と一年後にも同様の課題でエッセイを書かせてい
る[38]。このように実験のレポートのような科学的論述にとらわれない自由な
記述活動を理科授業に導入するのは，女子が男子と比べて「書くこと」に好
感をもち，得意としている傾向を利用している。そして，これらの活動は女
子の理科授業への積極的参加あるいは興味の喚起，自信の向上などをねらい
としている。

2）フェミニズム科学論的視点による記述活動

　自由な記述活動を理科授業に導入することが，女子の理科学習に効果的で
あるということは，女子が得意な活動を授業に導入するという観点を超えて，
フェミニズム科学論からも支持されている。前章で示したように，「科学の
中立性」や「科学の客観性」に疑問を呈しているフェミニズム科学論は，
「公的か私的か」，「客観的か主観的か」，「力か愛か」，「男性的か女性的か」
といった二分法的思考が，科学を客観性および男性性に結びつけ，科学でな
いものを主観的で女性的なものに結びつけてきたと主張している[39]。そのた
めに，男性性が埋め込まれた科学は，女性にとって近寄りがたいものになり，
それにもかかわらず「客観性」や「価値中立性」を強調するが故に，科学に
おける記述についても客観的で実証主義的なものだけが認められてきたとも
している。しかし，客観性だけにとらわれない統合的・包括的な科学の見方，
いわゆる女性的であると言われてきた視点が，近年の霊長類学の発展に貢献
している[40]ように，理科教育における記述活動にも，客観的・実証的な論述
以外の多様な言語活動を導入することで，これまで科学に関して周辺的な地
位に追いやられてきた女性が，科学を身近に感じ，科学に積極的にアプロー
チできると期待されている。

　この考え方に立つ Hildebrand は，「ライティングは科学と理科学習のイ

168

メージを形づくる」と指摘し，伝統的な記述活動の実践は，次の三つの構造を通して理科学習のイメージを形成していると論じている[41]。第一に，生徒が読んだり解釈したりできる記述の様式は，実証主義的なものとして科学を構築している。そして，彼らが入手できる文章は，自明で正しい見方に到達されるまで，途切れなく円滑に進む誘導的なプロセスとして科学を書くための正しい方法を暗黙のうちに形作っている。第二に，彼らが入手できる文章は，科学を男性的なものとして構築している。そして，実証主義的なものとして科学をもたらすことは，覇権主義的な男性性に，科学を密接に関係づけることになる。第三に，学校で生徒に許容している通常の記述活動の様式は，理科学習として見做すもののイメージを構築し，そのイメージは，事実，概念，理論を思い出すことや，アルゴリズム的に問題を解決すること，科学者のモデルとメタファーを採用することの強調によって確立される。

　しかし，Hildebrandは，理科授業での記述活動には，「科学的に書くための学習」，「科学概念の学習」，「我々の生活における科学の影響についての学習」という少なくとも3つの目的があり，それらは相補的であるが別個のものであり，異なった言語実践を必要とするとし，社会文化的な文脈に置かれる情意的，創造的，批判的，認知的などの多様な言語活動を，理科授業に組み込むことを主張している[42]。そして，このような多様な言語活動を総称して，「想像的なライティング」(Imaginative Writing)と表現し，フィクションや物語的なジャンル，あるいは科学的なジャンルといった，どのような形式のライティングでも理科授業に受け入れるように勧めている。具体的には，会話，ファンタジー，ミステリー，ジャーナル，手紙，詩，台本，広告，新聞記事といったもので，次のような課題の事例を紹介している[43]。

　　・電極自身の周りで何が起きているのかを述べながら，ガルバニ電池における2
　　　つの電極の間の会話を書きなさい。(擬人化を用いた物語)
　　・単孔類の動物の形に関する詩を書きなさい。(詩)

・最後に生き残っていた木の死亡記事を書きなさい。（新聞記事）
・バスケットボールの試合中に，選手に働く力を述べなさい。（詳述）
・宇宙から家への手紙を書きなさい。（手紙）

　また，この「想像的なライティング」は，次の点においても役立つと指摘されている[44]。

・生徒のミスコンセプションを突きとめる。
・科学概念を学ぶ。
・科学概念を総合的に扱う（複数の科学概念を関連づけて考える）。
・学習者自身の言葉に，学習したことを変換させる。
・記憶を助ける。
・理解できたものと困難に感じているものを識別する。

　つまり，このような記述活動は，これまでの科学や理科学習のイメージを転換させ，科学に関して伝統的に周辺的な存在として追いやられていた生徒たちが，科学に接近しやすくなることが期待されるだけでなく，理科教師にとって生徒たちの学習を評価するツールとしても利用可能であることがわかる。しかし，科学や理科学習の固着化したイメージを変容させ，これまで理科学習を敬遠しがちだった女子を「想像的なライティング」に積極的に参加させることはできたとしても，その後，女子が理科好きになり，その状態が定着し，理科学習への意欲が高まるかどうかまでは，検証されていないのが現状である。また，理科学習において身の回りの現象を科学的に解釈したり説明したりする能力を高めることは不可欠であるが，想像的で自由な記述活動を理科授業に導入することによって，現象の科学的理解や，実証性や客観性が求められる科学的論述力の育成が後回しになる可能性は否定できない。これらの予想されるデメリットを考慮したうえで，具体的にどのような内容と方法で「想像的なライティング」を理科授業に導入すべきかを吟味しなけ

170

ればならない。

3）「書くこと」に関する日本の女子の興味・関心

　このように客観的で実証的な科学的論述のみにこだわらない自由な記述活
動の理科授業への導入が，女子の理科授業への積極的参加を促進することが
諸外国では示されている。ここで，日本における女子の「書くこと」に対す
る関心を，平成15年度の教育課程実施状況調査の国語の質問紙調査[45]から抽
出すると表3-4および3-5のようになる。これらの結果から明らかなように，
日本の女子も男子と比べて顕著に，「書くこと」に積極的で，好感をもって
いる。さらに，男子校と女子校の理科授業の比較を行った島野は，記述式ア
ンケートの結果，女子の方が男子と比べて文章を良く書くことから，女子に
対しては文章を積極的に書かせる学習活動が向いているようであると述べて
いる[46]。これらのことから，日本の理科授業においても，記述活動を積極的
に導入することで，女子の理科学習を促進することが十分に期待できる。特
に，表3-5のように，女子は手紙を書くことを好んでおり，手紙を記述活動
に導入する方法を検討することが望まれる。また，記述活動を用いることに
よって，男子についても，「書くこと」を通じてコミュニケーション能力を

表3-4　「自分の思いや考えを文章に書こうと努力していますか」に対する
　　　　「そうしている」と「どちらかといえばそうしている」の回答の合計割合

	男子（%）	女子（%）
中学校1年	49.8	67.3
中学校2年	50.4	67.6
中学校3年	58.4	74.9

（出典：国立教育政策研究所教育課程研究センター，「平成15年度教
育課程実施状況調査（小学校・中学校）質問紙調査集計結
果—国語—」，http://www.nier.go.jp/kaihatsu/katei_h15/
H15/03001010000007003.pdf，2005，16頁より作成。）

表3-5　中学校2年生の「書くこと」に関する好き嫌いの割合

	好き（%）		きらい（%）	
	男子	女子	男子	女子
記録や報告などの文章を書くこと	18.0	30.1	60.4	46.9
手紙を書くこと	15.0	62.7	61.9	18.0
感想文を書くこと	16.5	30.4	68.6	54.1
詩や俳句などを作ること	29.7	33.5	51.3	48.1

（出典：国立教育政策研究所教育課程研究センター，「平成15年度教育課程実施
状況調査（小学校・中学校）質問紙調査集計結果—国語—」，http://
www.nier.go.jp/kaihatsu/katei_h15/H15/03001010000007003.pdf，
2005，181-203頁より作成。）

向上させることが期待できる。

4）導入する記述活動の形式と内容

　ここで導入する記述活動は，女子の理科学習への興味や意欲を向上させる
きっかけとなることが目指されているため，活動自体が学習者にとって，困
難で学習意欲を削ぐものとならないように留意しなければならない。学習者
が敬遠せずに積極的に取り組める記述活動の検討には，国語の作文指導に見
られる「書く場の設定」から良い示唆が得られる。具体的には，「相手意識
中心の場」や「目的意識・必要感中心の場」など[47]を，書く課題の中にうま
く設定することで，児童・生徒の書く意欲を高めることができるとされてい
る。「相手意識中心の場」の典型的な事例は，「手紙を書く」ことが挙げられ
る。森久保は，この「手紙を書く」ことについて，「特定の相手に向かって，
伝えたり，訴えたり，語りかけたりする文章は，書き手にとってプラスの要
素が多い。相手にふさわしい材料が選ばれ，相手に合った表現・ことばが選
ばれる。書こうという意欲も起こりやすい。つまり，書く場として有力な一
つになるということである」[48]としている。また，倉沢は「書けない子ども
の指導について一番大事なことは，今このような場面におかれれば誰でも書

くであろうという状況を作ってやることだ」[49]と論じている。そして，そのような状況を作り出せる「ノートのとり方」，「新聞の作り方」，「掲示物の作り方」，「レポート・答案の書き方」，「学級日誌の書き方」といった活動が，まさに「目的意識や必要感，場合によっては義務感のくっきりした作文活動である」[50]と森久保は述べている。前述のイギリスの GIST プロジェクトや Hildebrand の研究によって提案されている友人への手紙や，幼い子どもへの解説，広告，新聞記事，台本といった記述活動はまさに，「相手意識」，「目的意識」，「必要感」などを満たしているといえよう。日本の理科授業における記述活動についても，この３点を可能な限り満たすような課題を設定することで，学習者が敬遠せずに積極的に取り組める活動にすることができると考える。

　では，記述活動の課題にはどのような内容を用いればよいのだろうか。基本的には，学習単元あるいは学習内容に沿ったトピックを記述活動の課題に盛り込むが，そのトピックについても女子の興味や書く意欲を喚起したり，科学概念の理解を促進したりするようなものを選択することで，女子の理科学習をより促進できると期待される。そこで，前節で教材の選択方法として挙げた生物学や人体，美的観賞などを題材とした記述活動を設定することを提案する。たとえば，電源，電流，電圧の関係を心臓，血流，血圧のメタファーを用いてイメージさせ，「指先に怪我をして，細い血管が切れたとします。少し出血しますが，そのうちに血管は修復されて元通りになります。これと同じように考えると，発電所から各家庭に電線を通じて電気が送られてきているときに，自分の家の前の電線が切れてしまったらどのようなことが起きると思いますか。また，周りのすべての家が停電してしまわないようにするには，どのように電線がつながれていればよいですか。説明してみましょう。」といった記述課題を提示すればよいのではないだろうか。

2．活動における協同性の重視

　前述の自由で想像的な記述活動は，自然科学の固着化したイメージを変容させ，女子でも参入可能な学問であることを学習者に印象づけることをねらいとしている。理科学習における活動を競争的なものから，協同的なものへと移行させることも，これと同様な発想から生じており，諸外国では推奨されている。

　たとえば，イギリスの GIST プロジェクトでは，子どもの思考の特徴を調べ，男子は世界を関係性の階層として競争的（competitive）に見るのに対し，女子は世界を関係性のネットワークとして協同的（co-operative）に見る傾向にあることが明らかにされている[51]。そして，スイスの「介入プログラム」では，女子のために物理学の授業中に用いられるべき教授ストラテジーの一つとして，学習の雰囲気と方法に着目し，競争をやめさせ，協力すること（co-operation）を支援し，物理学の授業をより快適にすることを掲げている[52]。加えて，ニュージーランドの「介入プログラム」においては，この視点がさらに強調されている。具体的には，授業において競争の雰囲気を和らげるために，課題への「最もよい」解決を評価するだけでなく，グループ内での創造性や円滑なコミュニケーションにも関心が向けられ，評価の対象とされたり，科学とは3つのM－Mathematics, Mechanics and Macho（数学，機械工，マッチョ）を連想させるものではなく，3つのC－Communication, Creativity and Cooperation（コミュニケーション，創造性，協力）に結びつけられるものであることが繰り返し伝えられたりした[53]。このように，自然科学の競争的なイメージが男性性へとつながってきたことを打開し，女子が授業に参加しやすい環境や雰囲気をつくるために，授業における協同性が重視されているのである。

　近年，協同的な学習の重要性が，女子の理科学習という観点からではなく，理科教育全般において度々議論されるようになっている。協同学習への注目は，社会的環境の中での他者との相互交渉が学びをもたらすとする社会的構

成主義や，共同体に参加・貢献することとして捉える状況的認知論が台頭してきたためである[54]。協同学習とは，協力して学び合うことで学ぶ内容の理解・習得を目指すとともに，協同の意義に気付き，協同の技能を磨き，協同の価値を学ぶ（内化する）ことが意図される教育活動を指し，その方法としてジョンソンらの協力学習法，フィリップスのバズ学習，アロンソンらのジグソー学習など[55]，様々なものが開発されている。ジョンソンらがまとめた協同学習理論に基づき，理科授業における協同学習を支援する有効な手段を検討する実践的研究が，日本でも蓄積されつつある。その中で，グループでの話し合いが，学習者の概念変換や学習の保持に効果的であったり，動機付けを高めたりすることが明らかになっている[56]。

　このように，日本の理科教育においても協同学習の有効性が示されるようになり，理科授業に協同的な活動を導入することはすでに珍しくない状況となっている。しかし，女子の学習に着目し，協同学習の利点を検証した研究は日本ではほとんど見られないものの，宮田による実験器具の操作技能指導に関する一連の研究では，発話の仕方に関する知識と，自他の発話や文章を共有する感覚や協同の技能を獲得し，学習者間の支持的な関係を構築するメタコミュニケーションを促す指導（宮田は“循環型の問答―批評学習”と名付けている）が，女子の実験器具の操作技能を高めることが示されている[57]。また，第1章で取り上げた鈴木らによる観察・実験の役割に関する中学生の認識の調査では，「協力学習」が観察・実験の役割であると回答した女子がおり，これは男子には見られない回答であり，認識の傾向に男女差があることを指摘している[58]。これらを総合すると，日本においても協同的な活動は，理科授業に容易に導入可能であると考えられ，かつ女子の理科学習の促進に効果的である可能性が示唆される。以上のことから，理科授業に協同性を重視した活動を導入することを提案する。

3．男女別の集団編成の導入

　最後に，理科授業における活動の形態について検討する。ドイツの「介入プログラム」では，男女を分けて授業を行うことが，認知的にも情意的にも男女両方に効果的であることが実証され，物理学における女子の興味，自己概念，到達度を向上させるための4つの方策の一つに，「男子と女子を分けて教えること」が掲げられた[59]。また，スイスの「介入プログラム」においても，物理学の授業中に用いられるべき教授ストラテジーの一つに，「集団討論や実技試験では男女別の集団をつくること」が挙げられている[60]。さらに，オーストラリアで行われた，理科授業における集団編成に関するSSEPPと呼ばれるプロジェクトでは，男女別学は女子の学習に効果的であると思われがちであったが，男子の書くこと・話すことといったコミュニケーション能力の発達に教師が力を注ぐことができるという点で，男女どちらの理科学習にも有効であることを示している[61]。このように諸外国の介入研究における男女別の集団編成の推奨は，男女混合の集団編成において女子が積極的に活動に関われず，補助的な役割に追いやられている状況を改善するためであったが，結果的には男子の学習にも効果的であるとする研究も少なくない。

　一方，国内外の中等教育段階の理科授業におけるグループコミュニケーション活動に関する先行研究の課題を探った山下によると，グループ編成については，多くの研究で能力や性による異質グルーピングが支持されているが，男子については，男女別が良いのか混合が良いのか，知見が分かれている[62]という。また，一般的には，女子の方が話したがっていて，実験には遠慮しがちな女子を，コミュニケーション活動には積極的に参加させることが可能だとしている[63]。この指摘からは，女子は実験活動に対しては決して積極的ではないものの，コミュニケーション活動であれば，女子のコミュニケーション能力の高さを生かすことができると考えられていることがわかる。前述のように，実験活動についても，協同性を重視することで，女子の積極的参

加を期待できるのではないだろうか。山下はさらに，男女混合グループにおいて，女子が男子同様のパフォーマンスを発揮する可能性を示唆する研究がある一方で，男女のペアでは非常に制約された単純な相互作用しか行われないと指摘する研究もあることを論じている[64]。このように，先行研究では男女混合の集団編成の方が支持される傾向にあるものの，個々の研究で見解は異なっていることがわかる。したがって，女子の理科学習の促進という観点からは，男女別の集団編成の有効性が多く示されているものの，理科教育全体を見渡した際のグループコミュニケーション活動における集団編成の議論では，そのような傾向は明示的ではないといえる。

　日本の状況に目を向けると，第1章で示したように，実験において女子は男子の補助的な役割に終始し，積極的に関与できておらず，その役割分担が性別によって固定化されている。そして，男子が女子の行動を阻害しているのみならず，女子自身が実験を放棄していることも明らかにされている[65]。このような状況を受けて，鈴木ら[66]や宮田[67]も理科実験において男女を分けてグループを作ることを提案している。さらに，中学生の調査からは，男女ともに「同性だけのグループで活動をしたい」と考えているという実態も明らかになっている[68]。

　これらの先行研究の知見に基づけば，理科教育の観点からは，日本においても男女別の集団編成が女子の理科学習に効果を発揮することが期待できるが，より上位の学校教育全体から俯瞰すると，男女別学にはその妥当性に疑問が生じる。また，社会全体の性別構成を考えれば，当然，男女混合の集団編成において，性別によらず男女どちらも積極的に活動できることが望ましく，男女別の集団編成を設定することで，男女混合の集団における態度を育成できなくなることも懸念される。この点は，男女別学のデメリットとして指摘されることも少なくない。

　戦後の日本の学校では，教育の機会均等の実現を目指し男女共学化が図られてきたものの，近年では男女別学を共学よりも高く評価する動きも見られ

る。たとえば中井は，男女別学は学力面での効果が高く，男女の特性に応じ
た全人的な教育ができるとし，男女別学の利点を力説している[69]。また，友
野は，米国における男女共学・別学論の動向を調査したうえで，日本では男
女共学と別学を議論するための基礎的なデータを提供する本格的な研究はほ
とんど行われていない[70]ことを指摘し，男女の学び方の違い，人間関係，集
団形成などの点で男女別の場面が望ましい場合が認められるのであれば，必
要に応じてそのような場面を設定すべきである[71]と述べている。つまり，日
本では現在，教育における男女共学・別学に関する実証的な研究を蓄積し，
それらの教育的効果を明らかにすることが求められているといえよう。

　本研究における男女別の集団編成は，学校全体を男女別学にするものでは
なく，男女共学校の通常の男女混合の理科授業において，学習者主体の活動
に導入するものであり，その是非を検討するにあたり，前述のような男女共
学・別学の議論とは一致しない点もあるだろう。しかし，授業中の活動にお
いて，集団に男子がいることによって女子が積極的に参加できない（あるい
は自ら参加しない）状況が現実に起きているということは，理科学習で身につ
けるべき技能や知識を得るための機会が女子に必ずしも保障されておらず，
教育の機会均等に反しているともいえる（たとえ女子が自発的に活動に参加しな
いものであったとしても）。理科学習における男女別の集団編成によって，女
子が活動に参加できるようになるという諸外国の研究成果は，日本の現状を
打開する可能性を示唆しており，日本においても早急に検証すべきである。
したがって，現状において女子の理科学習に対する意識・態度を改善するに
は，まず女子が実験などの活動に自ら関わり，科学的な経験を積むことが不
可欠であることに加え，日本における男女共学と別学の議論のために求めら
れる実証的データを得るためにも，本研究では「男女別の集団編成」を理科
授業の活動に導入することが重要であると考える。しかし，男女共学の学校
において，理科という特定の教科の授業にのみ男女別の集団編成を導入する
ことは，学習者に教科と性別の関係を意識化させる可能性があるため，理科

に対するジェンダーの固定観念を打ち崩すことには必ずしもつながらず，却ってジェンダーの固定観念を浮き彫りにし，肯定し，さらには強化することになるというおそれは否定できない。換言すれば，男女別の集団編成はジェンダーの問題を乗り越えられないのではないかという懸念が付いて回るのである。しかし，男女別の集団編成によって，理科授業における活動に女子が積極的に参加できるようになり，理科に関心をもつようになれば，理科は男性の方が得意で，男性に相応しい教科であるという印象が薄まり，理科に対するジェンダー固定観念を打破する糸口ともなり得る。本研究では，まず，女子が理科授業の活動に積極的に参加できていないという現状を改善するために，日本の理科授業にすぐに導入可能で，しかもその有効性が期待できる方策として，活動における男女別の集団編成を提案し，実践および評価することとする。その際，これまで述べてきたように，男女別の集団編成には問題点があることにも留意し，本研究の授業実践では男女別の集団編成だけに依らず，前節および本節で示した教材と学習活動に関する他の方策も併せて導入し，学習者の理科に対するジェンダー固定観念が強化されないような理科授業の構成と展開を目指す。なお，次章以降の授業実践においては，以上のような男女別の集団編成の意義を対象校に説明したうえで，賛同が得られれば実践することとし，学校長や授業担当教師がその集団編成を望まなければ，決して強制することなく，対象校で通常採られている集団編成のまま実践する。

第5節　教材と学習活動に関する諸外国の方策の問題点

1. 「介入プログラム」における方策の焦点と理科授業の構成

　諸外国の理科授業に導入された「教材」や「学習活動」の具体的な方法は，第2章および第3章第3節・第4節のように提案されているものの，実際の授業展開，あるいは授業における女子の学習状況については，詳細な報告が

ほとんどなされていない。それは，授業に導入する方策の選択や，学習内容
と関連付けた方策の具現化，授業の展開の仕方などを，授業を行う理科教師
の裁量に依るところとし，各方策の効果を評価するための実践研究として厳
密にコントロールしていなかったためと考えられる。なぜなら，「介入プロ
グラム」の評価は，そこで採られた各々の方策の効果を，その時の女子の学
習状況から明らかにすることによってまとめられたのではなく，プログラム
実施前後に，女子の理系進路選択者数や，女子の理科に関する認知および情
意，学習者と教師の科学に対するジェンダー固定観念などを調査することに
よって示されたからである。「教材」や「学習活動」に関する方策に対する
詳細な評価が行われていないのは，第2章に示したように，女子の理科離れ
の要因が多様であるため，一つの方策だけで容易に女子の学習が促進される
ことは想定しづらく，多様なアプローチによって，その効果が表れるものと
捉えられていることが一因と考えられる。このことは，特に GIST プロジェ
クトやマクリントック・コレクティブといった初期の「介入プログラム」に
おいて多種多様な方策が採られていたことによく表れているが，第2章第3
節で指摘したように，新しい「介入プログラム」になればなるほど介入の対
象が限定され，採られる方策も厳選されてきている。しかし，それでもなお，
「教材」や「学習活動」に関する方策の具体的な実施状況は明確に示されて
いないのである。具体的に挙げれば，前章の分析対象とした9種類の「介入
プログラム」のすべてにおいて，「介入プログラム」全体としての効果は示
されているものの，理科授業に導入された各方策の実施状況や効果が明示さ
れているのは，「男女別の集団編成」という方策だけなのである。物理教授
に関するドイツのプログラムでは，単元終了ごとに認知的・情意的側面を調
査しており，他の「介入プログラム」よりも効果の検証に力を入れているこ
とが読み取れるが，それでもクラス編成の方法（男女別のクラスと，人数を半
数にしたクラスのいずれが効果的か）以外の方策については，実際の授業にお
いて方策が学習内容に応じてどのように具体化され，実践されたのかは不明

な部分が多く，有効とはいえない方策はなかったのかどうかなども判然としない。一つの方策あるいは一回の授業が，女子の理科学習の促進にもたらす効果はそれほど大きくないことが懸念されるとしても，「教材」や「学習活動」に関する各方策には，意図された重点的な目標が設定されているはずであり，それらが現実にどのように実践され，女子の学習状況がどうであったのかは示されなければならないだろう。

「介入プログラム」がプログラム全体の効果を主張するものとなっているのは当然であり，前述のように，女子の理科学習に有効であると予想される多様な方策を実施することで，その効果がより顕著に表れることを期待して「介入プログラム」が開発されてきたことに問題はない。しかし，実際に学校における理科教育で女子の学習促進を目指す際に，中心となる場は「理科授業」であり，授業を実践する教師は，理科カリキュラム全体の構成に限らず，女子の学習促進のために理科授業をどのように構成し，展開することができるのか，あるいは理科授業の一部を変えるだけで女子の学習は変容するのかなどの知見を求めているのではないだろうか。「介入プログラム」の成果は，これらの疑問に対して，十分な解答を提供していない。したがって，「介入プログラム」のように，広範な方策の開発ではなく，理科授業の構成（本研究では，日本での実践を考慮し，「教材」と「学習活動」に限定した）に焦点化した研究が求められる。

2．教材と学習活動に関する方策の理科授業における様式

諸外国において女子の理科学習促進を指向した「教材」と「学習活動」の具体的な方法には，学習内容そのものを含み，その内容を理解させるための教授に直接利用できるものと，学習内容の教授とは直接的に関係しないものの，女子の授業への積極的参加を促したり，学習意欲を高めたりするものに大別できる。そして，前者よりも後者の方策，つまりは科学の内容の理解という理科教育の重要な目標から考えれば，いわば周辺的な方策の方が多く実

践されている。たとえば，前者の方策としては，ドイツの「介入プログラム」に見られるように，「力と速さ」の教授に一般的に用いられている力学台車を教材として利用するのではなく，自転車に乗る際のヘルメットを利用することが挙げられる。この方法は，女子により身近な題材であるために，女子が関心をもちやすくなるという側面だけでなく，科学概念を理解させるための説明そのものが変化するため，内容の理解にも何らかの影響を及ぼすことが予想される。第3節で示した看護のための物理学のテキストなどは諸外国の方策ではないが，まさにこちらに該当する。

　一方，後者の方策としては，男女の差別を禁止する教室規範の設定や，男女別の集団編成，協力的な雰囲気の構築などといった「学習活動」の多くが当てはまる。これらの方策は，学習内容そのものを含んでいないため，学習内容に左右されることなく実践可能で，女子の理科学習に対する意識や態度の改善に有効であることが示唆される。しかし，学習内容の教授や理解に直接影響を及ぼすものではなく，科学の内容理解のために導入が必須である方策とはいえない。第4節で示した想像的な記述活動は概して，この後者のタイプに属する。記述テーマの設定次第では，学習内容の理解が必要となることも考えられるが，その場合においても記述活動自体が内容理解を促すのではなく，記述をするための下準備として，学習者自らが別の何らかの方法で内容を理解しなければならない。

　そして，諸外国では，前者の内容理解に直結する方策の方が，後者の周辺的な方策よりも，その具体的な事例はかなり少なくなっている。これは，周辺的な方策は，学習内容に依存しないため，これまでの理科授業を大幅に変えることなく，教材や活動を授業に追加したり，活動の一部を変更したりするだけで，比較的容易に実践可能であることによるものと考えられる。一方で，内容の理解に直結する方策は，学習内容の解説に対して新たな方法がより相応しいかどうか，女子の理解を阻害しないかどうかなど，学習内容との整合性を厳密に吟味する必要があり，授業の準備にかかる労力ははるかに大

きい。そのため，学習内容の選択や配列，再構成といった大規模なカリキュラム改善と併せて検討され，全く新しい学習内容や展開のもとで，導入すべき教材も活動も明示された理科教科書などが作成されることで実現されることが多いのである。前述のドイツの「介入プログラム」についても，１学年分のカリキュラム改革のもとで，学習内容を含んだ新たな教材や学習活動が開発されたのである。第１節で示したように，日本では大規模なカリキュラム改善はできないため，細かな学習内容ごとに，内容理解に直結する方策を開発しなければならないが，諸外国でもそのような方策はほとんど検討されていないのが実情なのである。

　本研究では，本章第２節で示したように，女子の理科学習の理解の面よりも，意識や態度の改善に着目しているため，前者の方策に限らず，後者の周辺的な方策の効果も期待できる。これらのことを踏まえ，第４章と第５章では両者の方策を具体化して実践し，女子の学習状況を調査する。

　なお，本節では内容理解に直結する，あるいは直結しない方策について述べてきたが，ここでの「内容理解」とは，学習指導要領や教科書などで示された学習すべき科学概念や自然事象に関する知識を獲得すること（わかること）を意味しており，近年注目されている「深い理解」を示しているのではない。「深い理解」とは，単に学習した知識や技術を再生することではなく，新しい教材や問題場面または複雑な問題を解くときにそれらを活用できるようになることであり[72]，その観点からすれば，本節で示した内容理解に直結しない方策も，問題解決に対する動機づけの強化や，問題解決に有用な周辺的な知識の蓄積などに効果を発揮すると考えられる。したがって，その方策は「深い理解」へと十分に結びつく方策となるため，理解に直結する方策と直結しない方策とを区別することが困難になる。しかし，本節では次章以降の実践において導入する方策の違いに着目しているため，学習内容を解説するうえで不可欠な「教材」や「学習活動」であるかどうかという視点から方策を分類することとした。そして，その分類の視点を「内容理解に直結する

かどうか」と表現している。

　本章では，第1章と第2章の知見に基づき，日本における女子の理科学習の問題点を改善する方法を検討した。まず，日本における女子の学習促進を指向する理科授業の開発には，「教材」と「学習活動」を改善の観点に据えることとし，中学校理科の「電磁気学」と「力学」の内容の教授に介入する必要があることを示した。そして，改善が求められる女子の学習は，理科学力ではなく，理科に対する意識と態度にあることを論じた。また，改善の観点のうち，「教材」は，「女子の興味や経験を考慮した女子に身近な事象」を理科授業に取り入れるために，「生物や人体に関する題材の利用」，「美的観賞の導入」，「教授展開における女子と関連のある文脈の利用」を視点として選択することを，また，「学習活動」については，「想像的な記述活動の導入」，「協同性の重視」，「男女別の集団編成の導入」を視点として設定することを提案した。さらに，「教材」と「学習活動」の方策に関して，諸外国では授業での実践状況および女子の学習状況が明確に示されておらず，大規模なカリキュラム改善を伴わずに，個別的な学習内容の教授方法を直接的に変更するような「教材」や「学習活動」の開発に焦点化した研究が必要であることを指摘した。これらのことを踏まえて，次章以降では，「教材」と「学習活動」を介入対象の学習内容に合わせて具体化し，授業に導入して女子の意識と態度を調査することとする。

第3章　引用文献および註
第1節
1）松井一幸，高須明，髙橋守，「理科を中心とした学習における男女の学力の傾向その2」，『名古屋大学教育学部附属中高等学校紀要』，Vol. 27，1982，89頁.
2）内閣府科学技術政策・イノベーション担当，第3期科学技術基本計画，http://www8.cao.go.jp/cstp/kihonkeikaku/honbun.pdf，2006，18頁，2013年6月1日取得.

３）長谷川榮，『教育方法学』，協同出版，2008，169-170頁.

第2節

４）国立教育政策研究所教育課程研究センター，「平成15年度小・中学校教育課程実施状況調査　質問紙調査集計結果　─理科─」，http://www.nier.go.jp/kaihatsu/katei_h15/H15/03001040000007003.pdf，2005，93-141頁，2013年3月20日取得.

５）村松泰子編，『理科離れしているのは誰か　全国中学生調査のジェンダー分析』，日本評論社，2004，134頁.

６）松井一幸，高須明，高橋守，前掲書，87頁.

７）文部科学省，『中学校学習指導要領』，東山書房，2008，57-62頁.

８）同上書，59-60頁.

第3節

９）Murphy, P. & Whitelegg, E.: *Girls in the Physics Classroom A Review of the Research on the Participation of Girls in Physics*, http://www.iop.org/education/teacher/support/girls_physics/review/file_41599.pdf, The Open University, 2006, p. 4, 2013年6月1日取得.

10）Whitelegg, E. & Edwards, C.: Beyond the Laboratory ─Learning Physics Using Real-life Contexts, in Behrendt, H. et al. (eds.), *Research in Science Education ─ Past, Present, and Future*, 2001, pp. 337-342.

11）Tindall, T. & Hamil, B.: Gender Disparity in Science Education: The Causes, Consequences, and Solution, *Education*, Vol. 125, Issue 2, 2004, pp. 283-284.

12）Labudde, P., Herzog, W., Neuenschwander, M. P., Violi, E. & Gerber, C.: Girls and Physics: Teaching and Learning Strategies Tested by Classroom Interventions in Grade 11, *International Journal of Science Education*, Vol. 22, No. 2, 2000, p. 148.

13）Smail, B.: *Girl-friendly Science: Avoiding Sex Bias in the Curriculum*, Longman, 1984, pp. 27-28.

14）European Commission Directorate-General for Research: *She Figures 2006 Women and Science Statistics and Indicators*, 2006, p. 39.

15）内閣府男女共同参画局：『男女共同参画白書（平成17年版）』，独立行政法人国立印刷局，2005，41頁.

16）Ponchaud, B.: The Girls into Physics Project, *School Science Review*, Vol. 89,

No. 328, 2008, pp. 63-64.

17) Murphy, P. & Whitelegg, E., *op. cit.*, pp. 18-19.

18) 平田雅子，『New ベッドサイドを科学する　―看護に生かす物理学』，学習研究社，2000.

19) 青木和夫編，『系統看護学講座 基礎 1 物理学』，医学書院，2000.

20) 佐藤和艮，『看護学生のための物理学』，医学書院，2008.

21) Smail, B.: Organizing the Curriculum to Fit Girls' Interests, in Kelly, A. (ed.), *Science for Girls?*, Open University Press, 1987, pp. 86-87.

22) 高江洲瑩，「女子化学教育の現状と問題点―実験学習を通して見た生徒の興味について―」，『化学教育』，第32巻，第 1 号，1984，5-6頁.

23) 檀上慎二，「女子校と物理」，『物理教育』，第48巻，第 4 号，2000，318-320頁.

24) Murphy, P. & Whitelegg, E., *op. cit.*, pp. 18-22.

25) 花吉直子，大髙泉，「context-based approach における context に関する研究―Salters advanced Chemistry の分析を中心として―」，『日本理科教育学会 第57回全国大会 愛知大会論文集』，p. 194，2007，日本理科教育学会や，沓脱侑記，磯﨑哲夫，「context-based approach の研究（1）―その基本的な考え方―」，『日本理科教育学会 第58回全国大会 福井大会論文集』，p. 345，2008，日本理科教育学会，などにおいて context-based アプローチの理念，教授方法や効果が紹介されている。

26) Bennett, J.: *Continuum Studies in Teaching and Learning Teaching and Learning Science A Guide to Recent Research and Its Applications*, Continuum Intl Pub Group, 2005, pp. 99-102.

27) Gilbert, K.: On the Nature of "Context" in Chemical Education, *International Journal of Science Education*, Vol. 28, No. 9, 2006, p. 968.

28) Häussler, P. & Hoffmann, L.: A Curricular Frame for Physics Education: Development, Comparison with Students' Interests, and Impact on Students' Achievement and Self-Concept, *Science Education*, Vol. 84, No. 6, 2000, p. 704.

29) Kahle, J. B. & Meece, J.: Research on Gender Issues in the Classroom, in Gabel, D. L. (ed.), *Handbook of Research on Science Teaching and Learning*, Simon & Schuster Macmillan, 1994, pp. 546-547.

30) Barrett, C. et al.: *Physics on a Plate Supported Learning in Physics Project*, Heinemann, 1997.

31) 岡村定矩，藤嶋昭ほか，『新しい科学 1 年』，東京書籍，2011年検定済教科書.

76-79頁.

32）霜田光一ほか，『中学校科学2』，学校図書，2011年検定済教科書，22-23頁.

第4節

33）Jorde, D. & Lea, A.: Sharing Science: Primary Science for Both Teachers and Pupils, in Parker, L. H. et al. (eds.), *Gender, Science and Mathematics*, Kluwer Academic Publishers, 1996, pp. 163-164.

34）Labudde, P., Herzog, W., Neuenschwander, M. P., Violi, E. & Gerber, C., *op. cit.*, pp. 147-148.

35）Kreinberg, N. & Lewis, S.: The Politics and Practice of Equity: Experiences from Both Sides of the Pacific, in Parker, L. H. et al. (eds.), *Gender, Science and Mathematics*, Kluwer Academic Publishers, 1996, p. 196.

36）Smail, B., 1987, *op. cit.*, pp. 86-88.

37）Jorde, D. & Lea, A., *op. cit.*, p. 163.

38）*Ibid.*, pp. 160-161.

39）エヴリン・フォックス・ケラー，幾島幸子，川島慶子訳，『ジェンダーと科学』，工作舎，1993，18頁.

40）ロンダ・シービンガー，小川眞里子，東川佐枝美，外山浩明訳，『ジェンダーは科学を変える!?』，工作舎，2002，159-172頁.

41）Hildebrand, G. M.: Disrupting Hegemonic Writing Practices in School Science: Contesting the Right Way to Write, *Journal of Research in Science Teaching*, Vol. 35, No. 4, 1998, pp. 347-349.

42）*Ibid.*, pp. 359-360.

43）Hildebrand, G. M.: Re/Writing Science from the Margins, in Barton, A. C. & Osborne, M. D. (eds.), *Teaching Science in Diverse Settings*, Peter Lang Publishing, 2001, pp. 167-170.

44）*Ibid.*, pp. 182-184.

45）国立教育政策研究所教育課程研究センター，「平成15年度教育課程実施状況調査（小学校・中学校）質問紙調査集計結果 －国語－」，http://www.nier.go.jp/kaihatsu/katei_h15/H15/03001010000007003.pdf，2005，16頁，181-203頁，2013年3月20日取得.

46）島野誠大，「男子校と女子校における iPad による音の3要素の学習」，『十文字中学・高等学校紀要』，第34号，2012，101頁.

47） 倉澤栄吉，森久保安美，『作文教育の実践指導 第1巻 作文指導の原理と方法』，学習研究社，1993，42-49頁.

48） 同上書，43頁.

49） 倉沢栄吉，「機会と場を生かす作文指導－だれでも・どこでも・どの子にも－」，新光閣書店，1976，10頁.

50） 倉澤栄吉，森久保安美，前掲書，45-46頁.

51） Smail, B., 1987, *op. cit.*, p. 83.

52） Labudde, P., Herzog, W., Neuenschwander, M. P., Violi, E. & Gerber, C., *op. cit.*, p. 148.

53） Farmer, B.: 'Do You Know Anyone Who Builds Skyscrapers?' SOS－Skills and Opportunities in Science for Girls, in Parker, L. H. et al. (eds.), *Gender, Science and Mathematics*, Kluwer Academic Publishers, 1996, pp. 170-171.

54） 山下修一，「協同の学びと理科学習」，大髙泉編，『新しい学びを拓く 理科授業の理論と実践－中学・高等学校編－』，ミネルヴァ書房，2013，149頁.

55） 大黒孝文，「第8節 協同学習・協調学習」，日本理科教育学会編，『今こそ理科の学力を問う－新しい学力を育成する視点－』，東洋館出版社，2012，163頁.

56） 同上書，164頁.

57） 宮田斉，「理科授業における"循環型の問答―批評学習"の利用効果－小学6年「電流と電磁石」の単元の授業を通して－」，『理科教育学研究』，Vol. 45，No. 2，2004，45-52頁．宮田斉，「ガスバーナーの操作技能指導における"循環型の問答－批評学習"の利用効果」，『理科教育学研究』，Vol. 46，No. 2，2006，57-64頁など。

58） 鈴木久米男，戸北凱惟，「中学校理科における観察・実験項目に対する学習者の認識」，『科学教育研究』，Vol. 25，No. 4，2001，227頁.

59） Häussler, P. & Hoffmann, L.: An Intervention Study to Enhance Girls' Interest, Self-Concept, and Achievement in Physics Classes, *Journal of Research in Science Teaching*, Vol. 39, No. 9, 2002, pp. 884-885.

60） Labudde, P., Herzog, W., Neuenschwander, M. P., Violi, E. & Gerber, C., *op. cit.*, p. 148.

61） Parker, L. H. & Rennie, L. J.: Teachers' Implementation of Gender-inclusive Instructional Strategies in Single-sex and Mixed-sex Science Classrooms, *International Journal of Science Education*, Vol. 24, No. 9, 2002, pp. 885-895.

62） 山下修一，「中等学校理科教育における構成されたグループコミュニケーション

活動の課題」,『理科教育学研究』, Vol. 48, No. 2, 2007, 4頁.

63) 同上書, 4頁.

64) 同上書, 4頁.

65) 湯本文洋, 西川純,「理科実験における学習者の相互行為の実態と変容に関する研究」,『理科教育学研究』, Vol. 44, No. 2, 2004, 83頁.

66) 鈴木久米男, 戸北凱惟, 前掲書, 228頁.

67) 宮田斉, 2004, 前掲書, 45頁.

68) Kato, A. & Yoshida, A.: Gender Issues in Science Education in Japan, *Journal of Science Education in Japan*, Vol. 27, No. 4, 2003, pp. 264-265.

69) 中井俊已,『なぜ男女別学は子どもを伸ばすのか』, 学研パブリッシング, 2010.

70) 友野清文,「米国における男女共学・別学論の動向」,『学苑』, 昭和女子大学, No. 871, 2013, 31頁.

71) 同上書, 47-48頁.

第5節

72) R. K. ソーヤー, 森敏昭, 秋田喜代美監訳,『学習科学ハンドブック』, 培風館, 2009, 157頁.

第4章　中学校理科「仕事の原理」における授業実践

第1節　授業の内容と展開

1．授業実践の対象

　平成20年告示の学習指導要領によれば，中学校理科において「力学」に関する内容には，第1分野の第1学年の（1）身近な物理現象の中の「力と圧力」と，第3学年の（5）運動とエネルギーが該当する[1]。その中から本実践では，第3章第2節で示したように，第3学年の内容を選択し，この学習指導要領改訂において新規に追加された項目で，教科書において女子にあまり身近でない題材が多用されている「仕事の原理」の学習に関して授業開発を行うこととした。この学習内容は，第3学年の大単元「運動とエネルギー」の中の単元「力学的エネルギー」に含まれ，仕事に関する実験を行い，仕事と仕事率について理解すること[2]を目指している。なお，第3章の表3-2において，「力学」に関する内容は，第1学年の「力と圧力」の方が，第3学年の「運動の規則性」よりも女子の好感度と理解度の自己認識が低くなっている。しかし，この表の調査は旧学習指導要領が実施されていたときに行われており，当時の第1学年の「力と圧力」の内容の一部が，平成20年告示の学習指導要領では第3学年の「運動とエネルギー」に移行し，現在の第3学年の「力学」の内容が大きく増えている。そのため，平成20年告示の学習指導要領の下で，どちらの学年の内容に対して女子の苦手意識がより強いかを判別することは困難である。さらに，第1章で指摘したように，理科に対する意識の男女差は中学校第2学年，第3学年で顕著になることも考慮

に入れ，本研究では第3学年の「力学」の内容の教授に介入することとした。授業に導入する教材および活動は後述する。

　開発した授業は，茨城県内の公立中学校の第3学年3学級において実践した。この学校で使用されている理科教科書の大単元「運動とエネルギー」は，「運動の速さと向き」「力がはたらく運動とはたらかない運動」「仕事とエネルギー」の3つの節から構成され，「仕事の原理」の内容を含む「仕事とエネルギー」の節の進行と主な学習内容は表4-1の通りである。教科書のこの節で登場する題材や実験器具は，ばねばかり，滑車，おもり，てこ，クレーン車，鉄球，ダム，水車，自動車，力学台車，記録タイマー，振り子，トランポリン，モーター，太陽電池，スピーカー，自転車，ジェットコースターなどである。いずれも生徒に身近なものを取り上げようとしていることが推測されるが，女子の興味・関心が高かったり，女子の経験が豊富であったりする題材とは言い難い。対象学級は，新学習指導要領への移行用の教科書補助教材を用いて，滑車やてこの事例で「仕事の原理」を学習し，この節の学習を完了した直後であった。なお，本研究では，力の大きさと力をはたらかせる距離の関係に着目させ，「仕事の原理」を理解させるための1時間の授業を開発した。

　本研究で開発した授業を実践したのは，この中学校で理科授業を担当している男性教師である。この教師は，本研究の授業実践の以前から筆者の研究内容に強い関心をもち，筆者との意見交換を繰り返し，女子の理科学習の問題点およびそれらの改善の必要性を十分に理解している。また，理科に関する教師のジェンダー固定観念が授業中の言動に表出することも認識しており，自らの言動に留意しながら授業を進行する準備が整っていたといえる。そして，その教師が主導的に授業を展開し，筆者が参与観察をしながら，授業中の体験的活動のサポートをする形で授業を実践することとなった。

表 4-1　中学校理科教科書における「仕事とエネルギー」の節の進行と学習内容

単元の進行	学習内容
1　エネルギーとは何だろうか	◆　エネルギーの定義
2　仕事とは何か	◆　仕事の定義・仕事の単位 ◆　物体をもち上げる仕事 ◆　物体を床の上で動かす仕事
3　道具を使った仕事を調べよう	◆　実験：動滑車を使った仕事を調べる ◆　てこを利用した仕事 ◆　仕事の原理　←【本実践授業の対象】
4　一定の時間にする仕事を考えよう	◆　仕事率
5　物体の運動をエネルギーで考えよう	◆　位置エネルギー ◆　運動エネルギー ◆　実験：運動エネルギーの大きさを調べる ◆　力学的エネルギーとその保存
6　いろいろなエネルギーを調べよう	◆　弾性・電気・熱・光・音エネルギー
7　エネルギーの移り変わりを調べよう	◆　実験：エネルギーの移り変わりを調べる ◆　エネルギーの保存 ◆　エネルギーの有効な利用

（出典：戸田盛和ほか，『新版 中学校理科 1 分野下』，大日本図書，平成17年 2 月検定済，2009，
　　64-73頁および移行用補助教材より作成。）

2．教材および学習活動

1）看護的文脈による体位変換を用いた教材

　前章において取り上げた看護師養成の学校で使用されている物理学のテキストでは，人体や看護場面を利用した力学概念の説明が多く載せられている。その中には，「仕事の原理」に関連する有用な事例も見られる。一例として，体位変換における「てこ」の原理の利用が挙げられる。ベッドのシーツを交換するときなどに，患者を「仰臥位から側臥位に」しなければならないが，この時に，「てこ」の原理，すなわち「仕事の原理」を利用すると，作業をスムーズに行うことができる。平田雅子著のテキストを参考にすると，まず，

患者の両腕を胸で交差させ，手は肩の位置に置き（このとき倒す方向にある腕を下側にすると，側臥位にするとき腕がくずれない），両膝をなるべく垂直に立てる。次に，患者の膝を手前に倒すと腰が回転し，続いて背中，頭部についてきて側臥位になる。このあと肩と腰を手前に引くと，背筋の緊張が和らぎ，患者にとって楽な姿勢となる[3]。この体位変換における大きなポイントの一つは，両膝を立てて回転させることである。このとき，垂直に近い角度に膝を立てることによって，回転の支点からの距離が長くなるために，小さな力で膝を倒すことができる。この部分がまさに「てこ」の原理を利用しており，「仕事の原理」の学習内容と一致するのである。「てこ」において，支点からの距離が加える力に影響を及ぼすことは，本実践で対象とする生徒も小学校5年生の理科ですでに学習しているため，それほど難易度の高い内容ではないと考えられる。また，通常の「仕事の原理」の学習においても，「てこ」は題材として用いられており，「仕事の原理」の学習において，看護的作業から「てこ」への学習の展開は，中学生にとって十分に理解可能であり，学習すべき内容から逸脱することもない。そこで，この「患者を仰臥位から側臥位にする」という看護的な体位変換を，「仕事の原理」の授業の中心に位置づけることにした。

　理科授業におけるこの看護的な体位変換の利用は，「人体」を題材にしているため，女子の理科学習に対する意識と態度の改善を期待できる。しかも，看護の文脈は，看護師という女子にとって身近な職業を取り上げるため，「患者を手助けする」という学習の必要性を実感しやすい目標を提示することができる。加えて，context-based アプローチのように，授業の冒頭からまとめに至るまで，一貫して看護の文脈を用いる授業展開にすることも困難ではない。さらに，小さな力で患者を仰臥位から側臥位にするという問題解決活動を設定し，男女別の集団編成で，協同的に取り組ませることも可能である。つまり，前述の「教材の選択方法」と「活動の設定方法」の合計6つの授業開発の視点のうち，「生物や人体に関する題材の利用」，「教授展開に

おける女子と関連のある文脈の利用」,「活動における協同性の重視」,「男女
別の集団編成の導入」の4点を一単位時間に盛り込むことができる。なお,
この実践授業で用いた看護的な体位変換の活動は,「仕事の原理」という学
習内容を直接含んでおり,内容の理解に直結する「教材」であり,かつ「学
習活動」でもある。そして,「活動における協同性の重視」と「男女別の集
団編成の導入」は,学習内容を含んでいないため,学習内容の教授に対して
周辺的な方策であるといえる。

2）授業の構成と展開

　「仕事の原理」の一単位時間（50分）の授業構成と展開は次のとおりであ
る。まず,生徒に看護師の仕事を想像させることから授業を開始し,様々な
仕事をこなす看護師は,自身の体への負担を減らすために,それぞれの作業
を小さな力でできるコツを知っていることを説明し,その一つとして,てこ
の原理があることを示した。このように授業の冒頭から看護師を導入し,
context-based アプローチで強調されているように,これから先の学習内容
が生徒たちにとって“need to know”という状況になるようにした。それ
から,「あお向けの人を小さな力で横向きにするにはどうしたらよいか」と
いう課題を生徒に与えた。そして,体育で使用するマットを理科実験室の床
に6枚敷き,その上で生徒たちが看護師役と患者役を体験し,協力しながら
考えるように促した。この活動は相手の体に触れなければならないだけでな
く,「男女別の集団編成」の利用効果も調査するため,男女は別のグループ
で活動させた。なお,この集団編成を実施することについては,授業担当教
師から了解を得られた。次に,体験活動中に生徒から提案された「小さな力
で患者を横向きにするアイデア」については,他のグループの生徒にも試さ
せ,成功するかどうかを確かめさせた。最終的に,患者のひざを立て,その
ひざを自分側にゆっくり倒すことでほとんど力を使わずに横向きにできるこ
とを実感できたら,どうして小さな力でできたのかを小グループで議論させ,

表 4-2　開発した「仕事の原理」の授業展開

学習内容・教師のはたらきかけ	生徒の学習活動
①「看護師の仕事を想像してみよう」 ・看護師の様々な仕事を図で表示する。 ・患者を持ち上げたり，赤ちゃんを抱いたり，重いものを持つときの看護師の工夫を図示しながら説明する。	・思いつく看護師の仕事を発表する。
②「看護師は体に負担をかけないように，小さな力で仕事をする工夫をしている。そこでは，てこの原理が使われている」 ・支点から力点までの距離と力の関係を定性的に説明する。 ・てこを利用した様々な道具を挙げる。	・小学校の時の既習事項である「てこ」を思い出す。
③「あお向けの患者さんを小さな力で横向きにするにはどうしたらいいだろう」 ・患者のひざを立て，腕を胸の前で組ませ，ひざを自分側にゆっくり倒すと小さな力で簡単に横向きにできる。	・2〜3人のグループで，マット上で体験してみる。 ・よい方法が見つかったら発表する。
④「どうして小さな力であお向けの人を横向きにできたのだろうか」 ・ひざを立てることで支点と力点の距離がどうなったかに注目させる。 ・ワークシートにその理由を書かせる。	・グループで議論する。 ・小さな力で横向きにできた理由を絵や言葉で説明する。

考えさせた。授業の最後に，「どうして小さな力であお向けの人を横向きにできたのだろうか？」を問うワークシートを配布し，生徒各自に言葉や絵でその理由を説明させた。ここではひざの移動距離と力の関係が，仕事の原理（てこの原理）となっているが，その正答だけに固執せず，生徒が考えた多様な理由を尊重し，生徒間で共有するように促した。この一単位時間の授業の展開を表4-2に示す。

　実践授業では，看護的な活動を通して，男女ともに認知面については，「仕事の原理」を理解することを目標とし，女子の情意面と態度については，授業を楽しみ，積極的に体験活動に参加することを目指す。なお，この授業

ではこれらの点を目標としていたため，てこの原理を用いた計算や仕事を求める公式などには直接にはふれていない。

3．授業の評価方法

　実践授業は次のように評価を行った。第一に，授業の参与観察と，デジタルカメラおよびビデオカメラによる撮影によって，生徒の活動の様子を主に男女差の観点から分析した。第二に，生徒の認知的側面と情意的側面を測る質問紙調査を実践授業の前後に実施した。前者は生徒の「仕事の原理」に関する物理概念の理解度を，後者は理科学習に対する意識や実践授業を受けた感想などを尋ねる設問を用意した。認知的側面に関しては，実践授業での学習内容がすでに学習済みであったため，てこの原理を数学的に解く問題については，授業前後の質問紙で数値だけを変え，「仕事の原理とは何か」を自由記述によって説明する問題については，全く同じ設問を用意した。情意的側面については，授業前後で理科に対する意識が変容したかどうかを探る同一の設問に加え，授業後の質問紙には，生徒による授業の評価を問う設問も用意した。なお，授業前の質問紙調査は，実践授業の前日に実施し，授業後の質問紙調査は実践授業の終了直後に実施した。第三に，授業の最後に「どうして小さな力であお向けの人を横向きにできたのだろうか？」を絵や文章を用いて自由に説明させるワークシートによって，「仕事の原理」を生徒がどの程度理解できたかを調査した。授業前後に使用した質問紙と，授業中に課したワークシートについては，資料 4-1 から 4-3 に示す。

第 2 節　授業実践の結果

　本研究で開発した「仕事の原理」の授業は，平成21年 7 月上旬に茨城県内の公立中学校第 3 学年 3 学級（男子50名，女子43名）において，各学級 1 単位時間ずつ実践した。前述のように，対象学級にて通常の理科授業を担当して

いる教師が主導的に授業を実践し，筆者は生徒の活動の様子を観察しながら，体験活動のサポートを行った。前節の表4-2に基づいた授業展開が行われたが，時間の都合上，小さな力であお向けの人を横向きにできた理由と力学における「仕事の原理」との関係を，教師が生徒の意見を総括し，解説するには至らなかった。授業実践の対象と内容をまとめると表4-3のようになる。

第1項　授業前の質問紙調査の結果

最初に，授業実践前の質問紙調査の結果を見ていく。質問紙は，資料4-1に示したように，学習内容の理解を明らかにするための，てこの原理の理解を問う計算問題4題と「仕事の原理」を説明させる記述問題1題，さらに，理科に対する意識を明らかにするための，理科の勉強や実験の好き嫌い，日常生活や将来への理科の有用感，内容理解の自己認識などの4段階尺度で選択させる問いの9題と，理科の好き嫌いの理由，理科に関係する職業，理科のイメージを問う自由記述式の問いの3題から構成されている。本項ではまず，授業実践前の質問紙調査における理科に対する意識に関する設問の結果から論じ，その後，内容の理解度について分析する。

1．理科に対する意識

まず，選択式の問題では，生徒の回答のうち，「そう思う」を1，「どちらかといえばそう思う」を2，「どちらかといえばそう思わない」を3，「そう思わない」を4と得点化し，各質問項目の男女の平均値を算出した。また，男女間の有意差の検定についてはt検定を用いた。選択式問題における男女の回答の平均値およびt値を表4-4に示す。平均値が小さいほど肯定的回答が多いことを示すため，「理科の第2分野の勉強が好きである」を除く全ての質問項目で，男子の方が女子よりも肯定的に回答していることがわかる。また，検定の結果，「日常生活で理科は役に立つと思う」の項目で男女間に有意な差が見られ，女子の方が男子よりも有用性を感じておらず，「普段の

表 4-3　「仕事の原理」の授業実践の対象と内容

授業実施時期	平成21年7月7日	
実施校	茨城県内公立中学校	
対象学年，学級，人数	第3学年，3学級，計93名（男子50名，女子43名）	
実施時間	各学級1単位時間（45分[註]）ずつ	
授業者	通常の理科担当教員が主となり，筆者が体験活動の補助を行った。	
実施場所	理科室	
使用器具，道具	ノートパソコン，液晶プロジェクター，スクリーン，マット（体育館から借用）	
授業展開	①看護師の仕事を想像させる。	約15分
	②看護的作業とてこの原理の関係を説明する。	
	③体験活動を通して体位変換の方法を考えさせる。	約15分
	④小さな力で体位変換ができた理由を考察させる（ワークシートを記入させる）。	約15分
活動のグループ編成	同性の2人で1グループとし，体験活動を行わせた。	
授業評価	観察	生徒の授業中の態度，体験活動への参加状況を探る。
	質問紙調査 　授業実践前：実践の前日 　授業実施後：実践の直後	生徒の理科に対する意識と授業に対する感想，学習内容の理解度を探る。
	ワークシート	生徒の記述内容から学習内容の理解度を探る。

註）実践日は短縮時間割の日であったため，1単位時間は45分であった。

理科の授業の内容を理解できている」の項目では男女差に有意傾向が表れ，女子の方が男子よりも理解できていないと思う傾向が見られた。さらに，女子の「第1分野」と「第2分野」の勉強の好き嫌いにも有意差（$t(42) = 2.280, p < .05$）が見られ，「第1分野」の方が好まれていないが，男子には分野による好き嫌いに有意差はなかった。全国的な中学生の傾向と同様に，

表 4-4　授業前の質問紙調査における男女の回答の平均値と男女差の検定結果

質問項目	平均値		t 値	男女間の有意差
	男子	女子		
理科の勉強が好きである。	2.34	2.44	−0.504	なし
理科の勉強は大切である。	2.14	2.19	−0.244	なし
将来,「理科に関係する職業」につきたい。	3.29	3.49	−1.010	なし
理科の第1分野の勉強が好きである。	2.54	2.72	−0.900	なし
理科の第2分野の勉強が好きである。	2.42	2.33	0.512	なし
理科の勉強で, 実験や観察をするのが好きである。	1.92	2.19	−1.437	なし
日常生活で理科は役に立つと思う。	2.17	2.57	−2.145	$p < .05$
自分にとって将来, 理科は役に立つと思う。	2.50	2.81	−1.465	なし
普段の理科の授業の内容を理解できている。	2.33	2.70	−1.884	$.05 < p < .10$

註1)「そう思う」: 1,「どちらかといえばそう思う」: 2,「どちらかといえばそう思わない」: 3,「そう思わない」: 4 までの4段階の平均値
註2) t 検定は, df＝91（ただし授業後と同一の設問については, 人数を揃えて検定したため df＝77）である。

対象校の女子も第2分野よりも第1分野を好んでいないことが明らかとなった。

　選択式問題において, 女子が有意に（あるいは有意傾向に）低かったのは,「日常生活で理科は役に立つと思う」と「普段の理科の授業の内容を理解できている」の2問だけであった。これは, 対象校では女子の理科嫌いが顕著ではないことを示しているのだろうか。本調査の「理科の勉強は好きである」という設問に対して,「そう思う」あるいは「どちらかといえばそう思う」と回答した（以下, これらを肯定的回答と示し,「そう思わない」あるいは「どちらかといえばそう思わない」という回答を否定的回答と示す）女子の合計の割合

は56％で，男子の58％と差はほとんど見られない。一方，平成15年度の教育
課程実施状況調査における同設問において，肯定的回答をした中学3年生の
女子の割合は57％，男子の割合は73％であり[4]，その差は比較的大きい。本
実践の対象校の女子は，全国的な調査結果と肯定的回答の割合の値が近く，
男子の方が全国的な傾向よりも大幅に低くなっている。つまり，対象校の女
子の理科嫌いは顕著ではなく，女子が理科を好んでいるというよりも，男子
の理科好きが全国的な平均から見てかなり少ないことがうかがえる。このこ
とは，裏を返せば，男子の理科好きが少なければ，それに伴って女子の理科
好きはさらに少なくなることが予想されるものの，女子がその男子と同程度
に理科好きであるということを示しており，対象校では理科好きの女子を増
やすのに効果的な授業を行っていると捉えることも可能である。しかし，対
象校において，理科の好き嫌いに関する男女差がほとんど見られない要因を，
この調査から推し量ることはできず，前述のように，質問項目のうち2問で
は男女差が現れ，女子の方が男子よりも否定的であることも併せると，対象
校で女子に特異的に有効な理科授業が行われているとは断言できない。さら
に，表4-4において，否定的回答の人数が，肯定的回答の人数を上回ってい
ることが予想される平均値2.5以上となった質問項目が女子では，「将来，
「理科に関係する職業」につきたい」，「理科の第1分野の勉強が好きである」，
「日常生活で理科は役に立つと思う」，「自分にとって将来，理科は役に立つ
と思う」，「普段の理科の授業の内容を理解できている」と5項目もあり，質
問項目の半数以上を占めており，男子の3項目と比較しても多いことから，
対象校においても（たとえ，女子の理科学習促進に効果的な授業が行われていたと
しても），女子の理科離れは看過できない状況にあることは間違いない。そ
れに加えて対象校では，男子の理科離れも深刻な状況であることに留意しな
ければならない。

　続いて，表4-4の質問項目「理科の勉強が好きである」に対して「そう思
う」あるいは「どちらかといえばそう思う」と回答した「理科好きの女子」

（24人）と，「そう思わない」あるいは「どちらかといえばそう思わない」と
回答した「理科嫌いの女子」（19人）に分け，その他の質問項目の回答傾向
に違いが見られるかを分析した。その結果，表4-5のようにすべての質問項
目において「理科好きの女子」と「理科嫌いの女子」の平均値には有意差が
あり，「理科好きの女子」の方が「理科嫌いの女子」よりも明らかに理科に
対して肯定的な意識をもっていることがわかる。特に，「理科嫌いの女子」
については，「将来，「理科に関係する職業」につきたい」，「理科の第1分野
の勉強が好きである」，「自分にとって将来，理科は役に立つと思う」，「普段

表4-5　授業前の質問紙調査における「理科好きの女子」と「理科嫌いの女子」の
　　　　回答の平均値と有意差の検定結果

質問項目	平均値		t値	理科好きと理科嫌いの有意差
	理科好きの女子	理科嫌いの女子		
理科の勉強は大切である。	1.96	2.58	−3.100	$p < .05$
将来，「理科に関係する職業」につきたい。	3.04	3.95	−4.300	$p < .05$
理科の第1分野の勉強が好きである。	2.33	3.21	−3.427	$p < .05$
理科の第2分野の勉強が好きである。	2.08	2.63	−2.231	$p < .05$
理科の勉強で，実験や観察をするのが好きである。	1.75	2.74	−4.369	$p < .05$
日常生活で理科は役に立つと思う。	2.29	2.95	−3.064	$p < .05$
自分にとって将来，理科は役に立つと思う。	2.33	3.32	−4.231	$p < .05$
普段の理科の授業の内容を理解できている。	2.24	3.21	−4.596	$p < .05$

註1）「理科好きの女子」とは，質問項目「理科の勉強が好きである」に肯定的回答をした女子で，
　　　「理科嫌いの女子」とは，その質問項目に否定的回答をした女子である。
註2）「そう思う」：1，「どちらかといえばそう思う」：2，「どちらかといえばそう思わない」：3，
　　　「そう思わない」：4までの4段階の平均値
註3）t検定の自由度（df）は28〜41である（質問項目によっては，不等分散であるため）。

の理科の授業の内容を理解できている」の4項目で平均値が3を超え，否定的な意識を強くもっていることが窺える。さらに，「理科嫌いの女子」では，「理科の勉強は大切である」や「理科の勉強で，実験や観察をするのが好きである」の項目ですら，それらの平均値が選択肢の中央値である2.5を上回っており，生徒が比較的好む実験や観察などの活動にも肯定的な意識をもてない状況にいることがわかる。これらのことから，女子の中でも理科好きと理科嫌いでは，理科に対する意識が大きく異なり，「理科嫌いの女子」が理科学習から極端に離れていることが懸念される。

　次に，記述式問題の回答に着目する。理科の勉強の好き嫌いを尋ねた選択式問題の後に尋ねた好き嫌いの理由に対する回答をまとめると表4-6のようになる。この結果から，理科好き（肯定的回答）の生徒の半数近くは，その

表4-6　授業前の質問紙調査における理科の好き嫌いの理由

理科の好き嫌い	好き嫌いの理由	男子（人）	女子（人）
肯定的回答「好き」あるいは「どちらかといえば好き」	実験や授業のおもしろさ・楽しさ	15	12
	好きな内容と嫌いな内容があるから	2	2
	あまり好きではない	0	2
	その他（一人ずつ異なる回答）	7	7
	無回答	5	4
否定的回答「きらい」あるいは「どちらかといえばきらい」	難しい・わかりづらい	7	13
	計算があるから	1	4
	なりたい職業に関係ない・将来に役立たない	1	3
	興味ない	0	2
	めんどくさい	2	0
	実験は好き・楽しい	1	1
	その他（一人ずつ異なる回答）	6	4
	無回答	5	1

註）複数に該当する回答も見られたため，合計人数は回答者の人数とは一致しない。

理由として，実験や授業への好感度を挙げ，理科嫌い（否定的回答）の生徒の多くは，内容理解の困難性を示す傾向にあることがわかる。好き嫌いの各理由に対して，男女間に人数の有意な差があるかどうかの検定は，2×2のχ²検定を採用した（各理由を書いた男子・女子の各人数と，書かなかった男子・女子の各人数で集計表を作成した）。ただし，観測度数が10以下のセルがある場合には，2×2のフィッシャーの正確確率検定を用いた。その結果，否定的回答の理由として挙げられた「難しい・わからない」のみに，男女間の人数の偏りに有意傾向（両側検定：$p=0.0562$）が見られた。したがって，理科嫌いの女子は，男子よりも内容理解に困難を感じているといえる。さらに，理科嫌いの女子の無回答の人数は少なく，男子の回答に見られた「めんどくさい」，「つまらない」，「勉強がきらい」といった漠然とした回答はほとんど挙げられず，計算問題への苦手意識や，自身の将来との関係の希薄さを説明するなど，自身の理科嫌いを正当化するような主張が女子に多く見られた。

　続いて，「理科の勉強が役に立ったり，理科を勉強しないとできないような「理科に関係する職業」と聞いて，思いうかぶ職業を書いてください」という設問では，表4-7のような職業が複数挙げられた。男女ともに一人につき，最大で5種類の職業が挙げられていた。また，生徒が挙げた回答数の合計を，何らかの職業を回答した生徒（男女それぞれ）の人数で除した平均の記述個数は，男子で約1.7個，女子で1.8個とその差はほとんどない。この値に加え，「わからない」という回答が男女ともに3人ずついることから，中学校3年生であっても男女ともに「理科に関係する職業」を具体的にイメージできていないことが推測される。表4-7から，男女ともに多く挙げられたのは，科学者，医者，化学者の3種類だけである。女子には挙げられていなかった博士，研究員，大学教授といった回答が男子に見られ，逆に薬剤師，気象予報士，生物学者，獣医が女子に多いという傾向は興味深い。また，前述の「理科の好き嫌いの理由」と同様に，統計的に男女差を分析すると，男女差が有意であったのは「薬剤師」（両側検定：$p=0.0034$）だけで，有意傾向

表 4-7　授業前の質問紙調査における「理科に関係する職業」に対する回答

職業名	男子（人）	女子（人）
科学者	20	17
医者	7	6
薬剤師	0	7
化学者	5	6
博士	4	0
気象予報士	2	5
生物学者	0	3
宇宙飛行士	3	3
先生	2	2
天文学者	2	2
獣医	0	2
研究員・研究者	2	0
大学教授	2	0
わからない	3	3
無回答	6	5

註）男女それぞれ一人しか回答がなかった職業に
　　ついては，この表には示していない。

が見られたのは「生物学者」（両側検定：$p = 0.0951$）だけであった。これらを総合すると，女子の人体や生物に対する関心の高さが反映されていること，あるいは薬剤師や気象予報士は自身の生活やメディアなどで目にする女性が多いため，女子に身近な職業であることなどが予想される。しかし，男女ともにこの設問において「看護師」は挙げられなかった。男女間で思いうかぶ職業に若干の違いは見られるものの，男女共通して理科に関係する職業の認識が低いことが明らかとなった。

　最後に，「理科という言葉から思いうかぶイメージを自由に書いてくださ

表 4-8　授業前の質問紙調査における「理科のイメージ」に対する回答

回答例	男子（人）	女子（人）
実験	16	20
難しい	0	6
科学	5	3
実験器具・薬品など	4	4
化学	3	3
植物	3	2
謎をつきとめる	3	0
星・宇宙	0	2
おもしろい	0	2
爆発	2	0
白衣	2	0
特になし	3	0
わからない	2	0
無回答	4	6

註）男女それぞれ一人しか回答がなかった内容につい
　　ては，この表には示していない。

い」という設問では，表4-8のような回答が多くを占めた。男女ともに理科
から「実験」をイメージすることが多いことがわかる。前述と同様の検定の
結果，男女間に有意な差が見られたのは，「難しい」という回答だけであっ
た（両側検定：$p=0.0080$）。つまり，女子は男子よりも理科に「難しい」とい
うイメージももっており，第2章で述べたように，自然科学研究のハードな
イメージが中学生の女子にも浸透していることがうかがえる。男子について
は，謎の追究という肯定的な捉え方も一部に見られるが，爆発，白衣といっ
たマッドサイエンティストを連想させるような固定観念をもつ生徒もいるこ
とが明らかとなった。

　授業前の質問紙調査の結果をまとめておくと，理科に対する意識に関しては，対象校においても女子の理科離れは全国的な傾向と同様であったが，男子については全国的な傾向よりもやや低いことが明らかとなった。また，対象校の女子は男子よりも，「理科嫌い」の理由と理科のイメージのいずれにおいても，理解の困難性を多く挙げることが明らかとなった。

2．「仕事の原理」の理解状況

　授業前の質問紙調査における「仕事の原理」の理解度に関する設問の結果を見ていく。資料4-1に示したように，ここでは，問1にてこに関する計算問題を4題，問2に「仕事の原理」とは何かを説明させる記述問題を1題用意した。これらの問題の正誤人数を表4-9に示す。男女間に正答・誤答に関して有意差があるかどうかの検定は，観測度数が小さいセルが存在することを考慮し，2×2のフィッシャーの正確確率検定を採用した。検定の結果，いずれの設問においても男女間に有意差は見られなかった。対象校では，てこや滑車の事例で「仕事の原理」を学習した直後であり，これらの問題も学習内容を理解していれば解くことが十分に可能な基本的な問題である。しかし，表4-9のように，正答者は半数を下回り，問1の（2），（3）および問2については，誤答者が大半を占める結果となっている。問2では，「わか

表4-9　授業前の質問紙調査における「仕事の原理」に関する認知的問題の正誤人数

問題番号		男子（人）		女子（人）	
		正答	誤答	正答	誤答
問1	（1）	24	26	20	23
	（2）	5	45	3	40
	（3）	6	44	9	34
	（4）	18	32	12	31
問2		9	41	8	35

らない」と答えた男子が26人，女子が28人と非常に多くなっている。通常の授業では理解が困難な学習内容であると予想されるが，それに加えて，計算問題への苦手意識が強いことも考えられる。中学校段階までは理科学力に顕著な男女差は見られないという全国的な傾向と同様の結果が得られたが，学習内容への理解度がこのように低いことは看過できず，生徒にこの学習内容を確実に理解させるには，教科書通りの授業展開だけでは不十分であることが示唆された。

第2項　授業中の活動の様子

　本項以降では，開発した授業の実践について，評価を行うこととする。まず，授業の進行については，表4-2に示したように概ね展開することができたが，体験活動に予想以上の時間を費やしたため，授業の終末で「どうして小さな力であお向けの人を横向きにできたのだろうか」を考える時間において，学級全体の考えを集約し，結論を得てまとめることまでは至らず，小グループ内で意見交換し，各個人でワークシートを完成させるところまでで授業を終了することとなった。学級による授業の進行速度の違いから，学級全員の前で個人の考え方を発表する機会を得られた学級もあったが，教師が結論をまとめて全員を正しい考え方に導くような形にはせず，基本的には課題に対してオープンエンドな状態で終了した。

　授業の冒頭で看護師を話題として提供すると，生徒たちはいつもの理科授業と何か様子が違うと感じたのか，授業開始時に友人とおしゃべりをしていた生徒や，暑さのあまり集中力を欠き，うなだれていた生徒も教師の方を向き，内容に耳を傾ける姿勢が見られた。次に，「あお向けの人を小さな力で横向きにするにはどうしたらよいか」という体験活動に入ると，通常は理科の授業で床の上のマットに寝転がることなどないため，活動を躊躇する姿も見られたが，時間が経過するにつれ，生徒たちは看護師役と患者役を交替しつつ，小さな力で患者を横向きにする方法をグループ内で意見交換しながら，

熱心に試行錯誤するようになっていった。特に積極的だったのは，看護師の家族をもつ女子や，将来看護師になることを希望している女子で，率先して様々なやり方を試していた。体格のいい生徒を患者役にすると，ひざを立てて手前に倒すときと，何の工夫もせずに横向きにするときとの力の大きさの差をより実感できるため，そのような患者役がいた男子のグループでは簡単に横向きにできた際に，その驚きから歓声があがっていた。前述の正しい方法を発見するまでには，患者の足をクロスさせたり，肩を持ち上げたりするなど様々な方法が提案され，さらにその方法が他のグループでも試されるなど，男女ともに活発に活動していた。しかし，ほとんどの生徒が積極的に体験活動に取り組んだ一方で，見ているだけの消極的な女子や，マット上で活動とは関係のないプロレスごっこを始めてしまう男子もわずかに見られた。体験活動の際のグループについては，男女で分かれること以外は何も指定せず，生徒が自由にグループを作ったため，体験活動に集中できない生徒もいたのではないかと考えられる。授業担当教師と活動のグループ分けに関する綿密な打ち合わせと，生徒全員が二人組で他のグループと干渉せずに活動できる十分なスペースの確保が必要であることが示唆された。

　この体験活動において，ひざを曲げる高さができるだけ高い方が，小さな力で患者を横向きにできることに気付いたあと，通常の理科授業のグループにおいて，なぜ小さな力でできたのか，ひざの高さと力の大きさにはどのような関係があるのかを話し合わせた。体験活動と比較すると，それほど活発な意見交換は行われていなかったものの，この課題から逸れた会話をする生徒はほとんど見られなかった。そして，授業の最後に各自の考えを資料4-3に示したワークシートにまとめさせたが，女子の方が熱心に取り組んでおり，記述の完成度を高めたいと宣言し，休み時間などに仕上げて後から提出する女子もいた。授業全体の生徒の活動状況の観察からは，男子よりも女子の方が積極的かつ楽しそうに授業に参加している様子がうかがえた。

第3項　授業後の理科に対する意識

1．授業前後での意識の変容

　授業前後の質問紙調査における同一の設問は，「そう思う」から「そう思わない」までの4段階から自身に該当する回答を選択する設問4題（「理科の勉強は大切である」，「将来，「理科に関係する職業」につきたい」，「日常生活で理科は役に立つと思う」，「自分にとって将来，理科は役に立つと思う」）と，「理科」という言葉から思いうかぶイメージを自由に記述する設問1題である。まず，選択式問題の平均値について，授業前後の平均値を表4-10に示す。この表から女子は，授業後に，4つの質問項目全てで回答の平均値が肯定的に変化しているが，男子は日常生活と将来への理科の有用感がわずかに否定的な方向へと変化していることがわかる。しかし，対応のあるt検定の結果，授業前後で有意差が見られたのは，男女ともに「将来，「理科に関係する職業」につきたい」の質問項目だけであった（女子：$t(36)=2.307$，$p<.05$，男子：$t(41)=2.077$，$p<.05$）。一時間だけの授業ではあったが，「仕事の原理」における看護の文脈による体位変換を用いた授業展開が，理科の大切さや有用性に関する女子の認識の向上にわずかながら効果的であったことと，男女両方の「理科に関係する職業」への就業意欲の向上に有効であったことが示唆さ

表4-10　授業前後の質問紙調査の同一の設問と男女の回答の平均値

質問項目	男子　平均値		女子　平均値	
	授業前	授業後	授業前	授業後
理科の勉強は大切である。	2.14	2.12	2.19	2.08
将来，「理科に関係する職業」につきたい。	3.29	3.10	3.49	3.24
日常生活で理科は役に立つと思う。	2.17	2.31	2.57	2.43
自分にとって将来，理科は役に立つと思う。	2.50	2.57	2.81	2.65

註）「そう思う」：1，「どちらかといえばそう思う」：2，「どちらかといえばそう思わない」：3，「そう思わない」：4までの4段階の平均値

れた。また，4 つの質問項目において，授業後の男女間の平均値には有意差
は見られなかった。

　これら 4 項目のいずれも授業前の質問紙調査では，表 4-5 に示したように
「理科好きの女子」と「理科嫌いの女子」の平均値の間に有意差が見られた
が，授業後の質問紙調査では，「自分にとって将来，理科は役に立つと思う」
の項目だけは有意差が見られなくなった。これは，表 4-11 に示すように，
授業前における「理科好きの女子」では，この項目の平均値は2.33で，授業
後の同項目の平均値は2.38とほとんど変化しなかったのに対し，「理科嫌い
の女子」では，平均値が3.32から3.00へと改善したためである。他の 3 項目
については，「理科好きの女子」も「理科嫌いの女子」も平均値が肯定的な
回答へと変容しているものの，「自分にとって将来，理科は役に立つと思う」
の項目も含め，すべて授業前後での明確な有意差は出現しなかった。

　表 4-10 において，授業後に女子と男子の意識の変化が逆となった日常生
活と将来への理科の有用性に関する 2 つの設問について，各生徒の回答がど
のように変容したかを詳細に分析してみる。授業前から授業後に，「どちら

表 4-11　授業前後の質問紙調査の同一の設問における「理科好きの女子」と
　　　　　「理科嫌いの女子」の回答の平均値

質問項目	理科好きの女子平均値		理科嫌いの女子平均値	
	授業前	授業後	授業前	授業後
理科の勉強は大切である。	1.96	1.80	2.58	2.43
将来，「理科に関係する職業」につきたい。	3.04	2.85	3.95	3.75
日常生活で理科は役に立つと思う。	2.29	2.14	2.95	2.81
自分にとって将来，理科は役に立つと思う。	2.33	2.38	3.32	3.00

註 1 ）「理科好きの女子」とは，授業前の質問紙調査の質問項目「理科の勉強が好きであ
　　　る」に肯定的回答をした女子で，「理科嫌いの女子」とは，その質問項目に否定的回
　　　答をした女子である。
註 2 ）「そう思う」：1，「どちらかといえばそう思う」：2，「どちらかといえばそう思わな
　　　い」：3，「そう思わない」：4 までの 4 段階の平均値

かといえばそう思わない」から「そう思う」あるいは，「そう思わない」から「どちらかといえばそう思わない」などのように回答が肯定的に変化している生徒を"up"とし，逆に「そう思う」から「どちらかといえばそう思う」あるいは，「どちらかといえばそう思わない」から「そう思わない」といった具合に回答が否定的に変化している生徒を"down"として，その人数をまとめると表4-12のようになる。性別によって"up"・"down"に人数の偏りがあるかを確認するために，それぞれの設問について，2×2のフィッシャーの正確確率検定を行った。その結果，「日常生活で理科は役に立つと思う」（両側検定：$p=0.0472$）では，有意に女子の方が"up"し，男子の方が"down"しており，「自分にとって将来，理科は役に立つと思う」（両側検定：$p=0.0992$）では，女子の"up"している傾向が見られることが明らかとなった。このことに，日常生活の理科の有用性の認識は授業前には男女間に有意差が見られた（表4-4参照）ものの，授業後に男女間の有意差は見られなくなったことも加味すると，本授業実践を通して，女子の方が男子よりも理科の有用性を認識できるようになったといえる。前章で示したように，自身の学ぶ必要性と義務の実感によって，女子は学習へと向かう傾向が高いため，女子の理科に対する有用感を向上させた本実践は，女子の理科学習に対する意欲や動機づけを高めることにも功を奏すことが予想される。

　次に，理科のイメージを尋ねた記述式問題の授業前後での変化を見てみる。

表4-12　理科の有用感に関する設問において授業前後で回答が変化した人数

	「日常生活で理科は役に立つと思う」		「自分にとって将来，理科は役に立つと思う」	
	up	down	up	down
男子	3人	8人	6人	9人
女子	10人	4人	8人	2人

註）up：授業前後で回答が「どちらかといえばそう思う」から「そう思う」のように肯定的に変化した人数，down：授業前後で回答が「そう思う」から「どちらかといえばそう思わない」のように否定的に変化した人数

表 4-13　授業前後の質問紙調査における「理科のイメージ」に対する回答

	回答例	男子（人）		女子（人）	
		授業前	授業後	授業前	授業後
授業前からの記述	実験	16	19	20	12
	難しい	0	1	6	1
	科学	5	5	3	3
	実験器具・薬品など	4	6	4	3
	化学	3	3	3	4
	植物	3	2	2	3
	謎をつきとめる	3	3	0	0
	星・宇宙	0	0	2	2
	おもしろい	0	0	2	0
	爆発	2	1	0	0
	白衣	2	2	0	1
授業後の記述	科学者		3		3
	看護師・介護福祉士		0		3
	体		0		3
	日常生活		0		2
	昆虫		2		0
特になし		3	3	0	0
わからない		2	1	0	0
無回答		4	11	6	10

註）一人しか回答がなかった内容については，この表には示していない。

表 4-13 に授業前後での「理科のイメージ」に対する回答結果をまとめる。実験や実験器具・薬品などに関する記述が多い傾向は変化していないものの，授業後には男女ともに科学者や看護師・介護福祉士など，理科に関連する職業名が挙げられるようになった。女子については特に，授業後に「難しい」

というイメージをもつ生徒が減り、「看護師・介護福祉士」、「体」、「日常生活」といった本授業実践で取り扱った内容に関連する事象が挙げられている。理科が理解困難でハードな印象から，自身の生活に関連していたり，職業と結びついていたりすることを実感できる女子がわずかに増加したといえる。この設問から，わずか1時間の授業であっても，学習者の理科に対するイメージを変容させる可能性が示唆された。理科の毎時間の授業の積み重ねによって，学習者がもつ理科のイメージが強化されていくのは当然であり，「実験」を理科のイメージとして記述する生徒が多いのも，小学校時代から実験が理科授業で重視されてきた活動であることが反映されているといえよう。本調査では，理科に対してジェンダー固定観念的なイメージをもつ生徒はあまり見られなかったが，授業前に女子は男子よりも理科を難しい教科であるという印象をもっていることから，理科学習から遠ざかる危険性が高いと推測できる。女子にとって理科は身近で，自身の将来と密接に関連していることを印象づける授業を繰り返し行うことが必要であろう。なお，授業後の調査では，無回答だった生徒が男女ともに多く，調査自体に飽きてしまい書く気を失ってしまったのか，あるいは理科に特定のイメージを抱かなくなってしまったのかなど，その要因については定かではない。

2．本授業実践に関連する内容への意識

　授業後の質問紙調査には，授業前と同一の質問項目とは別に，本授業実践に関連する内容に対する意識を問う設問も加えた。ここでは，それらの設問の回答結果について見ていくことにする。これに該当する質問項目は，「看護師がどのような仕事をしているのか想像できる」，「体の仕組みやはたらき，動き方を知ることは大切である」，「自分の体を使った実験は楽しい」，「体を使った実験をもっとしてみたい」，「看護師ではない別の職業からも理科の勉強をしてみたい」の5題で，「そう思う」，「どちらかといえばそう思う」，「どちらかといえばそう思わない」，「そう思わない」の中から自分にあては

まるものを一つ選ぶ形式をとっている。回答の集計方法および男女間の有意
差の検定方法は表 4-4 と同様である。この 5 題の男女の平均値と t 値を
表 4-14 に示す。「看護師がどのような仕事をしているのか想像できる」につ
いては，女子の方が有意に肯定的に回答した。高校 3 年生が将来就きたい職
業として女子の第 2 位に位置している看護師[5]は，やはり女子に身近な職業
であり，仕事をイメージしやすいといえる。そして，本授業実践で看護師の
仕事を紹介してもなお，男子よりも女子の方がこの設問に有意に肯定的に回
答しているということは，看護師という題材が，男子よりも女子をより強く
引きつける可能性が高いといえるだろう。また，「体の仕組みやはたらき，
動き方を知ることは大切である」の設問については，肯定的回答に女子の方
が有意な傾向が見られ，女子は男子よりも人体に関する理解の重要性をやや
高く認識していることがわかる。このことは，先述した女子の興味・思考の
特性にも符合している。人体の理解への女子の関心の高さを活かし，人体を
用いて物理概念を教授することの有効性については，この結果のみから推し

表 4-14　授業後の質問紙調査における男女の回答の平均値と男女差の検定結果

質問項目	平均値		t 値	男女間の有意差
	男子	女子		
看護師がどのような仕事をしているのか想像できる。	2.13	1.74	2.324	$p < .05$
体の仕組みやはたらき，動き方を知ることは大切である。	2.13	1.79	1.957	$.05 < p < .10$
自分の体を使った実験は楽しい。	2.51	2.58	−0.309	なし
体を使った実験をもっとしてみたい。	2.56	2.66	−0.463	なし
看護師ではない別の職業からも理科の勉強をしてみたい。	2.42	2.47	−0.247	なし

註 1)「そう思う」: 1，「どちらかといえばそう思う」: 2，「どちらかといえばそう思わない」: 3，
　　「そう思わない」: 4 までの 4 段階の平均値
註 2) t 検定は df = 81 である。

214

量ることは困難であるが，後に示す生徒の授業評価の部分で併せて考察したい。残る三つの設問では，男女間に有意差が見られず，平均値も特に肯定的な値を示しておらず，肯定的回答と否定的回答が拮抗しているため，人体を利用した実験や，職業を利用した理科教授については，生徒が望んでいるとは言い難く，さらなる検討が必要であることが明らかとなった。なお，これらの5項目については，授業前の質問紙調査における「理科好きの女子」と「理科嫌いの女子」の間に回答の平均値の差はあまり見られず，有意差も出現しなかった。つまり，「理科嫌いの女子」であっても，表4-14のような項目については，それほど否定的な意識をもっていないことが明らかとなった。

第4項　授業後の「仕事の原理」の理解度

　では，本実践授業によって，認知面の変容は見られたのだろうか。本項では，授業後の質問紙調査における「仕事の原理」の理解度を探る設問の回答結果と，授業の最後で記入させたワークシートの記述から，学習内容の理解度について考察する。

1．授業後の質問紙調査における「仕事の原理」の理解

　授業後の質問紙調査の認知的問題は，授業前の質問紙調査と計算のために提示した数値が異なるだけの同一の問題である。授業前後の質問紙調査で回答した人数が若干異なるため，これらの問題の正答者の割合を算出した。その結果を表4-15に示す。正答・誤答の人数を用いて，フィッシャーの正確確率検定を行ったところ，授業後の正答・誤答に男女間の有意差は見られず，また，授業前後での男女それぞれの正答・誤答にも有意差は見られなかった。本実践授業では，てこの原理を用いて，看護師の仕事をより小さな力で行うことができることを生徒に実感させることを目的としていたため，授業時間内にてこの原理について数式で説明したり，仕事を計算させたりすることはなかった。また，時間的な余裕がなかったために，教師が「仕事の原理」に

表 4-15　授業前後の質問紙調査の「仕事の原理」に関する認知的問題の正答者の割合

問題番号		男子（%）		女子（%）	
		授業前	授業後	授業前	授業後
問 1	（1）	48	57	47	58
	（2）	10	22	7	11
	（3）	12	22	21	11
	（4）	36	43	28	32
問 2		18	15	19	24

ついて最後にまとめることもできなかった。そのため，認知的な設問に対する正答者が有意に増加することはなかったと考えられる。「仕事の原理」を理解させ，仕事の定量的な求め方を身につけさせるには，授業の改良が必要である。また，質問紙調査における認知的問題が，本実践授業の学習内容の理解を測るのに適切ではなかった可能性も否定できない。なお，学習内容の理解については，後述するワークシートの記述分析において補うこととする。

　しかし，表 4-15 の認知的問題の中でも，問 1 の（1）については，男女ともに比較的正答者が増加し，半数以上が正解することができた。この設問は，力と移動距離の積で仕事の大きさを求める最も基本的なものであり，本実践授業では全くふれなかった数的な処理であるが，授業中に「小さな力で患者を横向きにすることができたのはなぜか」をグループで議論する段階で，仕事は力と物体の移動距離に関係することに着目できたため，両者の積が仕事であることを改めて認識することができるようになったことに起因すると推測される。また，問 2 の「仕事の原理」とは何かを説明させる記述式の問題で「わからない」と答えた男子は 43%，女子は 53% と多かったが，授業前の質問紙調査では，男子は 52%，女子は 65% とさらに多数いたことから比較すると，わずかに好転しており，たとえ正解でなくてもなんとか説明しようと試みた生徒が男女ともに増加したといえる。この記述式問題で部分的に正

しい記述をした準正答者（表4-15の正答者割合には含まれていない）は，授業前後で男子は18%から24%に，女子は2%から8%に増加していることからも，授業後に「仕事の原理」について何らかの考えをもち，それを表現しようとする生徒が増加したといえる。

2．ワークシートに見られる内容の理解

　実践授業の終盤に実施した「どうして小さな力であお向けの人を横向きにできたのだろうか？」を絵や言葉を用いて生徒に説明させるワークシートの記述について見ていく。ワークシートは資料4-3に示したように，B5判の用紙に大きな枠を配し，自由に記述できるような形式にした。何も書かずに提出したのは男子1名，女子1名だけで，彼ら以外はすべて課題に関連する何らかの記述をしていた。この課題での正答は，図4-1，図4-2，図4-3のように患者のひざの移動距離と力の関係に着目し，ひざを立てた場合の方が移動距離は長くなるものの，小さな力で済むことについて記述されているものである。図4-1から4-3はいずれも絵を用いて説明しているが，図4-1については，絵の部分にひざの移動距離として，円周の一部の弧を描いて長さを比較するほど正確には描かれていない。一方，図4-2と図4-3については，ひざの移動距離の違いが弧の長さの違いとして，絵の中に明示されており，さらに図4-3では，回転の支点と力点までも解説されている。図4-2および4-3まで至っていないものの，図4-1のように，看護的な作業から仕事の原理（支点を中心とする回転）を説明できた生徒は，男女それぞれ19人ずつで合計38人（全体の46%）であった。前述のように，本実践授業では「どうして小さな力であお向けの人を横向きにできたのだろうか？」に関して，グループ内で話し合ったり，ワークシートに記入させることはできたが，残り時間の都合上，教師側から解説してまとめる段階までには至らなかったため，正答にたどり着けない生徒も少なからずいた。しかしながら，教師からの明確な解説がなかったのにもかかわらず，約半数の生徒が自らの言葉で正しく

あお向けにしてひざをたてると、ふつうに、横向きにするより、
ひざを動かす距離が長くなる。
でも、仕事の原理で、ひざを動かす距離が長いぶん、動かす力が、
小さくなるので、ひざをもって、動かすと、小さな力で、横向きに
することができる。

図 4-1　「どうして小さな力であお向けの人を横向きにできたのだろうか？」のワーク
　　　　シートの正答記述例①（女子）

あお向けの人のひざを立てて、横向きにすると、小さな力で横向きにできるのは、仕事の原理が使われているからである。
人を動かす距離がAよりBの方が移動距離が長くなるので、力は小さい力ですむ。

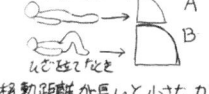

移動距離が長いと小さな力で物を動かしたりすることができる。

図 4-2　「どうして小さな力であお向けの人を横向きにできたのだろうか？」のワーク
　　　　シートの正答記述例②（女子）

説明ができたのである。したがって，患者を横向きにするという具体的な看
護場面によって，仕事の原理を説明することは，生徒たちにとって決して困
難なことではなく，仕事の原理を実感するのに，この看護場面の設定は有効

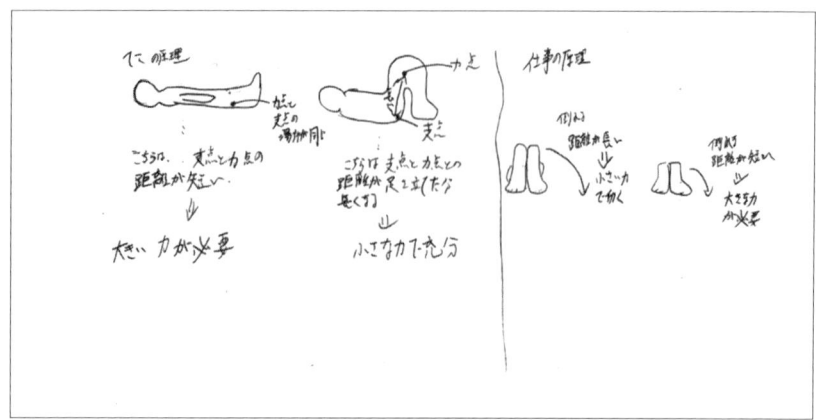

図4-3 「どうして小さな力であお向けの人を横向きにできたのだろうか？」のワーク
シートの正答記述例③（男子）

物体の長さや面積を小さくすることによって簡単にうごかすことができる。

☆普通に横になっているときのばあい!! →

図1のように普通に横になっている状態だと、人の下に重力がはたらいているので、それを横にしようとすると、重力の力と自分が横にしようとする力が十されてあまり軽い力ではうごかない。逆に、持ち上げる方が、手にたるたんがゆくなってしまう。

☆足をまげて、手をくんだばあい!! →

図1のように足をまげ、手をくんだ状態だと、人の下に重力があるのはかわらないが、Aのところのように少し開いているので、背中の部分と、足のうらのところぐらいにしか重力がはたらいていない。また、Bの方面におしてみると、手をくんでいるので、背中、頭に重力がかかっているため、足がおされると体もつられたところがる。足をまげたところに重さがいっているので、たおれたときに、足で体をささえることが可能になる。

図4-4 「どうして小さな力であお向けの人を横向きにできたのだろうか？」のワーク
シートで「仕事の原理」以外に着目した記述例（女子）

であったと考えられる。また，図4-4のように，「仕事の原理」には着目で
きなかったものの，「足が倒れると体もつられて転がる」といった体のつく
りや，「重力のかかる面積」といった別の観点に着目して説明していた女子

は6人，男子は5人いた。これらの生徒は「仕事の原理」を用いた正答は導けなかったものの，看護的な体験活動と物理概念の関係を考察し，なんとか説明してみようと試みたのである。つまり，本授業における看護的作業は，その原因を追究する生徒の意欲を高めることのできる活動であったと推察される。このように，看護場面を利用した「仕事の原理」の教授は，中学生にも十分に理解可能で，かつ「どうしてそのようになったのか？」を意欲的に考えることにもつながることが明らかとなった。しかし，このワークシートの正答率は5割に近かったものの，授業後の質問紙調査において，「仕事の原理」を説明させる設問における正答率は2割程度であった（表4-15の問2）。これは教師が課題に対する生徒の考えを集約し，解説することなく授業が終了してしまったことによるのではないだろうか。つまり，小さな力であお向けの人を横向きにすることができる理由として，ひざの移動距離と力の関係性に気付き，それが「仕事の原理」であることは理解できたものの，「仕事の原理」とは何かと問われた時に，看護場面の事例を一般化して「仕事」，「力」，「移動距離」という言葉を用いて説明することができなかったのではないかと考えられる。質問紙調査における単純な計算問題の正答率も高くなかったことを勘案すると，そもそも科学的用語としての「仕事」の定義を理解していなかった生徒も多いのではないかと考えられる。

第5項　授業に対する生徒の評価

　最後に，本実践授業に対する生徒の評価について考察する。授業後の質問紙調査の「今回の授業は楽しかったですか」という質問項目に「そう思う」あるいは「どちらかといえばそう思う」と回答した女子は89%，男子は87%で，本授業は男女ともに楽しめる授業であったといえる。また，この質問項目に対する回答において，「理科好きの女子」と「理科嫌いの女子」の間に有意な差は見られなかった。つまり，授業前に理科嫌いと回答した女子もこの授業を十分に楽しんでいたといえる。この設問の回答理由を自由記述で尋

表 4-16　授業が楽しかった理由として多く挙げられた内容

授業が楽しかった理由	男子	女子
実際に体験したから，実感できたから，実験が楽しかったから，体を動かしたから	24人	14人
わかりやすかったから，理解できたから	6人	5人
友達とできたから，協力してできたから	0人	7人
仕事の原理について知ることができたから	2人	3人

　ねたところ，肯定的回答をした生徒には表 4-16 のような回答が多く見られた。複数の理由を書いた生徒もいたため，表中の人数は延べ人数である。この表から授業中の体験活動が，男女を問わず多くの生徒にとって授業を楽しいと感じる要因となったことがうかがえる。これらのほかに少数の意見として，「どうすれば小さな力で動かせるかを考えたことが楽しかった」(男子)，「内容がよかった」(女子)，「自分の日常生活にも生かせそうなことを知ることができたから」(女子)，「字をあんまり書かずに自分たちでやったから」(女子) といった回答が見られた。これらの少数意見と表 4-16 から考察すると，女子は男子よりも授業の楽しかった理由を多様な観点から述べており，女子の方が体験活動の新奇性や面白さ以外からも授業を楽しむことができたといえる。さらに，授業の楽しかった理由として，女子だけが「友人との協力」を挙げているため，女子は友人と協力して課題の解決にあたることで，授業への好感や学習意欲を増大させる傾向にあることが示唆された。このことは，前章までに示したように，協同的な問題解決活動を理科授業に導入し，授業を「競争的な雰囲気」から「協力的な雰囲気」に移行することで，女子の理科学習が促進されるという諸外国の先行研究[6]とも一致している。したがって，日本においても諸外国と同様に，女子の理科学習に対する意識の改善に，協同的な問題解決活動は有効であるといえる。
　一方，授業を楽しくなかったと否定的に回答した少数の生徒の理由には，

「理科はつまらないから」や「興味がないから」などが見られた。ここで見られた回答の多くは，授業の内容に直接結び付く理由ではなく，その生徒が理科に対して元々もっているイメージや固定観念によって，授業を受ける前から理科は楽しくない，興味がないと決めつけていたのではないかと推測される。理科への否定的なイメージを根強くもっている生徒に対しては，本実践授業だけでその意識を変容させることは困難であったといえる。

　次に，授業後の質問紙調査において，授業全体の感想を尋ねる質問項目への生徒の記述例を表 4-17 に示す。ここでも看護場面を想定した体験活動についての感想を述べる生徒が多く，「楽しかった」や「おもしろかった」のみを記述した生徒たちも，体験活動を思い起こしてそのように表現していることが推測されるため，本授業での体験活動は生徒たちに好意的に受け入れられたといえる。一般的に中学校段階では，女子の方が男子よりも文章の記述能力が高いため，本調査でも女子の方がより細かく長い記述をする傾向が見られた。そのような記述力の差は見られるものの，「体を使った実験が楽しかった」と明言した生徒は，女子が 6 人，男子が 2 人で，普段の理科授業における実験よりも本実践授業での体を使った活動が，女子をより強く惹きつけるものであったことがうかがえる。また，「わかりやすい授業だと思いました」や「最初はどのようにやればいいか分からなかったけれど，少しずつやっていくうちにその意味とかが分かってきて楽しかったです」といった授業の理解度の自己認識に関して記述したのは女子だけであった。授業前の質問紙調査の「普段の理科の授業の内容を理解できている」（表 4-4）という質問項目の回答結果から，女子は男子よりも通常の理科授業での内容理解に，やや有意に困難さを感じていることを併せて考えると，女子は男子よりも理科授業を評価する際に，学習内容の理解度の自己認識に注目する傾向にあり，本実践授業は女子の「仕事の原理」の理解を促したことで，女子から良い評価を得られたと推測される。表 4-17 の「実験や体を使ったことに関する言及」，「仕事の原理に関する言及」，「授業の理解度の自己認識に関する言及」

表 4-17　生徒による授業の全体的な感想の例（自由記述・原文のまま）

感想の概要	男子の回答人数および感想例	女子の回答人数および感想例
「楽しかった」・「おもしろかった」のみの記述	14人 ・今回はすごく楽しかったです。	8人 ・おもしろかったです。
実験や体を使ったことに関する言及	11人 ・てこや仕事の原理を使っての実験が楽しかった。 ・自分たちの手で，てこの原理や仕事の原理を実感することができた。 ・実際にやってどのようにすればいいのか，というのを考えられるから，いい授業だと思う。 ・人の体を使ってやる実験を初めて経験した。	13人 ・今日は自分の体を使っての実験で，実験っていっても簡単なやり方ですごく考えられたし，分かるとすごく納得して記憶にも残ると思うのでよかったです。 ・何もしない状態と，足を曲げたりする状態では，力の使い方が全然違うことを実感した。 ・どんな授業なのかな？って思ってたけど，体を動かしてできたから，すっごく楽しかった!!
仕事の原理に関する言及	5人 ・体重が重くて動かしにくくても，動かす距離が長ければ，少ない力で動くのがすごかった。 ・ひざを高くすれば少ない力で動かせることがわかった。	7人 ・仕事の原理は，自分の身の回りでよく使われているのだと思った。 ・仕事の原理は距離が長いほど楽に横向きにできることがわかった。 ・気づかない色々なところで仕事の原理がつかわれていることを知っておもしろかったです。
授業の理解度の自己認識に関する言及	0人	6人 ・わかりやすい授業だと思いました。 ・内容はわかりづらかったけど，他の班の人の意見を聞いてわかりました。 ・（前略）最初はどのようにやればいいか分からなかったけれど，少しずつやっていくうちにその意味とかが分かってきて楽しかったです。

	2 人	3 人
看護に関する言及	・看護師の仕事を通して理科の勉強ができてよかった。 ・看護師の仕事がてこと関係があるのが驚きました。	・看護師という仕事は患者さんに負担をかけないように工夫しているということがよくわかりました。 ・どうやったら患者さん（ケガ人）が痛くないように，小さな力で横向きにさせられるのかを考えながら実験したのが楽しかったです。
その他	・少し内容がつまらなかった。興味がなかった。 ・楽しいときと楽しくないときがあった。	・自分の生活にも生かせそうなことを知って，一つまた知識が増え，楽しかったです。 ・（前略）どんな風にしたら，簡単に横向きになれるのか，考えるのは楽しかった。

に該当する肯定的な感想が，いずれも女子の方が多いことと，前述の表 4-14 で指摘したように，人体に関する理解の重要性を女子の方が男子よりもやや高く認識していることを併せると，人体を利用した体験活動によって物理概念を教授することが，女子の理科学習に対する意識の向上に有効であることが示唆される。しかし，「体を使った実験」を今後もしたいかどうかについては，男女ともに意見が分かれていたため，体を使う実験を理科授業に単純に導入するだけでは，学習への動機づけとはならないだろう。学習内容の理解度や，教授展開における文脈などを考慮したうえで，物理概念の教授に「人体」を利用することが求められる。

　さらに，生徒による授業の感想において，少数ではあるが看護に関する言及が見られたことに着目したい。授業前の質問紙調査において尋ねた「理科に関係する職業」として多く挙げられたのは，「科学者」，「医者」，「薬剤師」，「化学者」などであり，「看護師」を挙げた生徒は一人もいなかった。しかし，表 4-17 の授業全体の感想では，「看護師という仕事は患者さんに負担をかけないように工夫しているということがよくわかりました」（女子）や「看護師の仕事がてこと関係があるのが驚きました」（男子）といった看護に関す

る言及が男女ともに見られ，看護師の仕事が理科の学習内容と関係していることを初めて知り，生徒のもつ理科に関係する職業のイメージが広がったことが予想される。また，表4-10のように，授業後に理科に関係する職業への就業意欲が男女ともに有意に上昇したことからも，理科に関係する生徒の職業イメージの拡張が示唆される。

第6項　授業実践の結果のまとめ

　本授業実践の成果を以下にまとめておく。まず，授業前の対象校の女子は，日常生活での理科の有用感および理科授業の理解度の点で男子よりも自己認識が低く，第2分野よりも第1分野を好んでおらず，中学生女子の一般的傾向と同様に理科離れの状況にあった。また，女子は男子よりも，理科嫌いの理由および理科のイメージとして，「難しい」ということを指摘する傾向が強かった。特に，「理科嫌いの女子」が「理科好きの女子」よりも理科学習から大きく離れていることが明らかとなった。それに加えて，対象校では男子の理科離れも全国的な傾向よりも大きかった。そして，てこや滑車の事例で「仕事の原理」を学習した直後であったものの，「仕事の原理」の理解度は男女ともに低く，男女差も見られなかった。

　看護的な問題解決活動を導入した授業において，生徒から歓声があがったり，飽きずに試行錯誤したりする様子が見られ，男女ともに体験活動に意欲的に取り組んでいた。そして，授業後には，男女ともに「理科に関係する職業」への就業意欲が有意に上がり，女子の日常生活への理科の有用感が有意に向上し，将来への理科の有用感もやや有意に向上した。特に，「理科嫌いの女子」に対して，将来への理科の有用感を高めることができた。また，理科のイメージについては，女子がもっていた「難しい」という理解困難な理科の印象は軽減され，自身の生活に関連していたり，職業と結びついていたりすることを実感できる女子がわずかに増加した。このことは，看護的な体位変換という活動が，学習内容を含み，内容の理解に直結する方策であった

ために，女子の理科に対する理解の困難性の軽減に効果があったことが予想
される。わずか 1 単位時間の授業であっても，女子の理科に対する意識やイ
メージを変容させることが可能であるといえる。さらに，看護師という題材
は，男子よりも女子の関心をより強く引きつける可能性が高いことも明らか
となった。本実践からこのような肯定的な結果が得られたものの，次の点に
は留意が必要である。授業前後の質問紙調査から，女子の意識に関して良好
な変容が見られたが，本実践は 1 単位時間だけの授業実践であったため，変
容した意識が持続するかどうかは判断し難く，すぐに女子の意識が低下して
しまうことも十分に考えられる。つまり，一過性の意識変容であった可能性
は高く，この調査結果は，実践した授業に限定される評価として捉えるべき
であることを補足しておく。

　授業後の「仕事の原理」の理解度について，質問紙調査の設問における正
答者は，有意には増加していなかった。これは，実践授業において，てこの
原理について教師が数式を用いて説明したり，生徒に仕事を計算させたりす
ることもなく，また，教師が「仕事の原理」とは何かをまとめずに，オープ
ンエンドな形で終了したことに起因すると考えられる。つまり，看護場面を
用いた「仕事の原理」を実感する体験活動だけでは，看護場面を離れた一般
的な「仕事の原理」について説明させたり，仕事を定量的に求めさせたりす
るには不十分であることが示唆された。しかし，ワークシートの生徒の記述
から，本実践授業で設定した具体的な看護場面における「仕事の原理」を説
明することは，生徒たちにとって困難ではないことが示された。加えて，看
護的作業によって力の違いを実感できたことで，生徒たちが「どうしてその
ようになったのか？」を意欲的に考えられたことが明らかとなった。さらな
る授業の改善としては，本授業の終末部分におけるグループでの議論を次の
授業時間にもち越し，グループでの検討結果を教師がまとめたうえで，体位
変換という看護場面をモデル化し，どの部分が「仕事の原理」に活かされて
いるかを学級全体で共有することが望まれる。1 単位時間でここまでの内容

を盛り込むことができなかったのは，体験活動に多くの時間を割いたためである。生徒たちは体験活動に積極的であり，十分な時間を必要とすることが観察されたことから，この授業は1単位時間ではなく，2単位時間で行う方がより効果的であることが予想される。

　本実践授業は，男女ともに楽しめる授業であり，特に，女子は男子よりも体験活動の新奇性や面白さ以外からも授業を楽しめたことがうかがえる。また，女子は友人と協力して課題の解決にあたることで，授業への好感や学習意欲を増大させる傾向にあることが本実践授業においても示唆された。したがって，前章で提案した活動における協同性の重視は，日本の女子の理科学習に対する意識の改善にも効果的であるといえる。授業の感想として，学習内容の理解度の自己認識について言及するのも女子に特有であることが明らかとなった。そして，看護師を題材として取り上げたことで，男女ともに理科に関係する職業イメージが拡張されたことも示唆された。看護師という題材は，女性が大多数を占める職業であることから，男子の授業への関心が低くなり，新たなジェンダー問題を惹起する可能性がないとはいえない。しかし，これまで述べてきたように，男子も女子と同様に授業を楽しんでおり，また，理科に関する職業イメージの拡張についてもキャリア教育の観点から望ましい変容であり，その一方で，ジェンダーに関する新たな問題が起きたり，看護師に対するジェンダーイメージが強化されたりすることもなかったため，看護師という題材の選択に特に問題はなく，効果的であったといえる。

第4章　引用文献および註
第1節

1) 文部科学省，『中学校学習指導要領解説　理科編』，大日本図書，2008，124-128頁.
2) 同上書，127頁.
3) 平田雅子，『完全版　ベッドサイドを科学する　―看護に生かす物理学』，学習研究社，2009，26-27頁.

第2節

4 ）国立教育政策研究所教育課程研究センター，「平成15年度小・中学校教育課程実施状況調査　質問紙調査集計結果　－理科－」，http://www.nier.go.jp/kaihatsu/katei_h15/H15/03001040000007003.pdf，2005，1頁，2013年3月20日取得.

5 ）内閣府男女共同参画局編，『男女共同参画白書（平成17年版)』，国立印刷局，2005，39頁.

6 ）Farmer, B.: 'Do You Know Anyone Who Builds Skyscrapers?' SOS － Skills and Opportunities in Science for Girls, in Parker, L. H. et al. (eds.), *Gender, Science and Mathematics*, Kluwer Academic Publishers, 1996, pp. 167-176.

第5章　中学校理科「電流」における授業実践

第1節　授業の内容と展開

1．授業実践の対象

　中学校理科において「電磁気学」に関する内容は，平成20年告示の学習指導要領によれば，第1分野の第2学年の（3）電流とその利用において学習することとなっている[1]。第3章で示したように，中学校理科において女子の苦手意識が最も強く，この単元の進行とともに，女子の理科離れが加速する傾向にある。そのため，1授業時間の介入だけでは女子の意識と態度の変容は期待できないと予想されるため，この「電流とその利用」の大単元（以下，「電流」単元と省略する）全体を通して，複数の方策を導入することとした。

　実践の対象は，新潟県内の国立大学法人附属中学校の第2学年2学級である。この学校を研究の対象校とした理由については，次節において，単元開始前の質問紙調査の結果と併せて述べることにする。実践時期の平成23年度は，ちょうど新学習指導要領への移行期であり，「電流」単元においては，新たに追加される学習内容が複数あったり，内容の進行が変更されていたりと，対象校に配布されている旧学習指導要領に基づいた教科書では不足する内容があるため，補助教材も用意されていた。対象校では，通常の理科授業において教科書はあまり使用されず，授業を担当する理科教員が自作のプリントを用いて学習を進行していた。そのような状況にあったため，本実践は，教科書の内容の進行に従い，新規項目だけを補助教材を用いて追加導入するのではなく，単元全体を新学習指導要領に沿った内容の進行に変更し，必要なときに適宜教科書や補助教材の該当ページを開かせることとした。具体的

な単元の内容進行については，後述する。

　「電流」単元で通常使用される題材や実験器具は，豆電球，電池，導線，電流計，電圧計，電源装置，電熱線，半導体，水流モデル（川，水車，滝），磁石，方位磁針，鉄くぎ，コイル，手回し発電機などである。日常的にはあまり目にせず，理科室でしか使用しない器具が多くなっている。唯一，静電気の実験でストローや下敷き，セーターなどを使用する以外は，女子に身近な題材はほとんど取り上げられていない。

　授業実践にあたったのは，対象学級で理科授業を担当している男性教師である。対象校の中学校1年時では理科授業の取り組み方に男女差はそれほど感じられないものの，やはり2年生の「電流」単元から女子が理科授業に消極的になる様子が見られる，とこの教師は話していた。そして，女子の理科離れに関心があり，改善策を検討する実践授業に快く協力してくれることとなった。また，女子の理科離れの要因や，潜在的カリキュラムとしての教師の存在については，筆者が説明し，十分に理解を得ていたため，ジェンダー包括的な理科授業を実践できる準備は整っていたといえる。単元全体の終了まで，約40授業時間を費やすため，筆者はすべての授業を観察することはできなかったが，女子の学習促進をねらいとした新たな方策を導入した授業はすべて参観した。

2．教材および学習活動
1）女子の興味や経験に基づくトピック

　まず，「女子の興味や経験に基づくトピック」とは，第3章で示した教材の選択方法である「女子の興味や経験を考慮した女子に身近な事象」を，「電流」単元の学習内容に関連する話題として生徒に提供するものである。つまり，具体的な事例を基に，学習内容が女子に身近な事象と密接に関係していることを，教師が授業中に説明するという形をとり，生徒は受動的に教師の話を聞くことになり，生徒の積極的な活動は伴わない方策である。この

ようなトピックを用意したのは，女子の主体的な活動を促さなくても，授業中の教師の話題提供だけで，女子の理科に対する意識に何らかの変化を及ぼすことができるのかを検討するためである。

　トピックとして採用したのは，第3章において「女子の興味や経験を考慮した女子に身近な事象」を理科授業に取り入れる具体的方法として提案した「生物や人体に関する題材の利用」と「美的観賞の導入」を活用し，女子に身近で，生物，人体，美的な評価に関わる事項である。これらの事項の中から，「電流」単元の学習内容と関連づけられるものとして，感電，落雷，体脂肪計，空気清浄機，電動歯ブラシ，スピーカーなどが考えられる。これらを学習内容との関連性を強調して説明するイラスト付きのプリントを作成し，授業中に配布し，教師が15分から20分程度で解説した。なお，「電流」単元における多様な学習内容を考慮し，表5-1のように，異なる学習内容に関連づけた4種類のトピックを用意し，単元の進行に合わせて関連する内容の学習が終了した時点でトピックを導入した。

　トピック1では，「電流」単元での導体と絶縁体に関する学習に関連づけ，

表 5-1　授業に導入したトピック

トピック番号	テーマ	取り上げた事象（一部抜粋）
トピック1	【人体と電流】体にも電流は流れるの!?	感電，落雷，感電しないようにするには，静電気，心電図，脳波計，体脂肪計
トピック2	【サーモスタット】電気器具はどうやって温度の調節をしているの？	電気ポット，電流による発熱を利用した電気器具，バイメタルサーモスタット
トピック3	【静電気の利用】静電気を利用して美しさの追求!?	モップ，空気清浄機，カーペット，コピー機，レーザープリンタ，静電塗装，ラップ
トピック4	【身の回りの電気＆磁気】電気と磁気はどこで利用されているの？	電動歯ブラシ，マイク，スピーカー，リニアモーターカー，電動カーテン，IH調理器

232

人体が導体なのかをテーマとした。人体や医療，看護に対する女子の関心から，人体と電流に関連する医療機器（心電図，脳波計，体脂肪計，AED）なども盛り込んだ。トピック2では，単元内で電力と電力量を学習する際に，発熱する電気器具とその熱量を題材とするため，発熱する電気器具はどのように温度調節をしているのかを解説するトピックを用意した。女子にも身近なこたつやアイロン，トースターなどでは，温度が上昇しすぎないように，バイメタルサーモスタットと呼ばれる二枚の金属の熱膨張の違いを利用した装置が使われていることを図解した。金属の熱膨張については，小学校ですでに学習している内容のため，中学生にも理解は容易である。トピック3では，単元内で学習する静電気が，身の回りの美化に役立っていることを説明した。部屋を美しくするためのモップや空気清浄機は，静電気を利用してゴミを吸着していたり，印刷や塗装を綺麗に行うために静電気が使われていたりすることなどは，美的な評価を重視する女子の関心を引きつける内容であると期待できる。トピック4では電気と磁気との関係をモーターの原理で学習する時に導入するために，モーターが使われている場面を女子に身近な事象から紹介した。電磁石の説明には，題材としてリニアモーターカーが用いられることが多いが，女子の関心が高い題材とは言い難いため，病院やホテルなどで使用されている電動カーテンも同じ仕組みを利用した道具であることをプリントでは解説している。

授業を担当する教師には，トピックの説明の際に生徒に配布したプリントのほかに，各トピックの内容をより専門的かつ詳細に解説した資料を事前に渡し，より細かな理解を促した。これは，各トピックに関する生徒からの質問に対応できるようにするためである。

2）美的観賞を含む協同的な問題解決活動

次に，女子が積極的に観察・実験に参加することを期待し，美的観賞を含む協同的な問題解決活動を考案した。この方策は，第3章で提案した教材の

選択方法の一つである「美的観賞の導入」と，学習活動の設定方法の「活動
における協同性の重視」を統合したものである。前章の「仕事の原理」の実
践においても，女子は友人と協力して問題の解決にあたることで，授業への
好感や学習意欲を高める傾向が明らかになったため，協同的な問題解決活動
は有効な方策であることが期待できる。活動の題材には，「美的な評価」に
重点を置く女子の特性を活かし，理科実験の固着化したイメージの変容を期
待し，観賞可能で視覚に訴えかける実験を開発した。具体的には，美しい電
飾を作ることを目標とする「オリジナル電飾づくり」（実験 1）と，IH 調理
器の中の観察を課題とする「IH 調理器の分解」（実験 2）の 2 種類の実験で
ある。活動の内容と展開については，表 5-2 の通りである。

　実験 1 は，単元の進行において，直列回路と並列回路における電流と電圧
を実験によって調べ，その規則性を明らかにする学習の後に導入した。同性
の 2 人組を作り，乾電池 3 個と豆電球 10 個を配布し，導線やソケット，ス
イッチなどは好きなだけ利用して，「独創的で美しい電飾を作ろう！」という
課題を与えた。直列回路と並列回路の電流の規則性を利用することで，豆電
球の明るさを数パターンに変化させることができる。学習内容を活かして，
友人と協力しながら電飾づくりという課題に取り組ませることに加え，出来
上がった電飾を美しさの観点から相互評価させるという点が，「電流」単元
のこれまでの教材開発と異なる。美しさを評価するといういわば主観的な要
素を理科授業に導入することは，客観性を重んじる自然科学の教授には相応
しくないという批判もあろう。しかし，科学研究は，すべてが客観的・合理
的に展開されているわけではなく，特に，科学者個人のもつ偏見や信念とい
った主観的な部分が科学研究の発端となる[2]ことは少なくない。また，科学
研究は成果が得られた際の達成感や喜び，あるいは研究途上での苦心などの
ように，感情の変化や起伏を伴った人間的な営みである。つまり，科学研究
と主観性は完全に切り離せるものではなく，第 2 章および第 3 章において述
べたフェミニズム科学論の主張も，同様のことを示唆し，これまでの科学の

234

表 5-2　授業に導入した問題解決活動

実験番号	実験のテーマ	実験の内容・展開
実験 1	オリジナル電飾づくり （連続する 2 時間を配当）	●乾電池 3 個まで，豆電球10個までを用いて，独創的で美しい電飾を作ろう！ ①2 人組で相談しながら電飾を考案・作成する。 ②考案した電飾の図と回路図，「豆電球の明るさの違いはどのような接続によるものか？」をワークシートに記入する。 ③実験室を暗くし，各グループの電飾を観察する。 ④評価の高かったグループから接続方法を解説してもらう。
実験 2	IH 調理器の分解 （およそ 1 時間配当）	● IH 調理器の中はどうなっているのだろう？ ①電気コンロと電磁調理器（IH 調理器）の外観の違いを観察する。 ②ワークシートを用いて IH 調理器の利点としくみを教師から説明する。 ③IH 調理器を用いて誘導電流を確かめる。 　ⅰ）導線を約 2 m つなぎ，輪にして，ソケット付きの豆電球に接続する。 　ⅱ）接続したものを直径約 15cm のコイル状に巻く。 　ⅲ）巻いたものを IH 調理器に乗せ，電源を入れる。 ④IH 調理器の分解方法を 4 人組で検討する。 ⑤IH 調理器の中を観察し，ワークシートに記録する。

固定観念的なイメージを変容させる必要性を説いている。このような考え方を取り入れ，さらには，作製物（電飾）が美的な観点から評価を受けることを授業のはじめに宣言することで，女子の活動への意欲が高まることも期待されるため，本実践では，主観的な要素を理科授業に積極的に取り入れることとした。

　実験 2 は，コイルと磁石を用いて電磁誘導を学習した後に導入し，電磁誘導を利用した調理器具である IH 調理器で誘導電流を確認し，IH 調理器の中がどうなっているのかを観察する活動である。誘導電流の確認実験では，

電源につなげずに導線だけで豆電球を回路状にして，IH 調理器の上に乗せて，調理器の電源を入れると，豆電球が一瞬光る現象が見られる。豆電球には大きな誘導電流が流れるため，一瞬しか点灯しないが非常に明るいため，視覚に対してアピール可能な実験である。また，このような大電流を生み出し，鍋を高温に加熱することができる IH 調理器の中がどうなっているのかは，料理の経験が豊かな女子にも関心のあることではないだろうか。しかし，IH 調理器の中の構造は，当然日常的に見ることはできないため，本実践では，低価格で簡単な構造の IH 調理器を実験のグループ数分用意し，誘導電流の確認実験後に，分解して中を観察することも課題とした。その際，分解の方法については教師から提示せず，IH 調理器を壊さずに分解する方法を，友人と協力して考えさせることとした。

3）想像的な記述活動

　第2章，第3章で指摘したように，理科学習に対する女子の自信の向上には，女子が男子よりも得意とする「書く」という表現活動を授業に導入することも有効であることが期待される。そして，諸外国における女子の理科学習を促進するための書く活動は，自然科学の固着化したイメージを変容させるために，客観的で実証的な科学的論述のみに固執せず，想像的で自由であることが必要とされている。そのため，ここで導入する記述活動は，実験レポートに要求されるような科学的論述ではない。想像的で自由な記述活動が，理科学習に対する女子の意識と態度を改善するかどうかを検討する。

　記述活動の課題には，第3章で論じたように，生徒の書く意欲を高めることのできる「目的意識」，「相手意識」，「書くことの必要性」を生徒が感じることのできるテーマを設定することとした。具体的には，幼い子どもへの事象の解説や，広告，手紙，詩といった形式の記述活動を導入した。そして，教材の選択方法として示した「女子に身近な事象」や「生物や人体に関わる事象」，「美的に評価可能な事象」という観点から，「電流」単元の学習内容

に関連づけられる記述課題を検討し，表5-3の6つの記述活動を用意した。
授業への導入のタイミングは記述内容によって異なるが，記述時間は15分程
度に設定し，完成しなかった場合には，続きを宿題とし，授業時間外に仕上
げてきてもらった。

　記述1では，「電流」単元の導入として，「電気」が日常生活でどれくらい
重要な位置を占めているかを考えられるよう，「電気のない生活」を想像す
る課題を設定した。また，女子にも身近な存在の電気器具に着目させるため，
「家にある電気で動くもの」について想起させる課題も加えた。記述2は，
導体と絶縁体について学習した後に，人体にも電流が流れるのかどうかとい
う話題を提供するトピック1に続いて導入する課題である。トピック1で感
電の危険性と感電を防ぐ方法に関する説明を受けた後に，生徒が子どもにそ

表 5-3　授業に導入した記述活動

活動番号	記述課題の内容
記述 1	Q1．電気のない一日を想像してください。普段の生活とどのように違うと思いますか。くわしく説明してください。 Q2．家にある電気で動くもののうち，コンセントからではなく，電池で動いているものをできるだけ多く挙げてみましょう。また，それらに共通していることは何だと思いますか。
記述 2	小学校低学年の子どもに感電の危険性と感電を防ぐ方法を伝える手紙を書きましょう。
記述 3	身のまわりの電気器具を調べてみよう。（器具の名前，器具がよく置いてある場所，表示されているワット数，どんなはたらきをしているのか？）
記述 4	Q1．身のまわりの電気器具の中から特にキッチンに置いてあるものに着目しよう。グループで話し合いながら，キッチンにある電気器具のはたらきと特徴を考えてみよう。 Q2．キッチンにどんな電気器具があればさらに便利になるだろう？
記述 5	放電の様子を観察して，詩を書いてみよう。
記述 6	新たに開発した電気器具の広告を作ろう。「自分で考えた電気器具の名前」と「どのような機能をもっている電気器具か」がわかるような広告を作りましょう！

れらを伝える手紙を書くという状況を設定した。記述3は，電流のはたらきとして，発熱や発光について学習する前に，身のまわりの電気器具を調べるためのワークシートである。これは，電気器具の名前，置き場所，ワット数，はたらきを学校や家などで生徒が自由に調べる活動であり，特に想像的な記述とはならないが，次の記述4に必要となる事項であるため設定した。記述4は，記述3の中からキッチンにある電気器具に注目し，その共通する特徴を考えたうえで，キッチンにどんな電気器具があればさらに便利になるかを想像する課題である。キッチンに限定したのは，女子が使用したことのある電気器具が多く置いてある場所であると予想されるからである。記述5は，電流の正体を探るために，真空放電や陰極線を観察する際に導入する。通常の授業では陰極線が電気や磁気によって曲げられるのを観察するだけで終了してしまうが，視覚的な美しさに関心の高い女子の特性を活かし，電子が光る道筋を観賞する時間を設けて，詩を書いてみるという活動を設定した。最後に，記述6では，「電流」単元の締めくくりとして，どのような電気器具を開発したいかを考えさせ，その製品の広告を作るという課題を用意した。

3．単元全体の構成と展開

　単元全体の進行は，平成23年度当時の中学校理科1分野（上）の教科書と新学習指導要領への移行用の補助教材を利用し，平成20年告示の新学習指導要領に沿う形で，「電流」単元の学習内容を組み立て，その中に前述の新たに開発した3種類の方策を導入した。「電流」単元は，大きく分けて「回路中の電流・電圧・抵抗」，「電気とエネルギー・静電気・電子」，「電流と磁界」の内容から学習することになっている。これら3つの内容区分のいずれにも開発した方策を導入し，単元全体に渡り，偏りなく新たな方策が実施されるようにした。単元全体の展開は表5-4のとおりである。導入した質問紙調査については，後述する。

　前述のように，本単元すべての授業は，対象学級の通常の理科授業を担当

238

表 5-4　「電流」単元の進行および導入した方策

内容区分	教科書の章・節のタイトル	学習内容	実験・活動（教科書記載分）	新たに導入した方策・調査	時数
回路中の電流・電圧・抵抗	第1章　静電気と電流 ◆電流はどんなときに流れるか	・回路をつくる ・電流計 ・電圧計の使い方 ・直列・並列回路の定義 ・回路図	●乾電池，導線，豆電球を使って，電流を流してみよう ●電流計・電圧計の使い方	▷質問紙調査1（単元開始前） ←記述1	3
	◆電流は回路をどのように流れるか	・電流の単位 ・回路中の電流の強さ ・直列・並列回路に流れる電流の流れ方と強さ	●電流計を使って，豆電球に流れこむ電流と流れ出る電流を調べてみよう ●【実験2】直列・並列回路に流れる電流を調べよう		3
	◆回路によって電流を流そうとするはたらきはどうちがうか	・電圧の単位 ・回路中で電圧の加わる部分 ・直列・並列回路に加わる電圧の大きさ	●電圧計を使って，乾電池の電圧が回路中でどのように加わっているか調べてみよう ●【実験3】直列・並列回路に加わる電圧を調べよう	←実験1	4
	◆電圧と電流にはどんな関係があるか	・電圧と電流の関係 ・電気抵抗，抵抗の単位 ・オームの法則 ・物質の種類と抵抗のちがい	●【実験4】電圧と電流の関係を調べよう	←トピック1 ←記述2	4
	◆回路によって抵抗はどうなるか	・直列・並列回路の合成抵抗		▷質問紙調査2	3
	第2章　電流のはたらき ◆電流による発熱や発光はどんな	・身の回りの電気器具 ・電力 ・電力の単位	●身の回りの電気器具を調べてみよう	←記述3 ←記述4	6

電気とエネルギー・静電気・電子	ときに大きくなるか	・電力量 ・熱量の単位 ・エネルギーの形態	●【実験5】電熱線の発熱とワット数との関係を調べよう	←トピック2	
	第1章　静電気と電流 ◆静電気とはどんなものだろうか	・静電気 ・帯電した物体の引力と斥力 ・静電気と電流	●【実験1】静電気が生じる条件やそのはたらきを調べよう ●【トライ】静電気で物体を動かしてみよう	←トピック3	2
	◆電流の正体は何か（補助教材）	・真空放電 ・陰極線 ・電子の存在と電子の流れ		←記述5 ▷質問紙調査3	2
電流と磁界	第2章　電流のはたらき ◆電磁石は棒磁石と同じはたらきをするのだろうか	・磁界，磁界の向き ・磁力線 ・コイルがつくる磁界 ・電流の向きと磁界の向き ・電流の強さと磁界の強さ	●【実験6】電流がつくる磁界を調べよう		2
	◆モーターはどうして回るのか	・磁界中の電流が受ける力 ・電流 ・磁界の向きと電流が受ける力の向き	●【実験7】磁界の中に置いたコイルや導線に電流を流してみよう ●【トライ】いろいろなモーターをつくってみよう		3
	◆電流をつくり出すにはどうしたらよいか	・コイルと磁石の運動による電磁誘導 ・コイル ・磁極の向きと誘導電流の向き ・コイルの巻き数 ・磁石の強さと誘導電流の大きさ	●【トライ】発電機をつくってみよう ●【実験8】コイルと磁石で電流をつくり出す条件を調べよう	←トピック4 ←実験2	5

◆直流と交流（補助教材）	・直流と交流 ・周波数，周波数の単位 ・交流の利点	●発光ダイオードを用いて乾電池と発電機の電流のちがいを調べてみよう	←記述 6 ▷質問紙調査 4（単元終了後）	2

註）時数については，二つのクラスで若干異なるため，概数である。

している教師が行った。本研究で開発した新たな方策の実践に費やされた時間は，単元全体でおよそ 6 単位時間分（1 単位時間は50分）である。そして，教科書に掲載されている実験はすべて実施され，担当教師の判断によって，生徒の興味・関心を喚起する簡単な静電気の実験なども追加して行われていた。さらに，オームの法則や電力量といった計算問題を練習するための時間なども十分に確保されていたため，一般的な学校よりも時間をかけて本単元の学習が進められた。その結果，一般的には約30単位時間の配当の単元であるが，単元終了まで40単位時間程度を費やした。

　第 3 章において示したように，学習活動の設定方法として，男女別の集団編成の導入が女子に有効であることが期待される。そのため，本実践の対象学級においても，すべての女子が実験や活動に主体的に関われるように，すべての実験・活動において，男女別の同性のみの集団編成をし，実験器具の数に応じて，2 ～ 4 名で 1 グループとした。なお，対象学級では本単元の授業に入る以前は，男女混合のグループで実験を行っていたが，男女別の集団編成の意義を授業担当教師に説明したところ，実施に理解と快諾を得ることができた。

　本実践において導入した方策の中には，単元における学習内容を含んでいるものもある。具体的には，トピック 1 「人体と電流」においては，導体と絶縁体がどういったものであるかを理解することが求められ，実験 1 「オリジナル電飾づくり」においては，直列回路と並列回路の豆電球の明るさの違いを利用することが求められる。しかし，生徒たちはそれらの方策において初めてその内容を学習するわけではなく，通常の単元進行において事前に学

習しており，再度その内容が登場するという形式になっている。つまり，導入した方策はすべて，学習内容の理解に直結する方策ではなく，学習内容の教授に対して周辺的な方策であるといえる。

4．授業の評価方法

　本実践における女子の理科学習に対する意識と態度の評価は次の3点から行った。第一に，授業の観察とデジタルカメラとビデオカメラによる記録である。単元すべての授業を参観することはできなかったが，新たに導入した方策を実践した授業だけでなく，通常の授業についても，可能な限り筆者が参観した。第二に，生徒への質問紙調査である。「電流」単元開始直前と，表5-4の各内容区分の学習終了ごとに計4回実施した。質問紙は，主として理科学習に対する意識を選択式の4件法で問う設問と，授業の感想や印象に残る内容・活動などを自由記述で問う設問，さらに，学習内容の理解度を測る認知的問題などから成る。各質問紙は資料5-1から5-4に載せる。第三に，実験や記述活動のワークシートにおける生徒の記述から学習状況を分析した。なお，本研究で新たに導入した活動に関わるワークシートは，結果の分析のため，生徒には返却していない。

第2節　授業実践の結果

　「電流」単元の授業は，平成23年5月から11月初旬まで，新潟県内の国立大学法人附属中学校第2学年の2クラス（男子：37名，女子：43名，計：80名）において実践した。前節で述べたように，通常の「電流」単元の理科授業の進行に，新たな3種類の方策による学習内容や活動を追加する形で実践した。「電流」単元の開始から終了まで，各学級およそ40単位時間を費やした。ただし，対象校の授業進行の都合上，9月中旬から10月は他単元の学習に移行しており，その後，再度「電流」単元に戻り，残りの学習を完了させた。開

表 5-5　「電流」単元の授業実践の対象と内容

授業実施時期			平成23年5月〜11月（9月中旬〜10月を除く）
実施校			新潟県内国立大学法人附属中学校
対象学年，学級，人数			第2学年，2学級，計80名（男子37名，女子43名）
授業者			通常の理科担当教員
実施場所			理科室
活動のグループ編成			単元のすべての実験で2〜4人の同性のグループを編成した。
開発した方策を導入した授業	記述1	実施日，時間	5月2日，約10分
		授業展開	◆「電流」単元に入る最初の授業に導入　授業のスタート時に，記述1のワークシートを記入させてから，電流がどんなときに流れるかの学習内容に移行する。
	実験1	実施日，時間	5月27日，2単位時間（100分）
		授業展開	◆オームの法則を学習する前の時間に導入 ①2人組で美しい電飾を考案，作成させる。 ②直列・並列回路を駆使し，自分たちの作成した電飾の特徴を実験1のワークシートに記録させる。 ③各グループの電飾を発表，評価させる。
	トピック1	実施日，時間	6月10日，約20分
		授業展開	◆合成抵抗の復習後，導体・不導体の説明をしてから導入　トピック1のプリントを配布し，教師が読み上げながら解説する。
	記述2	実施日，時間	6月10日，約10分＋家での宿題
		授業展開	◆トピック1の解説終了後に導入 記述2のワークシートを配布し，トピック1の内容も参考にしながら子どもへの手紙を書かせる。完成しなかった生徒は，宿題として家で仕上げてきてもらう。
	記述3	実施日，時間	6月30日，家での宿題＋約5分
		授業展開	◆電力と発熱量の関係を調べる実験後の授業に導入 記述3のワークシートを前時間の最後に配布し，学校や家で使用している電気器具のワット数を調査させ，グループ内でどのような器具を調べてきたか共有させる。

記述 4	実施日，時間	6 月30日，約15分
	授業展開	◆記述 3 の内容に関するグループでの共有化後に導入 記述 4 のワークシートを配布し，グループでの話し合いを通して記入させてから，キッチンにあればさらに便利になる電気器具について思いついたものを発表させる。
トピック 2	実施日，時間	6 月30日，約15分
	授業展開	◆記述 4 の記入，発表の終了後に導入 トピック 2 のプリントを配布し，教師が読み上げながら解説する。その後，静電気の話題に展開し，簡単にできる静電気の実験をさせる。
トピック 3	実施日，時間	7 月 1 日，約15分
	授業展開	◆静電気が生じる条件を調べる実験後に導入 トピック 3 のプリントを配布し，教師が読み上げながら解説する。
記述 5	実施日，時間	7 月 4 日，約10分
	授業展開	◆真空放電，陰極線の観察後に導入 記述 5 のワークーシートを配布し，観察した事象に関する詩を書かせる。
トピック 4	実施日，時間	9 月16日，約15分（実験 2 と合わせて 1 単位時間）
	授業展開	◆電磁誘導と誘導電流の実験，解説後の授業に導入 トピック 4 のプリントを配布し，教師が読み上げながら解説する。
実験 2	実施日，時間	9 月16日，約35分（トピック 4 と合わせて 1 単位時間）
	授業展開	◆トピック 4 の解説終了後に導入 ①電気コンロと IH 調理器の外観の違いを観察させる。 ② IH 調理器の利点と仕組みを解説する。 ③ IH 調理器と導線，豆電球を用いて，誘導電流を確認させる。 ④ IH 調理器をグループで分解させ，内部を観察させ，実験 2 のワークーシートに記録させる。
記述 6	実施日，時間	11月 6 日，約10分＋家での宿題
	授業展開	◆「電流」単元の最後の「直流と交流」の学習終了後に導入 記述 6 のワークシートを配布し，自分が考えた電気器具の広告を作成させる。完成しなかった生徒は，宿題とし

244

	て家で仕上げてきてもらう。	
授業評価	観察	生徒の授業中の態度を探る。
	質問紙調査 第1回：4月下旬 第2回：6月中旬 第3回：7月上旬 第4回：11月下旬	生徒の理科に対する意識，授業内容に対する印象や感想，学習内容の理解度を探る。
	ワークシート 「実験」と「記述」の方策におけるワークシート	生徒の記述内容から，授業に対する意識および学習内容の理解度を探る。

註）実践日については，時間割の都合上，二学級で異なることもあった。

発した方策を実際に導入した授業における対象と内容をまとめると，表5-5のようになる。表中の「開発した方策を導入した授業」では，単元の進行とともに方策を実践した順に，上から下へと記載している。本節では，授業実践の結果を考察する。なお，質問紙の回答数やワークシートの記述量が膨大であるため，女子の意識と態度などの学習状況を中心に論じ，男子については女子の比較対象として分析が必要な場合にのみ述べる。

第1項　単元開始前の質問紙調査の結果

最初に，単元開始前に実施した質問紙調査の結果を見ていく。質問紙は，資料5-1に示したように，理科および理科学習に対する意識を4段階尺度で選択させる設問とそれらの理由を尋ねる設問，さらに，理科のイメージや，理科に関係する職業，これまでの理科学習で楽しかった内容・楽しくなかった内容，「電気」に関して知っていることを自由記述で尋ねる設問から構成されている。

1．理科に対する意識

まず，理科および理科学習に対する女子の意識として，質問紙の選択式の設問から分析する。ここでは，理科学習の好き嫌い，大切さ，有用感，理科

の分野や活動に対する好き嫌い，理解度の自己認識，友人からの評価，実験
グループの性別構成の好みなどを尋ねた。質問項目は表 5-6 に示したとおり
である。生徒の回答のうち，「そう思う」を 1，「どちらかといえばそう思
う」を 2，「どちらかといえばそう思わない」を 3，「そう思わない」を 4 と
得点化し，各質問項目の男女の平均値を算出した。設問によっては，「好き」
から「きらい」までの 4 段階，「よくわかる」から「わからないことが多い」
までの 4 段階から選択させたが，同様に 1 から 4 の得点を与え，平均値を算
出した。また，男女間の有意差の検定については t 検定を用いた。選択式問
題における男女の回答の平均値および t 値を表 5-6 に示す。平均値が大きい
ほど，質問項目に対して否定的な回答が多かったことを示している。

　表 5-6 の 16 項目の選択式問題において，女子が男子よりも有意に低かった
のは，「理科の勉強が好きである」と「理科の実験は同性だけのグループで
行いたい」の 2 項目だけであった。対象校の女子は男子と比較して，理科の
勉強が好きではなく，理科実験は異性のいるグループで行いたいと考えてい
ることが明らかとなった。また，有意傾向が見られたのは，「普段の理科授
業の内容を理解できている」で，女子の方が男子よりも内容の理解に不安を
抱えている傾向にあるといえる。他の 13 項目については，統計的に有意な男
女差は見られないものの，多くの項目で男子の方が女子よりも肯定的に回答
しており，女子の方が肯定的であった（平均値が小さい）のは，「理科の第 2
分野の勉強が好きである」，「理科の勉強で，実験や観察をすることが好きで
ある」，「理科の勉強で，動物や植物の世話をすることが好きである」，「日常
生活で理科は役に立つと思う」の 4 項目だけである。しかし，それらの t 値
は小さく，ほとんど男女差はないと捉える方が妥当である。一方，有意差ま
では見られないものの t 値の絶対値が比較的大きいのは，「理科の勉強は大
切である」と「理科の第 1 分野の勉強が好きである」の項目で，男子の方が
肯定的である。選択式問題の回答全体を総括すると，対象校では男子の方が
女子よりも理科に対してやや肯定的な意識をもっているが，男女差は顕著で

表 5-6　単元開始前の質問紙調査における男女の回答の平均値と男女差の検定結果

質問項目	平均値		t 値	男女間の有意差
	男子	女子		
理科の勉強が好きである。	1.58	2.00	-2.318	$p<.05$
理科の勉強は大切である。	1.33	1.54	-1.636	なし
理科の勉強は受験に関係なくても大切である。	1.67	1.67	0	なし
自分の好きな仕事につけるよう，理科を勉強したい。	2.11	2.17	-0.297	なし
将来，「理科に関係する職業」につきたい。	2.75	3.00	-1.192	なし
理科の第1分野の勉強が好きである。	2.03	2.36	-1.573	なし
理科の第2分野の勉強が好きである。	2.00	1.88	0.686	なし
理科の勉強で，実験や観察をすることが好きである。	1.53	1.52	0.026	なし
理科の勉強で，動物や植物の世話をすることが好きである。	2.03	1.95	0.371	なし
理科の勉強で，ものをつくったり，道具を使ったりすることが好きである。	1.75	2.00	-1.252	なし
日常生活で理科は役に立つと思う。	1.81	1.71	0.582	なし
自分にとって将来，理科は役に立つと思う。	2.00	2.02	-0.123	なし
いろいろな教科の中で，理科は重要だと思う。	1.72	1.80	-0.498	なし
友だちから自分は理科がよくできると思われたい。	2.36	2.57	-0.989	なし
理科の実験は同性だけのグループで行いたい。	2.44	2.93	-2.497	$p<.05$
普段の理科授業の内容を理解できている。	2.00	2.33	-1.675	$.05<p<.10$

註1）「そう思う」：1，「どちらかといえばそう思う」：2，「どちらかといえばそう思わない」：3，
　　「そう思わない」：4までの4段階の平均値である。
註2）t 検定は，df=77である。

はないといえる。また，「理科の勉強が好きである」に対して，肯定的に回
答した男子の割合は91.7％，女子の割合は74.4％であり，平成15年度の教育
課程実施状況調査における同設問において，肯定的回答をした中学１年生の
男子の割合が70.4％，女子の割合が51.7％[3]と比較すると（本調査の対象は中
学校２年生であるが，２年生になってすぐの４月末に調査を実施しており，教育課程
実施状況調査は各学年の年度末に実施されているため，教育課程実施状況調査の中学
校２年生のデータよりも１年生のデータの方が比較対象に相応しいと判断した），対
象校は全国的な傾向よりも男女ともに理科好きがかなり多いといえる。第１
章で述べたように，入学試験のある中学校は，入学試験のない中学校の生徒
よりも男女ともに，理科好きの割合が高いことが先行研究で明らかにされて
いる[4]。本章の対象校も入学試験のあるいわゆる「入試校」であり，先行研
究と同様の傾向が表れている。

　このように，全国的な傾向よりも女子の理科離れが顕著ではない学校を研
究の対象校とした最大の理由は，対象校の理科教師の「女子の理科学習」に
対する関心が高かったことにある。この理科教師は，国立大学法人附属中学
校に赴任する以前は，地方都市の市街地内の市立中学校に勤務しており，そ
の頃に女子の理科離れを強く感じていたと話していた。そして，附属中学校
では，そのような傾向はないものとその教師は予想していたものの，実際に
は先述のように，「電流」単元から男子よりも女子が理科授業に消極的にな
り，徐々に理科学習から離れていくことを実感しており，解決する手段を求
めていたのである。表5-6の事前調査においても，「理科の勉強が好きであ
る」については，すでに男女差が見られており，この教師の経験に基づけば，
「電流」単元終了後には，その差が拡大し，他の質問項目にも男女差が出現
することが予想されていた。さらに，本研究では，開発した方策についての
評価の精度を高めるために，実践する教師という要素の効果を抑えるために，
通常の理科授業の実践者と，本研究での理科授業の実践者とを変更しないこ
とを目指していた。対象校の理科教師は自ら方策を実践することに意欲的で

あっただけでなく，単元全体への介入についても，一般の中学校では実現が困難であるものの，教育研究を牽引する立場である附属中学校では特に問題なく実践の許可を得ることができた。これらの状況を勘案し，本実践の対象として，国立大学法人附属中学校を選択した。

　ところで，選択式問題の平均値を見ると，男女ともに2.5を下回るような肯定的な回答が多数を占める設問が多いことがわかる。しかし，「将来，「理科に関係する職業」につきたい」と「理科の実験は同性だけのグループで行いたい」については，平均値の値が比較的大きく，否定的な回答が半数以上を占めていることが推測される。前者については，理科好きが非常に多い集団であっても，「理科に関係する職業」への就業を希望する生徒が単純に多くなるわけではないことを意味している。後者については，第１章で示した先行調査5)よりも，同性だけのグループで班活動をしたいと考える割合が大幅に低い結果となった。さらに，対象校では，男子よりも女子の方が有意に男女混合のグループで実験を行いたいと回答している。男女混合のグループを好む女子が多いのは，対象校の１年生において理科学習に男女差が見られず，男女がほぼ等しく実験に参加できている状況を反映していると考えられる。２年生になり，「電流」単元においても，この状況が維持できれば問題ないが，対象校の理科教師の経験によれば，「電流」単元の実験では，女子の積極的な関わりが弱くなり，男子に操作を任せてしまう傾向が見られるようになる。そのため，理科教師との協議の結果，本実践では男女別の集団編成を導入することとした。その評価については後述する。

　続いて，第４章と同様に「理科好きの女子」と「理科嫌いの女子」の回答について分析した。前述のように，女子の理科離れが顕著ではない学校であるため，「理科の勉強が好きである」に対して「そう思う」あるいは「どちらかといえばそう思う」と回答した「理科好きの女子」は32人と多いものの，「そう思わない」あるいは「どちらかといえばそう思わない」と回答した「理科嫌いの女子」は11人と少なくなっている。このように理科好きと理科

嫌いの女子に分け，表5-6の質問項目について，回答の平均値の有意差をt検定にて調査した。その結果，表5-7のように，「自分の好きな仕事につけるよう，理科を勉強したい」，「将来，「理科に関係する職業」につきたい」，「普段の理科授業の内容を理解できている」の3項目のみに有意差が見られ，他の項目については，「理科好き女子」と「理科嫌い女子」の間には有意差は見られなかった。「理科嫌いの女子」であっても回答の平均値が，選択肢の中央値である2.5より小さい値を示している，つまり，肯定的な回答を示している項目が半数以上も存在しており，明らかに否定的回答が多いといえるのは，「将来，「理科に関係する職業」につきたい」という項目だけとなっている。第4章の授業実践の対象校では，すべての質問項目において大きな有意差が出現し，「理科嫌いの女子」が「理科好きの女子」よりも理科に対する意識が顕著に低いことが示されたことと比較すると，本章の対象校における「理科嫌いの女子」の理科に対する意識はそれほど低くないといえるだろう。また，「友だちから自分は理科がよくできると思われたい」と「理科の実験は同性だけのグループで行いたい」では，「理科嫌いの女子」の方が「理科好きの女子」よりもわずかに肯定的に回答している点が興味深い。これら二つの質問項目は第4章では尋ねなかったため，他校でも当てはまる一般的傾向なのか，あるいは「入試校」の特徴なのかは定かではないが，「理科嫌いの女子」ほど周りからの評価の目を気にしたり，同性だけの集団を好む傾向があるのかもしれない。いずれにしても，本実践の対象校における「理科嫌いの女子」は「理科好きの女子」と比較して理科学習から顕著に離れているとは言い難いことが明らかとなった。

　選択式問題には，もう一題「中学生になってから今までの間に，理科が好きになりましたか」という設問を用意した。これは小学校から中学校に上がると理科への好感度が下がるという一般的傾向を対象校が示すのかどうかを調査する項目である。選択肢への回答分布は表5-8のようになった。χ^2検定の結果，回答の分布に関して男女間に違いは見られなかった。この表から，

表 5-7　単元開始前の質問紙調査における「理科好き女子」と「理科嫌い女子」の回
　　　　答の平均値と有意差の検定結果

質問項目	平均値		t 値	理科好きと理科嫌いの有意差
	理科好きの女子	理科嫌いの女子		
理科の勉強は大切である。	1.50	1.67	− 0.737	なし
理科の勉強は受験に関係なくても大切である。	1.59	1.90	− 1.311	なし
自分の好きな仕事につけるよう，理科を勉強したい。	2.00	2.70	− 2.392	$p < .05$
将来，「理科に関係する職業」につきたい。	2.81	3.60	− 3.276	$p < .05$
理科の第 1 分野の勉強が好きである。	2.22	2.80	− 1.714	なし
理科の第 2 分野の勉強が好きである。	1.88	1.90	− 0.088	なし
理科の勉強で，実験や観察をすることが好きである。	1.44	1.80	− 1.514	なし
理科の勉強で，動物や植物の世話をすることが好きである。	1.91	2.10	− 0.567	なし
理科の勉強で，ものをつくったり，道具を使ったりすることが好きである。	1.91	2.30	− 1.280	なし
日常生活で理科は役に立つと思う。	1.66	1.90	− 0.831	なし
自分にとって将来，理科は役に立つと思う。	1.91	2.44	− 1.716	なし
いろいろな教科の中で，理科は重要だと思う。	1.77	1.90	− 0.457	なし
友だちから自分は理科がよくできると思われたい。	2.59	2.50	0.288	なし
理科の実験は同性だけのグループで行いたい。	2.94	2.89	0.162	なし
普段の理科授業の内容を理解できている。	2.17	2.80	− 2.193	$p < .05$

註 1)「理科好きの女子」とは，質問項目「理科の勉強が好きである」に肯定的回答をした女子で，「理科嫌いの女子」とは，その質問項目に否定的回答をした女子である。
註 2)「そう思う」: 1，「どちらかといえばそう思う」: 2，「どちらかといえばそう思わない」: 3，「そう思わない」: 4までの 4 段階の平均値である。
註 3) t 検定の自由度（df）は11〜40である（質問項目によっては，不等分散であるため）。

表 5-8　単元開始前の質問紙調査における中学生になってからの理科への好感度の変化

	1　中学生になる前からずっと好き。	2　中学生になってから，好きになった。	3　中学生になってから，きらいになった。	4　中学生になる前からずっときらい。
男子（人）	12	18	4	2
女子（人）	13	17	8	5

註)「中学生になってから今までの間に，理科が好きになりましたか，きらいになりましたか。あてはまる番号に○をつけてください。」という質問項目に対する回答人数

　対象校では，中学生になってから理科を好きになった生徒が男女ともに多く，しかも，小学生のころから好きだった生徒よりも多くなっており，中学生になってから理科を嫌いになったという生徒は，女子が男子よりも多いもののその数は少なくなっている。したがって，対象校では，一般的な傾向と異なり，中学生になっても理科を嫌いにならず，さらには理科好きが増えているという特徴があるといえる。

　次に，記述式問題の回答において，生徒の理科に対する意識を見ていく，理科の勉強の好き嫌いを尋ねた選択式問題の後に，好き嫌いの理由を自由記述で尋ねた結果を表 5-9 にまとめる。なお，無回答の生徒はいなかった。理科好き（肯定的回答）の生徒の半数程度は，その理由として実験や授業の楽しさを挙げ，理科嫌い（否定的回答）の生徒の多くは，内容理解の困難性や記憶することの多さを挙げていた。男女間で回答傾向に大きな違いは見られなかったが，女子は男子よりも「理科好き」も「理科嫌い」も，内容の理解度の自己認識に着目する生徒が多かった。前章で示した一般の公立校の調査結果とほぼ同様な傾向が見られたが，本調査では，理科好きの理由として「先生」が挙げられており，内容のおもしろさや理解できることに加え，教師も理科好きの要因となることが示された。また，前章と異なり，理科嫌いの理由として，自身の将来との無関係性について主張する回答は見られず，また，表 5-6 の「自分にとって将来，理科は役に立つと思う」に対しても肯

表 5-9　単元開始前の質問紙調査における理科の好き嫌いの理由

理科の好き嫌い	好き嫌いの理由	男子（人）	女子（人）
肯定的肯定「好き」あるいは「どちらかといえば好き」	実験や授業のおもしろさ・楽しさ	28	18
	理解できる・わかりやすい	4	8
	好きな内容と嫌いな内容がある	2	4
	内容は難しいが，実験や授業はおもしろい	0	3
	先生	3	2
	得意だから	2	0
	考えるのが楽しい	2	0
	その他（一人ずつ異なる回答）	4	5
否定的回答「きらい」あるいは「どちらかといえばきらい」	難しい・わかりづらい	2	4
	覚えることが多い	0	5
	計算があるから	0	2
	テストでいい点数がとれないから	0	2
	苦手だから	0	2
	その他（一人ずつ異なる回答）	1	3

註）複数に該当する回答も見られたため，合計人数は回答者の人数とは一致しない。

定的回答が多いことから，本章における対象校では，理科の有用性の認識は高いといえるだろう。

　続いて，対象校において理科の内容による理解度の自己認識について，男女間に違いが見られるかを調査するために用意した二つの設問「これまで理科で勉強した内容で，よくわかったもの，楽しかったもの，もっと勉強したいものはありましたか。思い出せるすべてを書いてください」と「これまで理科で勉強した内容で，よくわからなかったもの，難しかったものはありましたか。思い出せるすべてを書いてください」の自由記述による回答を分類した。表5-10に結果を示す。ここに挙げられているのは，対象者が小学校

表 5-10　これまで学習した内容でよくわかったもの・よくわからなかったもの

分野	学習内容	よくわかったもの 回答数（個）		よくわからなかったもの 回答数（個）	
		男子	女子	男子	女子
物理	音	2	5	4	10
	光	3	4	7	11
	力（圧力，浮力，重力，バネなど）	1	3	13	24
	電気	2	4	3	3
化学	水溶液	3	5	5	10
	状態変化	3	2	1	1
	爆発実験	4	3	0	0
生物	植物	5	20	3	2
	解剖	2	1	0	0
	人体	0	3	0	0
	虫	0	0	0	2
	生物	1	2	2	0
地学	火山・地震	7	8	1	7
	地層・化石	4	7	1	4
その他	計算	0	0	1	6
	密度	0	0	0	6

註1）複数回答を可としたため，合計人数は回答者の人数とは一致しない。
註2）男女それぞれ一人しか回答がなかった内容については，この表には示していない。

から中学校2年生の4月までに理科の授業で学習した内容の中から，思い出すことのできたものである。つまり，内容理解に関して，特に印象に残っているものであると推測される。「よくわかったもの」の男子の回答については，分野によって特に偏りは見られないものの，女子については生物分野の「植物」が突出して多くなっている。女子は植物に関する学習に好感をもっ

ていたことがうかがえる。一方，「よくわからなかったもの」の回答につい
ては，男女ともに物理学の内容が大半を占めている。特に，「力」に関する
理解の困難性が強く，中学校１年生で学習した「力と圧力」の学習の印象が
強く残っているものと推測される。女子の苦手意識が強いとされる「電気」
に関しては，回答数は少なかったが，電気に関する学習内容は中学校１年生
では行われず，小学校で学習してきた「電気の通り道」や「電磁石の強さ」
といった定性的な電気の理解については，対象校の生徒にとって，それほど
難しく感じなかったのではないだろうか。なぜなら，本設問において，女子
は男子がほとんど挙げなかった，「計算」や「密度」といった分野を横断す
るような数量的扱いに関して理解の困難性を主張しており，数値計算を含む
事項に関する苦手意識が強く，そのために中学校段階で「電気」の内容で数
値計算が頻出するようになると，特に嫌悪感を示すことが予想されるからで
ある。「音」や「光」よりも「力」の回答数が多くなっているのも，中学校
１年生で圧力を計算によって求める必要が出てくるためではないかと考えら
れる。数値計算に対して女子の方が男子よりも苦手意識が強いのは，第１章
の村松らによる先行調査，および第４章の対象校における調査でも同様な結
果が表れている。中学校２年生の「電流」単元で，オームの法則や電力量の
計算などが，女子の苦手意識を強化させてしまう可能性は否定できない。

２．理科のイメージ

　これまで対象校の生徒の理科に対する意識を分析してきたが，次に生徒た
ちがもつ理科のイメージに目を移すことにする。単元開始前の質問紙調査に
おいて，「理科の勉強が役に立ったり，理科を勉強しないとできないような
「理科に関係する仕事」と聞いて，思いうかぶ職業をできるだけたくさん書
いてください」という設問を用意した。この設問で複数挙げられた職業を
表5-11にまとめる。男子は一人につき，最大で６種類の職業を，女子は最
大で13の職業を挙げていた。平均の記述個数は，男子が約2.7個，女子が3.4

表 5-11　単元開始前の質問紙調査における「理科に関係する職業」に対する回答

職業名	男子（人）	女子（人）
科学者	22	24
理科の先生，学校の先生	18	22
医者	9	19
研究者，研究員，学者	6	13
宇宙飛行士	1	8
博士	2	6
発明家	3	6
薬剤師	2	5
獣医	1	5
気象予報士	4	4
生物学者	1	2
考古学者	1	2
化学工業	0	2
天文学者	2	2
電気屋	2	1
地学者	2	0
電力会社社員	4	0
NASA	2	0
無回答	0	2

註）男女それぞれ一人しか回答がなかった職業については，
　　この表には示していない。

個であり，女子の方がより多くの職業を回答したといえる。前章での同設問の結果と比較すると，回答の個数が2倍近くに達しており，本章の対象校は，「理科に関係する職業」をより多くイメージできている。しかし，この対象校においても科学者，教師，医者，研究者といった職業に回答が集中してい

る点では，前章の対象者と同様である．また，博士や発明家といった回答も
多く，「科学者」，「研究者」，「博士」，「発明家」という近接の職種を一人で
複数挙げている生徒も少なくなく，それぞれの違いを明確に認識しているの
かは定かではない．本調査においても，「看護師」は挙げられず，農業や漁
業，アスリートといった理科の学習内容と関係性の深い職業についても全く
挙げられなかった．理科という教科の学習においてもキャリア教育が必要と
されるのではないだろうか．ところで，男女の回答傾向に着目すると，やは
り女子の方が医者，薬剤師，獣医といった人体や生物に関係する職業を多く
挙げており，生物学に対する女子の関心の高さがうかがえる．一方で，男子
は女子には見られなかった「電力会社社員」を挙げているが，調査を行った
同年の3月に東日本大震災が起こり，原子力発電所のニュースが繰り返し伝
えられていたことによるものではないかと推測する．

　最後に，理科のイメージを直接尋ねた設問「「理科」や「科学」，「科学技
術」という言葉から思いうかぶイメージを自由に書いてください」の回答の
うち，複数挙げられたものを表5-12に示す．男女ともに理科から「実験」
をイメージすることが多く，女子の方が具体的な実験器具や薬品の名前を提
示する傾向にあった．また，前章の対象校と異なり，「難しい」というイメ
ージを男子ももっていることが明らかとなり，本章の対象校では，男女とも
に理科に対してハードなイメージを抱いているといえる．この設問において
も，前述の「理科に関係する職業」と同様に，女子の記述量の方が多く，多
様な言葉でイメージを表現していることが明らかである．一人しか挙げなか
った回答に着目すると，女子には「かたい」，「常識を知らなそう」，「眠って
なさそう」，「男しかやらない」といったマイナスイメージで，ジェンダーの
固定観念にも関わるような回答が見られたのに対し，男子にはそのような回
答は見られず，「世界共通」，「発明」，「不思議」といった類の回答が散見さ
れた．これらのことから，理科にマイナスのイメージをもち，自分は関わり
たくないと考えている女子が一部にいることが明らかとなった．

表 5-12　単元開始前の質問紙調査における「理科のイメージ」に対する回答

回答例	男子（人）	女子（人）
実験	9	16
難しい，難しそう	8	11
実験器具，薬品など	2	12
研究	3	7
白衣	2	6
科学者，博士，各種職業など	6	5
ロボット	3	3
頭がいい，インテリ	1	3
爆発	3	2
自然，環境	1	2
楽しい，おもしろい	0	2
役立つ，必要，日常生活と関わるなど	2	0
地球，宇宙	0	2
無回答	1	1
その他（1人ずつの回答）	24	27

3．「電流」に関する既有知識

　単元開始前の質問紙調査の残る一題は，「「電気」や「電流」について知っていることを何でも自由に書いてください」という「電流」に関する既有知識を問う設問である。回答結果を表 5-13 に示す。表に挙げられている回答は，小学校理科において「電気」に関して学習した事項（＋極，電池，直列，回路，モーター，コイルなど）と，日常生活において得た知識（感電，大切なもの，発電，ピカチュウ（アニメに登場する放電するキャラクター）など）の両方が混在しているようである。男女で回答傾向に大きな差は見られないが，この設問においても女子の方がやや記述量が多くなっている。対象校は入学試験

表5-13 「電流」に関する既有知識

回答例	男子（人）	女子（人）
＋極，－極	4	7
電池	2	7
直列，並列	2	7
ビリビリする，感電する	3	8
回路	1	5
エネルギー	1	3
普段の生活で利用されている	4	2
大切なもの，必要なもの	3	2
発電所，発電	4	2
光る	0	3
モーター	2	3
LED	1	3
危険	0	2
通す，通さない	0	2
S極，N極	3	0
コイル	2	0
ピカチュウ	2	0
無回答	5	6

註）男女それぞれ一人しか回答がなかった内容については，この表には示していない。

のある中学校であるため，すでに塾などで中学校2年生の「電流」単元に関する内容を学習している生徒も多いのではないかと予想していたが，表5-13には，小学校の学習内容を超える科学的知識は見当たらず，「電気」に関する知識量はそれほど多くないことが示唆された。また，この設問では他の記述式問題よりも無回答の人数が多く，「電気」や「電流」についてす

ぐに思いつく事柄がなかった生徒も少なからずいたことがうかがえる。

第2項　授業中の活動の様子

　「電流」単元の実践結果について，本項から見ていくことにする。まず，本単元の進行については，表5-4に示したように概ね展開することができた。しかし，対象校は毎週時間割を組むという独特の教育課程編成の方法をとっており，学校教育法施行規則に定められている各教科の授業時数を年間では満たしているものの，週によっては理科の授業が行われなかったり，逆に週に4，5時間も行われたりするなど，週当たりの理科の時間数は固定されておらず，常に変動している。特に，夏の時期は理科の時数は少なくなっていた。それに加えて，学校の行事の都合により，単元の進行中に他単元の学習に移行せざるを得ないことなどもあり，通常2〜3か月程度で終了する「電流」単元であるが，単元開始から終了に6か月以上も費やされることとなった。そのような単元進行であったために，生徒は「電流」単元の授業を定期的かつ連続的に受けておらず，長期の中断期間もあり，「電流」単元の学習について，固定的なイメージをもたなかった可能性がある。

1．授業中の態度

　まず，単元開始時に実験グループが男女混合グループから男女別のグループへと変更されたため，初めのうちは同性のみのグループに慣れておらず，ぎこちない様子が見られた。しかし，単元の学習が進行するにつれて，違和感なく全員が実験に参加する姿勢が見られるようになった。実験器具に触れることがなかったり，記録・片付けだけを担当したりする女子は見られなかった。実験以外の教師の説明を聞く時間では，女子は顔を上げて熱心に教師の話に耳を傾けてはいたものの，男子の方が活発に意見を述べたり，教師の発問に答えたりしていた。単元開始前と単元終了後の質問紙調査における同設問「実験は同性のグループで行いたい」に対する回答を表5-6と同様に集

計すると，単元開始前の女子の平均値は2.86で，終了後は2.20と有意に肯定的になっていた（対応のある t 検定の結果，$t(34)=3.59$，$p<.05$）。そして，この設問では男子にも同様の傾向が現れた（開始前：2.56→終了後：2.00，$t(26)$ $=2.11$，$p<.05$）。なお，単元開始前の平均値が表5-6と若干異なっているのは，生徒個人の変化を分析するために，有意差の検定に対応のある t 検定を用いることとし，単元開始前と終了後の質問紙調査をどちらも欠席せずに受け，両方を提出した生徒の回答のみを検定の対象としたからである。この調査結果から，単元開始前には，それまで理科授業で行われてきた男女混合のグループ編成を望む女子が半数以上いたものの，単元終了後には男女別のグループ編成を好む女子が増加し，全体的にも男女別のグループを望む生徒が多数を占めることになったことがわかる。この設問に対する回答の理由は2回目の質問紙で尋ねているため，その詳細については次項で分析するが，同性のみのグループに初めは抵抗感があったものの，実験を繰り返すうちに，そちらの方がいいという印象に変化したことがうかがえる。前述のように，対象校は理科好きが非常に多く，授業観察から実験への積極性も高く，これらのことから推測すると，男女別の同性のみのグループの方が，男女ともに自ら積極的に実験に参加しやすいグループ形態であることを実感したのではないだろうか。

2．導入した3種類の方策に対する取り組み方

1）女子の興味や経験に基づくトピック

　前述のトピックを教師が解説したところ，女子は配布されたプリントを熟読し，集中して話を聞いていたが，男子のように疑問に感じたことをすぐに教師に質問するといった積極性は見られなかった。しかし，トピック1に関連して自身の飼っている犬のエピソードを女子が自ら話し出したり，トピック2で教師が水槽の温度調節機能が壊れたときの話をしたところ，女子の多くが「えーっ，本当？」と驚きの声をあげる様子が見られ，女子もトピック

の内容に興味をもてたことがうかがえた。

2）美的観賞を含む協同的な問題解決活動

　本単元の全授業のうち，女子が授業に最も積極的に参加し，楽しんでいた様子を見せたのは，美的観賞を含む協同的な問題解決活動の実験1「オリジナル電飾づくり」であった。自由に電飾を作るという課題であったため，生徒がどのような反応を示すか懸念されたが，すぐに活動に没頭し，希望通りの電飾を作るにはどうすればいいか試行錯誤を繰り返していた。しかし，この実験は2時間連続の設定であったため，問題解決のための時間が長かったせいか，男子グループの中には途中で飽きてしまい，活動とは関係のない遊びを始めるグループもあった。女子グループでは，豆電球の明るさだけではなく，配置をどのようにするかにもこだわったり，「目に優しいライト」や「光の花束」のようなテーマを設定したりする様子も見られた。一方，男子グループではスイッチを使って，豆電球を点滅させたり，時間差で点灯させたりといった方法を編み出していた。全体の色や配置バランスに重点を置く女子と，動的な光に着目する男子との違いは，第2章で述べた目の神経節細胞の性差と一致しており，製作の着眼点が生物学的な性差に起因する可能性は高いといえる。授業時間の最後に，実験室を暗くして，各グループの発表時間を設けて作品を観賞し，評価する場面では，歓声があがったり，拍手が起きたりと，非常に盛り上がった授業であった。

　この実験のワークシートの女子の記述例を図5-1に示す。ワークシートに自分のグループが作った電飾の回路図を書いていた女子は93％で，男子の81％よりも多かった。ただし，豆電球の数が10個と多くなり，回路自体が複雑になるため，授業担当教師が「大まかな回路図で構わない」と助言したため，概略図を書く生徒が多く，科学的に正しい回路図となっていない記述も見られた。そのような状況を勘案しても，ほとんどの女子が回路図を書くのを厭わなかったことは，やはりこの活動が女子にとって好感のもてるもので

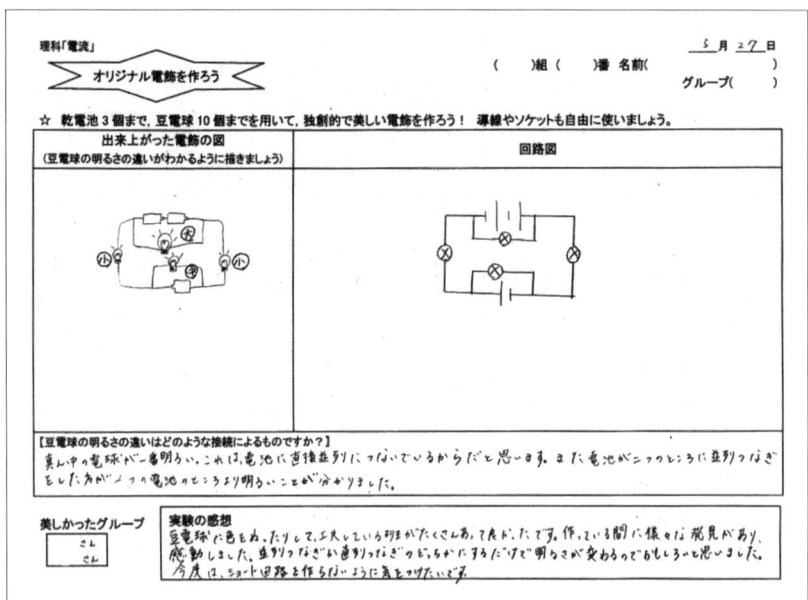

図5-1　実験1：「オリジナル電飾づくり」のワークシートの記述例（女子）

あり，意欲的に参加できたことの表れではないだろうか。

　ワークシートの感想欄には，すべての女子が「いろいろな回路がつくれて良かったと思いました」や「ちょっと試したらこの回路が出来ておどろきました。なんでもやってみることだなと思いました」などと肯定的に記述し，「つまらなかった」といった否定的な感想だけを述べた女子はいなかった。「美しい電飾をつくる」という課題に対し，苦労や大変さを感じつつも，それを乗り越えて得られた達成感や喜びを記述した女子が36％いた。具体的には，「最初は難しかったけど，出来ていくうちに楽しかったし，きれいになっていたのでよかったです」や「どうやったら思い通りにいくのかがわからなくて，むずかしかったです。しかし，2人で協力したら，うまくいき，思い通りにいけました」といった記述である。さらに，女子の半数が，配線方法と明るさの関係を実感し，「感動した」，「すごかった」，「驚いた」といっ

た感情の大きな動きを示す語句を用いていた。また，「10個じゃなくて，もっとたくさんでやったら，もっときれいになると思うから，やってみたい」のような実験へのさらなる意欲を示す記述や，「他のグループの回路を見て，工夫されていてすごいと思いました」といった他のグループの電飾を観賞し，評価する記述も複数見られた。なお，男子についても否定的な記述はほとんどなかったが，「けっこうむずかしかった。もっとすごいのを作りたかった」や「みんなとくらべてすこしがっかりした」，「とても頭を使いました」のように苦労を主張したり，うまくできなかったことを悔やむ感想も一部に見られた。

　もう一つの協同的な問題解決活動である実験2の「IH調理器の分解」のワークシートの記述部分の例を図5-2に示す。この実験では，女子が興味深そうにIH調理器の中を覗き込んで観察する様子が見られた。IH調理器の台数が限られていたため，通常の倍の4人で1グループとなって活動したため，分解をする際に，ねじを回す作業に直接関われない生徒もいたが，中から巨大なコイルが現れると「わーっ，すごい！」と感嘆する声があがった。IH調理器を分解する前に，IH調理器を用いて誘導電流を確かめる実験を行い，ワークシートの「電源につないでいない豆電球がついたのはどうしてだ

◇　IH調理器を用いて，誘導電流を確かめてみよう。
①　導線(ミノムシクリップ付き)を2mぐらいつないで，ソケット付きの豆電球に接続する。(軸にする。)
②　接続したものをIH調理器に乗せられる程度(直径約15cm)の大きさのコイル状にぐるぐると巻く。(4回巻ぐらい)
③　巻いたものをIH調理器に乗せ，電源を入れる。豆電球の点灯を確認したら，電源はすぐに切ること。

豆電球はどのようにつきましたか？	電源につないでいない豆電球がついたのはどうしてだろう？
一瞬だけ「ピカッ」とついた。	コイルにIHから磁界が発生して，電子の回転の向きがそろい，誘導電流が発生した。

◇　IH調理器の中はどうなっているのだろう？分解する方法を考えよう！
注意)必ずコンセントは外すこと。再度使用するため，ていねいに扱いましょう。中を観察したら，元の状態に戻すこと。

中はどのようになっていましたか？	感想
うずまき状の大きなコイルが入っていた。　→	調理器具なのに熱を発こないなんてすごいと思いました。磁気を利用して金属を置いたときにだけ加熱されることに驚きました。

図5-2　実験2：「IH調理器の分解」のワークシートの記述例（女子）

ろう？」という問いに説明を求めた。その結果，「IH調理器に磁界が生じたために，その上に乗せたコイルに電気が流れたから」のように正答できた女子は31％，男子は33％，「磁界が変化したから」のように部分的に正答した女子は33％，男子は38％，誤答した女子は26％，男子は13％となり，女子の方が誘導電流についての理解が男子よりやや劣る結果となった。しかし，男子も正答できた割合は決して高いとはいえず，IH調理器を用いた誘導電流の確認は，生徒たちには難しい内容であったことも考えられる。実験について教師が丁寧に解説するか，あるいは実験を改良する必要があろう。

　また，ワークシートの感想欄には，「コイルがきれいに丸になっていて感動した」や「とても大きくてびっくりしました」などのコイルの美しさや大きさに言及する記述が，女子の３割近くに見られただけでなく，「コイルがとても大きかったので，とても強い電流がでるんだなと思いました」や「IHが金属にふれると熱くなるのが分かった」，「磁気を利用して金属を置いたときにだけ加熱されることに驚きました」といった誘導電流の理解に関連する記述も２割以上散見された。また，「電磁誘導はいろいろな生活の役に立つすごい力だと思いました」や「技術のすごさにおどろきました」といった電磁気の有用性や科学技術の偉大さを実感する記述も１割以上見られた。男子の感想についても同様な傾向が見られたが，誘導電流の理解に関連する記述は１割未満と少なかった。

　両方の実験において，グループ内で協力して課題に取り組む姿勢は見られたが，ワークシートの中に「協力して問題解決をすること」に関する言及は，前述の実験１で「どうやったら思い通りにいくのかがわからなくて，むずかしかったです。しかし，２人で協力したら，うまくいき，思い通りにいけました」という一人の記述しか見られなかった。このことから，これら２種の実験は，美的に観賞する問題解決活動としては女子の好感を得られたものの，協同的に取り組むことに対しては，特に意識されていなかったことがうかがえ，協同性の効果を見極めることはできなかった。

3）想像的な記述活動

　想像的な記述活動は，ワークシートに自由に書き込む形とした。基本的には授業中に15分程度の時間を割いてもらったが，書き上がらなかった場合や，家で調べてくる必要のある活動については宿題とした。記述 1 ～ 6 の女子の記述例を図5-3から5-8に示す。女子のワークシートには，文章量やイラスト数が多く，各課題に対して丁寧に細かく記述する傾向が見られた。具体的には，記述 1 「電気のない生活が普段の生活とどのように違うと思うか」では，まったく記述していない女子はおらず，普段の生活と異なる点を最高で14個も挙げ，平均して4.7個指摘し，男子の4.3個よりもわずかに多くなっている。記述 1 は単元の導入として，一番初めの活動として行い，これから新しい「電流」という学習がスタートすることを印象づけ，電気が自身にとっていかに重要で関わり深いものかを意識づけるための活動でもあった。記述の内容は，男女ともに違いは見られず，図5-3のように電気がないと生活に不自由することが多く列挙されていた。しかし，中には「朝，日の出とともにおきて，日の入りとともに眠る健康的な生活をおくれると思う」や「本が読めたらそれでいいかな」，「エコ」など，電気のない生活を肯定的に捉える回答が男女ともに 2 名ずついた。

　次に，記述 2 「子どもに感電の危険を伝える手紙」では図5-4のように，感電が起こると体がどのようになり，それを防ぐにはどうしたらよいかが具体的に書かれており，トピック 1 の「人体と電流」の解説を受け，感電の危険性と防ぐ方法を理解したことが読み取れる。記述 2 で「感電の危険性」について正しく記述できた女子は83％，感電はなぜ起こるのか，どんなときに起こるのかといった「感電の原因」について言及した女子は80％，「感電を防ぐ方法」については女子の全員が正しく記述できた。男子はいずれも記述した割合は女子よりも低く，特に「感電の原因」については 4 割に満たなかった。しかし，この記述活動は，電気抵抗の学習後であるため，学習内容の理解に基づき，「感電の原因」を人体の電気抵抗と関連づけて記述すること

266

◇ 電気のない一日を想像してください。普段の生活とどのように違うと思いますか。くわしく説明してください。

・夜が暗い　　　　　　・ドライヤーができない
・寒い、暑い　　　　　・食べ物が腐ってしまう
・テレビが見れない　　・電車が動かない
・電子レンジ、冷蔵庫などが　・信号が止まっている
　使えない

◇ 家にある電気で動くもののうち、コンセントからではなく、電池で動いているものをできるだけ多く挙げてみましょう。また、それらに共通していることは何だと思いますか。

電池で動くもの	【共通していることは？】
・リモコン ・時計　・ストップウォッチ ・体重計 ・かい中電灯	小物

図5-3　記述1:「電気がない生活の想像」の記述例（女子）

◇ 小学校低学年の子どもに感電の危険性と感電を防ぐ方法を伝える手紙を書きましょう。
※感電とはどういうものなのかもきちんと伝えて、単にこわがらせるだけの内容にならないようにしましょう。

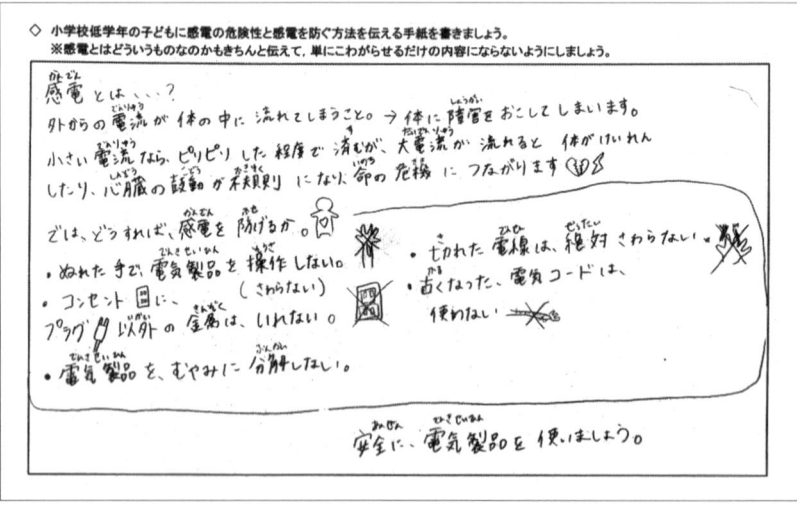

図5-4　記述2:「子どもに感電の危険を伝える手紙」の記述例（女子）

もできるはずであるが，そのような観点から科学的に「感電の原因」を記述できた生徒はほとんどいなかった。「子どもへの手紙」という設定にしたことにより，子どもにもわかりやすく伝えるため，電気抵抗についてふれずに説明したことも予想され，この記述活動で学習内容の理解を測ることはできないといえる。また，女子の半数以上に，色づけやイラストなどのレイアウトの工夫が見られたのに対し，男子の 9 割近くは文章を羅列するのみであった。図 5-4 のように，子どもへの手紙ということを意識して漢字にふりがなをつけたり，絵でわかりやすく示したりするのも女子に特有であった。さらに，記述 2 での女子の文章数の平均は7.2文，男子の文章数の平均は3.5文であった。女子の方が記述により熱心であったといえる。この記述活動中には「本当に小学校にこれを送るの？」といった質問が出て，送るとなればきちんと書かなければいけないという姿勢が表れており，実際に手紙を渡すことが書くことへの動機づけをより高めることが示唆された。

　記述 3 「身の回りの電気器具の調査」および記述 4 「キッチンの電気器具」では，図 5-5 と図 5-6 のように，調べた電気器具の数は男女ともに多く，その差は見られなかったが，キッチンにある電気器具のはたらきについて，「熱」に関する説明をした女子は88％と高かったのに対し，男子は70％と差が見られた。キッチンにある電気器具の特徴として，ワット数が大きいことに気付き，それが熱を出すことと関係するのではないかと考えた女子は 8 名おり，男子の 3 名を上回り，女子でも電力量の定量的な扱いを嫌悪しない可能性が示唆された。このような結果が得られたのは，ワークシートにワット数を書き込む欄を設けたことに起因するかもしれない。記述 4 の「キッチンにどんな電気器具があれば便利になるか」という想像的な記述では，「勝手に料理を作ってくれるロボット」や「くさったものを元に戻す機械」，「一瞬で保存食にしてくれる機械」，「冷蔵庫の中身が扉の画面に映し出される」など，女子の方が男子よりもすぐに実現できそうな器具から，遠い未来に期待したい器具まで，多様に提案されていた。記述 3 から記述 4 へと連続するこ

268

◇ 身のまわりの電気器具を調べてみよう。

器具の名前	器具がよく置いてある場所	表示されているワット数	どんなはたらきをしているのか？（熱を出す，光を出す，情報を送るなど）
標微鏡照明装置	理科室	30W	光を出す
空気清浄機	理科室	10W	空気をきれいにする
カラー液晶ディスプレイ	理科室	35W	映像を映し出す
適合ランプ	理科室	45W	光を出す
水そうをきれいにする何か	水そう	160W・300W	水をきれいにする
ドライヤー	いたるところ	1000W	熱を出す
炊飯器	台所	1065W	熱を出す
冷蔵庫	台所	135W	冷やす
照明	いたるところ	30W	光を出す
ポット	台所	985W	水をあたためる
パソコン	テーブルの上	60W	情報
時計	壁	78W	情報

図 5-5　記述 3：「身の回りの電気器具の調査」の記述例（女子）

◇ 身のまわりの電気器具の中から特にキッチンに置いてあるものに着目しよう。
グループで話し合いながら，キッチンにある電気器具のはたらきと特徴を考えてみよう。

器具の名前	ワット数	はたらき
炊飯器	1065W	熱を出す
冷蔵庫	135W	熱を出す
ポット	985W	熱を出す
レンジ	900W / 1000W	熱を出す / 熱を出す水を出す
食器洗いき	900W	
IH	3000W	熱を出す
トースター	850W	熱を出す
ミキサー	210W	かきまぜる・動力
パンやきき	430W	熱を出す
フードプロセッサー	80W	熱を出す
かんぷせん	1250W	風を出す

【キッチンにある電気器具の特徴は何だろう？】

・熱を出すものがたくさんある。

◇ キッチンにどんな電気器具があればさらに便利になるだろう？

・熱をすぐに冷やせる電気器具。
・賞味期限になったら捨ててくれる機械。

図 5-6　記述 4：「キッチンの電気器具」の記述例（女子）

れらの課題は，想像的に記述する部分は少ないものの，学習内容との関連性
も明確であるため，授業への導入は容易であった。

　記述 5 「放電の詩」では，図 5-7 のように58％の女子が静電気の危険性や
電子の流れについての俳句をつくり，散文詩をつくった人数を上回っていた。
理科の授業で「詩をつくる」ことに対して抵抗感があったためか，男子の
30％近くが未提出であった。陰極線の直進や磁石による屈曲を観察した後に，
この活動を導入したが，何を詩の題材として表現すればいいのかわからなか
った生徒も多く，書くのに苦労する様子が見られた。活動の意図が伝わりづ
らかったのかもしれない。また，記述 5 は他の記述活動と比較して，記述量
が少なく，熱心に取り組んだ様子はあまり見られなかった。そもそも陰極線
は美的な観賞に相応しい事象ではなかった可能性がある。「詩をつくる」と
いう記述活動を導入すべきかどうかは，さらなる検討が必要であろう。

　最後の記述 6 「新たに開発した電気器具の広告」については，記述 2 と同
様に色づけやイラストなどのレイアウトの工夫が，男子よりも女子に多く見
られた。図 5-8 のように，自分が考えた電気器具の機能や特徴をイラストだ
けでなく，文章でも細かくアピールしている点で女子は男子よりも優れてお
り，広告としての完成度が高い。女子も男子に劣らずアイデアは多様で，
「消しゴムリサイクル機」，「料理が出てくるテレビ」，「電動ペン」，「勝手に
水やり器」など様々な器具が提案された。この記述 6 は「電流」単元の学習
の終わりに行ったが，記述内容において，この単元で学習した科学概念を活
用した事象や，学習内容と直接関係する事柄は，いずれのワークシートにも
見当たらなかった。つまり，この記述活動を女子が楽しんでいたことは推測
できるが，本単元で学習してきた内容によって記述内容が影響を及ぼされる
とは考えづらく，単元進行のどの場面に導入しても記述内容に違いは現れな
いことが予想される。想像的な記述活動は，女子の理解度の向上がねらいで
はなく，理科に対する意識と態度を改善するための方策である。そのため，
女子が特に嫌悪する本単元において，意識や態度を改善するのであれば，単

270

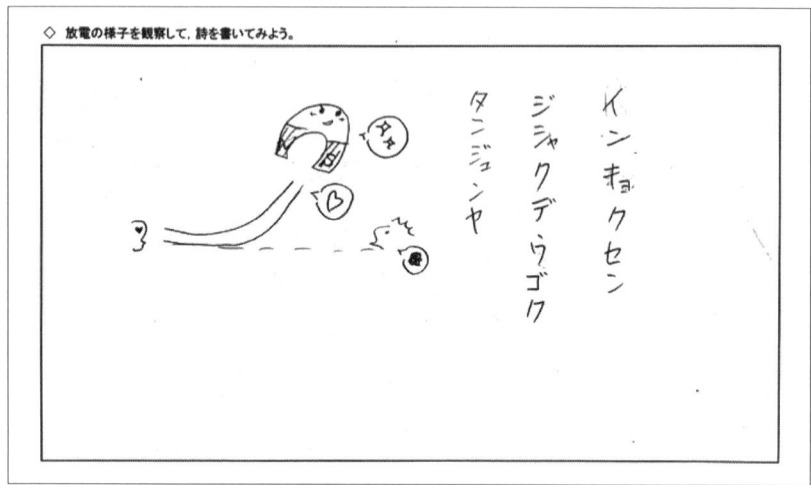

図5-7 記述5：「放電の詩」の記述例（女子）

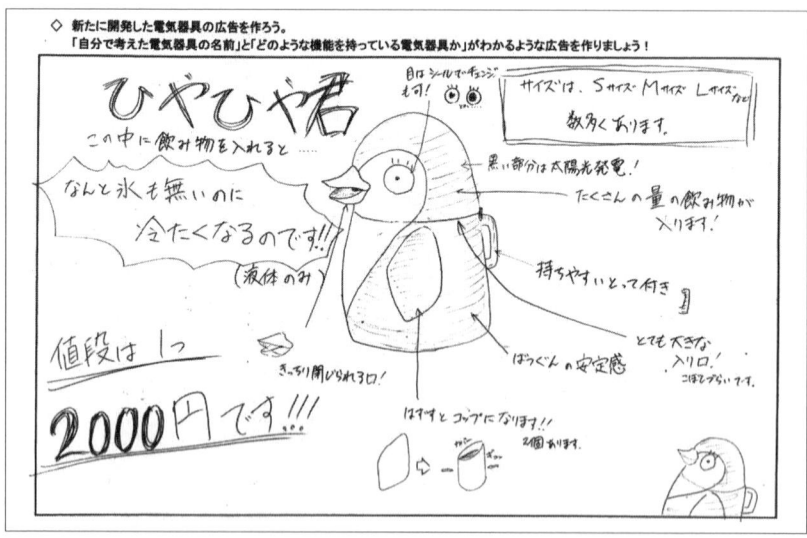

図5-8 記述6：「新たに開発した電気器具の広告」の記述例（女子）

元の進行途中に，女子が楽しめるこのような記述課題を導入し，女子の「電気」に対する動機づけを低下しないようにするべきであったかもしれない。

　想像的な記述活動に対する女子の取り組み方を総括すると，いずれの記述に対しても嫌悪感を示すことなく，時間をかけて意欲的に取り組んでいたことがうかがえる。しかし，各活動の利点と問題点はそれぞれ異なり，「想像的な記述活動」の導入が女子の理科学習に効果的であると一概には言えないことが示唆された。また，記述内容や導入時期についてもさらなる検討の余地があるといえる。

第3項　単元終了後の理科に対する意識

　次に，単元終了後の女子の理科に対する意識を質問紙調査の結果から見ていくことにする。その際，単元開始前の質問紙調査の結果を比較の対象とするが，必要に応じて単元進行途中に実施した2回目と3回目の質問紙調査も比較の対象とする。

1．理科学習全般に対する意識

　理科学習全般に対する生徒の意識の変化については，単元開始前と終了後の質問紙に共通する設問への回答結果から考察する。回答の集計方法は表5-6と同様である。単元開始前と終了後の回答結果を表5-14に示す。単元開始前の平均値が表5-6と若干異なっているのは，先述のように，生徒個人の変化を分析するために，対応のある t 検定を用いることとし，開始前と終了後の質問紙調査のどちらか一方を欠席した生徒の回答は除き，両方受けた生徒の回答のみを検定の対象としたからである。表5-14から，女子の意識は前後であまり変化が見られず，有意に上がったのは「実験は同性のグループで行いたい」（$t(34) = 3.59$, $p < .05$）だけで，有意に低下したのは，「自分にとって将来，理科は役に立つと思う」（$t(35) = -2.16$, $p < .05$）だけであった。つまり，女子の理科の勉強の好き嫌い，理科の大切さの認識，日常生

272

表5-14 単元開始前と終了後の質問紙調査の同一設問に対する男女の回答結果

質問項目	男子			女子		
	開始前平均値	終了後平均値	前後の有意差	開始前平均値	終了後平均値	前後の有意差
理科の勉強が好きである。	1.52	1.48	なし	1.97	2.00	なし
実験は同性のグループで行いたい。	2.56	2.00	$p<.05$	2.86	2.20	$p<.05$
授業内容をどのくらい理解できているか。	1.96	2.11	なし	2.31	2.37	なし
理科の勉強は大切である。	1.25	1.39	なし	1.56	1.58	なし
日常生活で理科は役に立つと思う。	1.79	1.46	$p<.05$	1.73	1.84	なし
自分にとって将来，理科は役に立つと思う。	1.93	1.61	$p<.05$	2.03	2.36	$p<.05$
理科の第1分野の勉強が好きである。	2.07	1.96	なし	2.30	2.35	なし
理科の第2分野の勉強が好きである。	1.93	1.61	なし	1.89	2.03	なし

註1）「そう思う」：1，「どちらかといえばそう思う」：2，「どちらかといえばそう思わない」：3，「そう思わない」：4までの4段階の平均値である。「授業をどのくらい理解できているか」の設問については，「よくわかる」：1，「だいたいわかる」：2，「わからないことがたまにある」：3，「わからないことが多い」：4として集計している。
註2）有意差の検定は対応のある t 検定を用いた。自由度は質問項目によって若干異なるが，男子は27前後，女子は37前後である。

活における理科の有用感，内容の理解度の自己認識，両分野の勉強の好き嫌いについては，単元終了後も単元開始前の水準を保っているといえる。しかも，有意に低下した将来への理科の有用感も含め，すべての質問項目で2.5を下回る平均値を示しており，肯定的回答が多いことが予想される。このことをどのように評価するかについては，次の「電流」単元の学習に対する意識の結果と併せて考察する。

有意な変化が見られた設問のうち，実験の同性グループへの希望が高まっ

ていることについては，男子も有意に向上していた。単元開始前の質問紙では，男子の肯定的回答は18人，否定的回答は18人で，女子の肯定的回答は12人，否定的回答は29人であったが，2回目の質問紙（単元開始後約1ヶ月が経過）において，男子の肯定的回答は23人，否定的回答は5人，女子の肯定的回答は25人，否定的回答は14人と，すでに男女ともに肯定的回答が否定的回答を大きく上回っている。特に，女子の意識変容が大きいことがわかる。2回目の質問紙では，この回答の理由についても尋ねた。その結果，「わからないことを聞きやすい」，「協力しやすい」，「コミュニケーションがとりやすい」といった理由が，男女ともに肯定的回答の6割を占めていたが，これらのほかに「参加しないでいるということがない」や「女子だけでやった方が盛り上がる」といった理由が女子に特有に見られた。つまり，同性のみのグループの方が，実験の進行が容易であると実感した生徒が多く，一部の女子は男女混合のグループでは実験に参加しづらかったことを自覚したといえる。また，否定的回答の理由としては，少数ではあるものの「異なる意見や発想を取り入れるため」という実験の進行のしやすさよりも，個人の考え方を重視したいとする正当な回答が男女ともに見られた一方で，女子の中には「男子の力を借りたいときもある」や「男子がいると助かる」といった実験を男子に委ねる依存的な回答も見られた。男子には「男どうしだと遊んでしまう」という回答があり，男子の行動を抑止するための存在として女子を捉えていることが予想される。このように，実験を男女別の同性グループに設定したことで，混合グループよりも活動しやすいと実感した生徒が大半であったが，混合グループを希望する生徒は，混合グループの良さを認識できている者と，ジェンダーによる役割分担を容認してしまう者とに分かれることが明らかとなった。

　有意な変化が見られたもう一方の，将来への理科の有用性の実感が低下したことについては，その要因を本実践から予測することはできなかった。さらに，男子については，表5-14のように，単元終了後に意識低下は見られ

ず，「実験は同性のグループで行いたい」に加えて，「日常生活で理科は役に立つと思う」と「自分にとって将来，理科は役に立つと思う」についても有意に肯定的に変化していた。

　さらに，単元開始前の質問紙調査の「理科の勉強が好きである」に対して肯定的に回答した「理科好きの女子」と，否定的に回答した「理科嫌いの女子」を比較すると次のような結果が得られた。まず，単元終了後の質問紙調査においても「理科の勉強が好きである」という同一の項目を用意したところ，開始前から終了後に「理科好き」から「理科嫌い」へと意識が低下した女子は 2 人，逆に「理科嫌い」から「理科好き」へと好転した女子は 4 人であった。一般的に中学校の学習内容の中で最も女子が嫌う本単元において，単元終了後に「理科嫌い」から「理科好き」へと変容した女子が，その逆の女子よりも多いことは注目に値する。次に，表 5-14 の質問項目に対する「理科好き女子」と「理科嫌い女子」の回答の平均値をまとめると表 5-15 のようになる。両者ともに，「実験は同性のグループで行いたい」という設問で有意に肯定的になっていることがわかる。特に，「理科嫌いの女子」は平均値が2.71から1.86へと大きく変化しており，男女別の集団編成による実験を経験した後で，その集団編成を望む姿勢が強くなっているといえる。このことから，男女別の集団編成は「理科嫌いの女子」を特に引きつける方策であることが推測される。単元の前後で有意差が見られたのは，集団編成に関するこの設問を除くと，「理科好きの女子」の「自分にとって将来，理科は役に立つと思う」だけであった。これは本授業実践に前章のようなキャリア教育の視点からの方策を導入することによって改善が可能かもしれない。「理科好きの女子」については，有意差は見られないものの単元終了後に平均値がわずかに否定的な方向に変化した設問が多い一方で，「理科嫌いの女子」については，わずかに肯定的に変化した設問が半数以上を占めており，本授業実践は単元開始前に「理科嫌い」だった女子の理科に対する意識の改善により効果的であったことが示唆された。なお，表 5-15 のすべての設問

表 5-15　単元開始前と終了後の質問紙調査の同一設問に対する「理科好きの女子」と「理科嫌いの女子」の回答の平均値

質問項目	理科好きの女子			理科嫌いの女子		
	開始前平均値	終了後平均値	前後の有意差	開始前平均値	終了後平均値	前後の有意差
実験は同性のグループで行いたい。	2.89	2.29	$p < .05$	2.71	1.86	$p < .05$
授業内容をどのくらい理解できているか。	2.14	2.33	なし	2.88	2.63	なし
理科の勉強は大切である。	1.54	1.54	なし	1.62	1.75	なし
日常生活で理科は役に立つと思う。	1.64	1.89	なし	2.00	1.67	なし
自分にとって将来，理科は役に立つと思う。	1.89	2.29	$p < .05$	2.50	2.63	なし
理科の第1分野の勉強が好きである。	2.18	2.32	なし	2.67	2.44	なし
理科の第2分野の勉強が好きである。	1.89	1.96	なし	1.89	2.22	なし

註1）「理科好きの女子」とは，単元開始前の質問紙調査の質問項目「理科の勉強が好きである」に肯定的回答をした女子で，「理科嫌いの女子」とは，その質問項目に否定的回答をした女子である。

註2）「そう思う」：1，「どちらかといえばそう思う」：2，「どちらかといえばそう思わない」：3，「そう思わない」：4までの4段階の平均値である。「授業をどのくらい理解できているか」の質問項目については，「よくわかる」：1，「だいたいわかる」：2，「わからないことがたまにある」：3，「わからないことが多い」：4として集計している。

註3）有意差の検定は対応のある t 検定を用いた。そのため，開始前と終了後の調査対象者を揃える必要があり，どちらかの質問紙調査が無回答だった生徒は除外した。その結果，表5-7の単元開始前の平均値と若干異なっている。自由度は質問項目によって異なり，「理科好きの女子」は28前後，「理科嫌いの女子」は8前後である。

において，単元終了後の「理科好き女子」と「理科嫌い女子」の回答の平均値の間には有意差は見られなかった。表5-7の単元開始前の結果をふり返ると，「理科好きの女子」と「理科嫌いの女子」の間に見られた授業内容の理解度の認識に関する有意差が，単元終了後には消滅したことになる。これは表5-15の結果から，授業内容の理解度の認識について，単元終了後に「理

科好きの女子」はわずかに低下し,「理科嫌いの女子」はわずかに向上した
ことによるものである。平均値の変化が決して大きくないため断言はできな
いが,「理科嫌いの女子」にとって,内容理解の困難性が軽減される単元進
行であったことが考えられる。

　表5-14では単元開始前から終了後の男女それぞれの変化を分析したが,
では,男女間の差については変化したのだろうか。単元開始前から各回の質
問紙調査の同設問における男女間の有意差を検定した結果を表5-16に示す。
「あり(男子)」という表示は, t 検定によって,男女の平均値の間に有意な
差が見られ,男子の方が設問に肯定的に回答していたことを意味する。質問
紙のすべての回において,女子の方が有意に肯定的に回答した設問はなかっ
た。3回目の調査では少なくなった男女間の有意差が,終了後の調査で再度
出現しているが,表5-14と合わせて考えると,女子の意識はあまり変化し
ていないものの,男子の意識が向上したことによって,男女間の差が拡大し
たことが推測される。さらに,3回目と終了後の調査の間に,学校行事の関
係で理科の授業が「電流」単元から一時的に離れ,他単元の学習に1ヶ月程
度移行していたことも要因ではないかと考えられる。

2.「電流」単元の学習に対する意識

　次に,理科学習全般ではなく,「電流」単元の学習に対する女子の意識に
ついて見ていく。2回目以降の質問紙調査には,「「電流」についてのこれま
での授業は楽しかった」,「現在学習している「電流」の内容はおもしろい」,
「「電流」についてもっと勉強したい」,「「電流」に関する内容はこれまで学
習した内容よりも難しい」の4つの設問を加えてあった。表5-17に男女の
回答結果をまとめる。回答方法および得点の集計方法については,これまで
と同様である。表の平均値からは,男女ともに調査の回を追うごとに,否定
的な回答へと変化しているように見えるが,対応のある t 検定を行った結果,
2回目と終了後の平均値の変化が有意であったのは,男子の「現在学習して

表 5-16　各質問紙調査の同一設問における男女間の有意差

質問項目	各調査における男女間有意差			
	開始前	2回目	3回目	終了後
理科の勉強が好きである。	あり（男子）	あり（男子）		あり（男子）
実験は同性のグループで行いたい。	あり（男子）			
授業内容をどのくらい理解できているか。				
理科の勉強は大切である。		あり（男子）		
日常生活で理科は役に立つと思う。		あり（男子）		あり（男子）
自分にとって将来，理科は役に立つと思う。				あり（男子）
理科の第1分野の勉強が好きである。		あり（男子）	あり（男子）	
理科の第2分野の勉強が好きである。				あり（男子）

註1）「そう思う」：1，「どちらかといえばそう思う」：2，「どちらかといえばそう思わない」：3，「そう思わない」：4までの4段階の男女それぞれの平均値について，t 検定を行い，5％水準にて男女間に有意差のあった質問項目のみ，「あり」と表示。（　　）内は，より肯定的な回答をした性別。「授業をどのくらい理解できているか」の設問については，「よくわかる」：1，「だいたいわかる」：2，「わからないことがたまにある」：3，「わからないことが多い」：4として集計している。

註2）自由度は質問項目および各回の質問紙によって若干異なるが，64〜77の間である。

いる「電流」の内容はおもしろい」の設問だけであった（$t(27) = -2.78$, $p < .05$）。つまり，女子については4つの設問すべてにおいて，意識は変化していないと捉えることができる。特に，設問「「電流」についてのこれまでの授業は楽しかった」と「現在学習している「電流」の内容はおもしろい」については，平均値が2.5を下回っていることから，肯定的回答が否定的回答よりも多く，女子の半数以上がこの単元の授業を楽しみ，「電流」の内容の面白さを感じることができたといえる。しかし，授業の楽しさや内容の面

表5-17　2回目以降の質問紙の「電流」単元に関する同一設問に対する男女の回答結果

質問項目	男子　平均値			女子　平均値		
	2回目	3回目	終了後	2回目	3回目	終了後
「電流」についてのこれまでの授業は楽しかった。	1.61	1.61	1.79	1.82	1.74	2.08
現在学習している「電流」の内容はおもしろい。	1.54	1.67	1.86	2.08	2.16	2.32
「電流」についてもっと勉強したい。	1.89	1.96	2.18	2.42	2.58	2.55
「電流」に関する内容はこれまで学習した内容よりも難しい。	1.89	2.00	1.78	1.97	1.92	1.95

註1）「そう思う」：1，「どちらかといえばそう思う」：2，「どちらかといえばそう思わない」：3，「そう思わない」：4までの4段階の平均値である。

註2）有意差の検定は対応のある t 検定を用いた。自由度は質問項目によって若干異なるが，男子は27前後，女子は37前後である。

白さを実感できていても，表5-14のように，理科そのものに対する好感や有用感などが向上しているわけではないため，授業を楽しむことがその教科への意識が改善することには直結しないことが明らかとなった。また，表5-17の「電流」についてもっと勉強したいかどうかについては，肯定的回答と否定的回答が拮抗し，さらに，「電流」の内容の理解の困難さについては，「難しい」という回答が多かった。「電流」の内容への学習意欲を継続し，内容理解の困難性の認識を和らげるためには，本実践以外の方策では不十分であったといえる。なお，表5-17の4項目について，「理科好きの女子」と「理科嫌いの女子」の単元終了後の回答の平均値を比較したところ，「「電流」についてのこれまでの授業は楽しかった」の項目では「理科好きの女子」が1.90，「理科嫌いの女子」が2.60と有意差が見られたものの，他の3項目では有意差は見られなかった。本授業実践は「理科好きの女子」の方がより楽しめるものであったといえるだろう。

　さらに，これら4つの設問における男女間の有意差の検定結果を

表5-18に示す。検定方法はこれまでと同様である。表5-17では，授業への好感・内容の面白さ・今後への学習意欲のいずれも男子の方が女子よりも肯定的な平均値を示しているが，表5-18のように，一貫して男子の方が有意に肯定的であるのは，設問「現在学習している「電流」の内容はおもしろい」だけであり，それ以外の設問については，男女差は明確であるとは言い難い。したがって，男子と変わらずに女子も「電流」単元の授業を楽しむことができたと結論づけてもよいだろう。また，「電流」単元の内容理解の困難性については，女子が男子よりも多く感じているわけではなく，表5-17の平均値からも明らかなように，男子の方が「他の内容よりも難しい」と感じる割合がやや高い傾向にある。

　第3章にも示したように，平成15年度の教育課程実施状況調査では，「電流」および「電流の利用」の学習内容は，女子の約6割が「嫌いだった」と回答し，中学校理科の内容において最も高い値となっている。また，「理科の勉強が好きだ」や「理科の勉強は大切だ」，「理科の授業がどの程度分かり

表5-18　2回目以降の質問紙の「電流」単元に関する同一設問における男女間の有意差

質問項目	各調査における男女間有意差		
	2回目	3回目	終了後
「電流」についてのこれまでの授業は楽しかった。			
現在学習している「電流」の内容はおもしろい。	あり（男子）	あり（男子）	あり（男子）
「電流」についてもっと勉強したい。		あり（男子）	
「電流」に関する内容はこれまで学習した内容よりも難しい。			

註1）「そう思う」：1，「どちらかといえばそう思う」：2，「どちらかといえばそう思わない」：3，「そう思わない」：4までの4段階の男女それぞれの平均値について，t検定を行い，5％水準にて男女間に有意差のあった質問項目のみ，「あり」と表示。（　　）内は，より肯定的な回答をした性別。
註2）自由度は質問項目および各回の質問紙によって若干異なるが，64〜77の間である。

ますか」などの設問における肯定的回答の割合も，小学校5年から中学校3年までの間で，中学校2年終了時が最も低くなっている[6]。つまり，女子が最も嫌う「電流」単元の学習後に，女子の理科学習に対する意識が最も低下しているのである。そして，対象校においても「電流」単元から女子の理科離れが出現するという理科教師の経験はあるものの，通常の授業を行った際に，このような全国的な女子の傾向と同様になるかは明確ではないが，本実践では，「電流」単元の学習を経てもなお，女子の理科学習に対する意識は概して低下せずに肯定的なままであり，かつ「電流」単元の学習を楽しみ，内容に面白さを見出すことができていたことが，表5-14〜表5-18の結果から明らかである。したがって，本実践が，女子の理科学習を阻害して意識を低下させたり，「電流」の内容に対する女子の興味を喚起しないものではなかったことは間違いないだろう。

3．理科のイメージ

　生徒のもつ理科のイメージが単元終了後に変化しているのかを調査するため，終了後の質問紙にも「「理科」や「科学」，「科学技術」という言葉から思いうかぶイメージを自由に書いてください」という設問を用意した。単元開始前と終了後の回答結果を表5-19にまとめる。質問紙調査への慣れのせいか，回答数が減少しているものの，単元終了後も男女間の回答傾向に大きな違いは見られず，理科に対して「実験」や「難しい」といったイメージをもっていることがわかる。しかし，終了後には女子については，「研究者」や「でんじろう先生」といった人物や職業に関する回答と，「役に立つ」，「大切」といった回答が増加した。特に，後者については，単元開始前には記述されていなかったことから，理科に対するイメージが身近なものへと変容した女子がいたことが示唆される。また，「実験器具・薬品」や「白衣」，「爆発」といった理科の実験を行うときの固定観念的なイメージは，男女ともに減少していた。また，単元開始前に強いマイナスイメージを顕示した一

表5-19　単元開始前と終了後の質問紙調査における「理科のイメージ」に対する回答

回答例	男子（人）		女子（人）	
	開始前	終了後	開始前	終了後
実験	9	6	16	12
難しい，難しそう	8	5	11	9
実験器具，薬品など	2	0	12	6
研究	3	0	7	3
白衣	2	0	6	1
科学者，博士，各種職業など	6	3	5	9
ロボット	3	0	3	0
頭がいい，インテリ	1	0	3	2
爆発	3	0	2	0
自然，環境	1	0	2	1
楽しい，おもしろい	0	1	2	1
役立つ，必要，日常生活と関わるなど	2	1	0	5
地球，宇宙	0	0	2	3
無回答	1	1	1	5
その他（1人ずつの回答）	24	21	27	13

部の女子については，終了後の記述ではマイナスイメージが緩和されていた。具体的には，単元開始前に「白衣，薬品，眠ってなさそう」と挙げた女子が，「何かをやりとげたら達成感を感じられると思う」と変化し，「白衣，薬品，マジメそう，常識を知らなそう」と書いていた女子は，「白衣」だけの記述に，さらに，「男しかやらない，宇宙」と回答した女子は，「面白い，宇宙」へと回答を変化させていた。このように理科のイメージが変容した直接的な要因が，「電流」単元の学習にあるのかは，この調査だけでは判断できないが，単元開始前から終了までの約半年という期間で生徒のもつ理科に対する

イメージは十分に変容可能であることが裏付けられた。

第4項　「電流」単元の内容の理解度

　学習内容の理解度の自己認識については，表5-14および5-15において示したように，設問「授業内容をどのくらい理解できているか」と「「電流」に関する内容はこれまで学習した内容よりも難しい」に対する回答に有意な男女差は見られなかったが，後者の設問の結果から，男女ともに多くが，他単元と比較して「電流」単元の理解の困難性を認識していることが明らかとなった。では，理解度の自己認識だけでなく，生徒の理解度そのものはどうだったのだろうか。2回目以降の質問紙における学習内容の理解度を測る設問に対する回答結果を見ていく。資料5-2から5-4に示したように，2回目の質問紙には，電圧計の値を読み取る問題とオームの法則を用いた計算問題の計7題，3回目の質問紙には，熱量と電力量に関する計算問題と静電気の利用場面の記述式問題の計6題，終了後の質問紙には，直流と交流の違いを説明させる記述式問題と回路中の電流と磁界の向きを問う選択式問題の計6題を用意した。3回目の質問紙における静電気の利用場面を挙げる記述式問題以外は，正答に1点，準正答（部分正答）に0.5点，誤答に0点を与え，各回の質問紙の合計得点を算出し，男女間に有意差があるかをt検定で確認した。その結果が表5-20である。質問紙によって正答率には差があるものの，男女の得点には有意な差は見られなかった。また，3回目の質問紙における静電気が利用されている場面を思いつくだけ挙げるという設問では，導入したトピック3で「静電気を利用して美しさの追求⁉」というテーマで，モップや空気清浄機，カーペット，コピー機などの事例を説明したことを記憶していたためか，それらの回答が多く見られた。最も多く挙げた生徒は，男子で8種類，女子で7種類と多かったものの，無回答者も少なからずいたため，平均すると男子は2.0種類，女子は1.9種類と，やはりこの設問においても男女差は見られなかった（$t(78) = 0.286$, n.s.）。総括すると，本実践において女

表5-20　2回目以降の質問紙調査における認知的問題の回答結果

質問紙と満点の得点	得点の平均値		t値	男女間の有意差
	男子	女子		
2回目　　7点満点	4.67	4.98	−0.681	なし
3回目　　5点満点	4.32	4.12	0.834	なし
終了後　　6点満点	3.10	2.90	0.697	なし

註1）正答：1点，準正答：0.5点，誤答：0点とし，質問紙ごとの各自の合計得点を求め，男女それぞれの平均値を算出した。
註2）t検定の自由度は，66〜78である。

子は男子と変わらずに内容を理解し，特に計算問題に正答できないという状況も見られなかったといえる。本研究では，理科に対する女子の意識と態度に焦点化し，認知面の促進については検討の対象外としており，内容理解を促すための方策は導入していないが，本項の結果から，導入した3種類の方策が女子の内容理解を阻害することはないということだけはいえるだろう。

第5項　授業に対する生徒の評価

1．単元全体の授業に対する評価

　まず，単元終了後の質問紙調査における設問「「電流」についてのこれまでの授業は楽しかった」に，肯定的に回答した男子は25人，女子は28人，否定的に回答した男子は3人，女子は11人であった（表5-17に平均値を表示）。また，その回答理由を分類したのが表5-21である。男女ともに，実験の楽しさに次いで，内容の理解度の自己認識に関する回答が多かった。否定的回答の理由においても，理解度の自己認識に関する記述が多く，授業を楽しめるかどうかは理解度の自己認識との関連が強いことが示唆された。女子は男子と異なり，肯定的・否定的いずれの理由においても「計算」という語が見られ，計算が授業を評価する際の要素となっていることがうかがえる。前項の内容理解に関する分析結果からは，女子が男子と比較して特に計算問題を

表 5-21　授業が楽しかった（肯定的）理由・楽しくなかった（否定的）理由

	理由	男子（人）	女子（人）
肯定的回答	実験が楽しかった，色々な実験ができたなど	9	11
	分かるようになった，理解できた	4	4
	難しい部分も一部あった	2	3
	計算がおもしろい	1	2
	先生の教え方がよかった	0	2
	その他	12	3
否定的回答	難しい，わかりづらい	2	5
	1分野が苦手，嫌い	1	2
	計算が好きではない	0	2
	その他	0	5

註1）肯定的回答とは，「「電流」についてのこれまでの授業は楽しかった」に「そう思う」あるいは「どちらかといえばそう思う」と回答した生徒を指し，否定的回答とは，同設問に「どちらかといえばそう思わない」あるいは「そう思わない」と回答した生徒を指す。
註2）自由記述から共通して見られた語句を集計した。複数記述した生徒もいたため，表中は延べ人数である。

　得意にも苦手にもしていないにもかかわらず，このように授業評価の要因として指摘する女子がいることは，理科学習における計算の重要性を男子以上に強く感じている可能性が予想される。第1章において，「計算」が女子の理科嫌いの理由として大きな位置を占めることを述べたが，公立の一般校よりも女子の理科好きが多い対象校においても類似した傾向が見られることから，女子が「計算」に対して苦手意識をもたないような授業方略の開発が必要であるといえよう。

2．印象に残った内容・活動

　単元終了後の質問紙調査では，「電流」単元の全学習内容と活動のうち，特に印象に残っている内容・活動を二つ挙げてもらったところ，複数の生徒

から指摘された内容・活動が表 5-22 のようになった。2 回目と 3 回目の質問紙においても同様の設問があったが，いずれの質問紙においても，実験 1 の「オリジナル電飾づくり」が男女ともに他の内容・活動よりも圧倒的に回答人数が多かった。「オリジナル電飾づくり」は単元の初めの方で実施した実験であるが，時間が経過した後の質問紙においてもこのような結果が表れたことから，生徒たちにとって非常に強く印象に残る活動であったことは間違いない。

　さらに，「電流」単元における全活動と新たに導入した方策について，楽しかったかどうかも尋ねた。この設問では「楽しかった」から「楽しくなかった」の 4 段階に加え，「よく覚えていない」と「欠席した」の選択肢を用意した。表 5-23 には，「楽しかった」を 1，「どちらかといえば楽しかった」を 2，「どちらかといえば楽しくなかった」を 3，「楽しくなかった」を 4 として集計し，女子の平均値の小さい順に全22の活動を並べ，各活動に対する回答の分布を示した。

　表 5-22 と同様に，表 5-23 の結果からも，新たに導入した実験 2 種と静電気を体感する実験に対する女子の好感が高く，特に「オリジナル電飾づくり」は多くの女子にとって，印象に残る実験であったといえる。また，静電気を体感する実験は，新たに導入した実験ではないが，女子の好感が高く，

表 5-22　単元全体を通して印象に残った内容・活動

印象に残った内容・活動・実験 など	男子（人）	女子（人）
オリジナル電飾づくり（導入した「実験1」）	15	31
静電気を体感する実験（百人おどし）	6	9
IH 調理器の分解（導入した「実験2」）	5	5
計算問題	2	2
オームの法則	2	2

註）特に印象に残っている内容，実験，活動などを二つ記述してもらった。

表5-23　単元全体における楽しかった学習内容・活動

	学習内容・活動	女子の回答分布　（人）					平均値	
		楽しかった	どちらかといえば楽しかった	どちらかといえば楽しくなかった	楽しくなかった	よく覚えていない	女子	男子
1	オリジナル電飾づくり（実験1）	27	6	0	0	1	1.18	1.43
2	静電気の体感実験（百人おどし）	28	7	0	0	2	1.20	1.43
3	IH 調理器の分解（実験2）	19	15	2	0	3	1.53	1.71
4	ストローを用いた静電気実験	19	12	1	2	4	1.59	1.56
5	陰極線の観察	17	13	1	3	3	1.71	1.67
6	電気ブランコの実験	11	16	3	2	5	1.88	1.71
7	鉄粉で電流がつくる磁界を調べる実験	10	19	3	2	3	1.91	1.80
8	人体と電流の話（トピック1）	12	15	7	1	4	1.91	1.65
9	身の回りの電気器具の調査（記述3）	12	18	7	1	1	1.92	1.73
10	電気がない生活の想像（記述1）	12	11	4	3	7	1.93	1.77
11	新たに開発した電気器具の広告（記述6）	8	12	6	1	7	2.00	1.65
12	キッチンの電気器具（記述4）	9	17	8	1	3	2.03	1.86
13	身の回りの電気と磁気の話（トピック4）	7	20	6	2	3	2.09	1.74
14	静電気の利用の話（トピック3）	8	17	7	2	4	2.09	1.64

15	誘導電流をつくり出す実験	8	11	7	3	9	2.17	1.72
16	オームの法則を調べる実験	7	18	8	3	3	2.19	1.73
17	電熱線の発熱を調べる実験	6	18	7	3	4	2.21	1.85
18	サーモスタットの話（トピック2）	5	13	7	2	11	2.22	1.78
19	放電の詩（記述5）	6	12	10	2	9	2.27	2.19
20	感電の危険を伝える手紙（記述2）	5	19	9	3	3	2.28	2.12
21	直列・並列回路の電流を調べる実験	5	17	10	3	3	2.31	1.71
22	直列・並列回路の電圧を調べる実験	6	16	11	3	3	2.31	1.67

註1）各設問に対する回答の「楽しかった」を1，「どちらかといえば楽しかった」を2，「どちらかといえば楽しくなかった」を3，「楽しくなかった」を4とし，各設問の1から4までの回答の平均値を算出した。各活動に「欠席した」と回答した人数は除いてある。
註2）平均値に網がついているセルは，t検定によって男女間に有意差が確認された項目である。

人体を利用して科学概念を学習することへの女子の関心の高さがうかがえる。また，たとえ下位の項目であっても，回答の分布を見ると，肯定的回答の人数が否定的回答の人数を上回っており，「楽しくなかった」と強く否定する回答も少なかったため，単元におけるすべての活動および新たに導入した方策に対して，「楽しかった」と肯定的に捉えた女子が多かったことが読み取れる。しかし，本実践で導入したトピックおよび記述活動の一部は，他の活動と比較すると，女子にとってそれほど魅力的な活動ではなかったことが下位の項目に表れている。記述2「感電の危険を伝える手紙」については，ワークシートの記述からは，女子が意欲的に取り組む様子が見られたが，ほかの活動と比較して特に楽しいと感じる活動ではなかったことが表5-23から示唆される。本単元の学習は，開始から終了まで半年以上と長期に及んだた

め，楽しかったかどうかを判断できるほど記憶に残っていない活動が存在することも予想されたため，この設問では「よく覚えていない」という選択肢も用意しておいた。単元の前半に行った活動でも「よく覚えていない」と回答する女子が少なければ，十分に印象に残る活動であったといえるだろう。表5-23から，「よく覚えていない」と5人以上が回答した項目は，「電気ブランコの実験」，「電気がない生活の想像（記述1）」，「新たに開発した電気器具の広告（記述6）」，「誘導電流をつくり出す実験」，「サーモスタットの話（トピック2）」，「放電の詩（記述5）」であった。これらの中で「電気がない生活の想像（記述1）」は単元の一番初めに行った活動であるが，それ以外は単元の中盤以降に行った活動であるため，それらは女子の印象に残る活動ではなかったといえる。このことから，トピックと記述活動の一部は，記憶に残らないものもあり，通常の「電流」単元の授業で行われる活動と比較して，特に女子を引きつける活動ではなかったことが明らかとなった。これらの項目に対して，「人体と電流の話（トピック1）」や「身の回りの電気器具の調査（記述3）」については，楽しかったという肯定的回答が多く，「よく覚えていない」という回答も比較的少なかったため，取り扱う内容を吟味すれば，トピックや記述活動によっても女子の関心を高めることができると期待される。加えて，下位の項目となった「放電の詩（記述5）」と「感電の危険を伝える手紙（記述2）」は，それぞれ直前に「陰極線の観察」と「人体と電流の話（トピック1）」を行い，一組となるような活動であったが，直前の活動は肯定的回答が多く，上位に位置付くという逆の結果となった。このことから，観察したり，トピックを聞くのは楽しめても，それらを基に記述するという行為に対しては，それほど好感をもっていないことが懸念される。つまり，女子の記述活動への取り組み方は，男子よりも良好であったものの，女子自らが書くことを得意としているわけではないといえる。しかし，記述活動のすべてが下位になったわけではなく，比較的に上位となった活動もあるため，やはり記述の内容や形式によって，好感度が大きく左右されるのではないか

と考えられる。

　男子については，表 5-22 のように，印象に残る内容・活動が女子よりも
偏らずに分散していた。また，表 5-23 では，「オリジナル電飾づくり」，「静
電気を体感する実験」，「IH 調理器の分解」の 3 項目以外のすべての項目に
おいて，男子の方が肯定的な平均値を示した。t 検定の結果，平均値に男女
間の有意差が見られたのは，「静電気の利用の話（トピック 3）」，「オームの
法則を調べる実験」，「直列・並列回路の電流を調べる実験」，「直列・並列回
路の電圧を調べる実験」の 4 項目だけであった。これらのうち，「オームの
法則」，「電流」，「電圧」を調べる 3 種の実験は，中学校の「電流」単元で長
年導入されている定量的な扱いを必要とする実験である。数値の処理が必須
となるこれらの実験で男女差が顕著であるため，前にも指摘したように，計
算を含む内容の教授には特別な方策が求められるといえる。さらに，女子は
表 5-23 の平均値が 1.18 から 2.31 まで分布したのに対し，男子は同じ内容・
活動でも 1.43 から 2.19 と変化の幅が小さく，内容・活動によって好感度があ
まり変動しない傾向にあった。つまり，女子の方が各内容・活動による好感
度の変動が大きいため，授業に導入する内容・活動については，男子よりも
女子の意識や態度に着目して入念な検討が必要とされることが示唆された。

第 6 項　授業実践の結果のまとめ

　本章では，中学校理科第 1 分野の「電流」単元において，女子の意識と態
度の改善を目指し，「女子の興味や経験に基づくトピック」，「美的観賞を含
む協同的な問題解決活動」，「想像的な記述活動」の 3 種類の方策を具体的に
開発し，通常の単元の授業展開の中に導入した。その結果を以下にまとめて
おく。

　まず，対象校は単元の開始前から，全国的な平均よりも男女ともに理科好
きが多かった。男子の方が理科学習に対して肯定的な意識をもっているもの
の，女子との差はそれほど大きくなかった。具体的には「理科の好き嫌い」

において男子の方が女子よりも有意に肯定的で，「理科の内容理解の自己認識」についても男子の方が高い傾向にあった。また，第4章の対象校と比較して，本対象校の「理科嫌いの女子」は「理科好きの女子」よりも理科学習から顕著に離れているとは言い難かった。さらに，理科に対するイメージについては，男女間に目立った差はなく，特に否定的であったり，ジェンダー固定観念的であったりすることもなかったが，女子の一部は，理科に対して否定的で，自分は関わりたくないと考えていた。

　次に，導入した3種類の方策に関する女子の意識や取り組み方について，主に以下の4点が明らかとなった。

1）導入した3種類の方策に対して，「楽しかった」と肯定的に捉える女子が多く，その取り組み方も良好であった。

2）2種類の「美的観賞を含む協同的な問題解決活動」は，「トピック」および「記述活動」よりも女子の好感度が高く，美的に観賞することと，問題を解決することへの女子の関心の高さは見られたものの，協同性の効果は検証できなかった。

3）「電流」単元のすべての学習内容および活動の中で（「電流」単元で通常行う実験・活動なども含む），最も女子の好感度が高く，強く印象に残った活動は，「美的観賞を含む協同的な問題解決活動」における「オリジナル電飾づくり」であった。

4）授業に複数導入した「トピック」と「記述活動」の中には，本単元で通常行う実験・活動などと比較して，女子の好感度が特に高いとはいえないものもあった。女子の活動への好感度は，「トピック」や「記述活動」の内容や形式に依存することが明らかとなった。

　また，女子は概して「電流」単元の授業を楽しむことができ，その内容に面白さを見出していたものの，女子の「電流」の内容に対する学習意欲を継続させたり，内容理解の困難性の認識を軽減させたりするには，本実践では不十分であったことが示唆された。そして，活動における集団編成について

は，男女別の同性のみのグループでの活動を経験することによって，女子は
その集団編成の方が活動しやすいことを実感し，同性のみのグループ編成を
希望する方向に変化していた。特に，男女別の集団編成は，女子の中でも
「理科嫌いの女子」に効果的な方策であることが示唆された。

　さらに，本研究において，実践の評価対象として重視している女子の理科
学習に対する意識の変化については，次の3点が明らかとなった。

1）単元終了後に，女子の理科学習に対する好感，理科の大切さ・日常生活
　　への有用性・理解度の自己認識については低下せず，肯定的なままであ
　　った。

2）女子の理科学習に対する意識のうち，将来への理科の有用感が単元終了
　　後に低下する傾向が見られた。

3）女子がもつ理科のイメージについては，単元終了後に人物や職業に関す
　　る記述と，日常生活との関わりや有用性に関する記述が増加し，理科実
　　験の固定観念的な表現は減少した。

　「理科好きの女子」と「理科嫌いの女子」との比較について加筆しておく
と，「理科好きの女子」の方が本授業実践を楽しんでいたことが明らかとな
ったが，理科学習に対する意識については，「理科嫌いの女子」の方がより
改善されたことが示唆された。最後に，「電流」単元の学習内容の理解度に
ついては，女子は男子と同程度であり，本実践で導入した方策が，女子の理
解を特に阻害することはなかった。加えて，本実践は男子の理科学習を阻害
せず，理科学習に対する意識の一部は，単元終了後に向上していたことも明
らかとなった。

　今回の実践では，女子の理科学習促進を指向する授業改善の第一歩として，
女子が苦手とする「電流」単元の全体に渡り，新たな方策を多く導入するこ
とによって，女子の意識や態度が変化するかについての基本的な知見を得る
ことができた。しかし，前述のように，協同的な問題解決活動における協同
性と女子の学習との関連や，トピックあるいは記述活動に導入すべき内容な

ど，各方策の詳細な有効性については検証できているとは言い難く，今後の課題としたい。さらに，本実践では新しい方策を導入したために，一般的な単元進行よりもおよそ6単位時間多くかかった。単元全体に割く時間が増大したことが，女子の理科学習に対する意識の変化に影響を及ぼした可能性は否定できない。ただし，女子が他の単元よりも好んでいない「電流」単元については，時間をかけて丁寧に教授することが，一概に女子の学習を促進するとは考えづらく，逆に嫌いなものを教師から強く押し付けられるような感覚に陥り，学習が阻害されることも十分にありうるのではないだろうか。このような懸念もあるため，今後は，単元の授業時間数を増加させずに，通常の学習展開の一部を新たな方策と入れ替えるような形で実践できる方法も検討しなければならない。

第5章　引用文献および註

第1節

1）文部科学省，『中学校学習指導要領解説　理科編』，大日本図書，2008，125-126頁.

2）桜井邦朋，『現代科学論15講―科学はいずこへ行くのか―』，東京教学社，1995，34-35頁.

第2節

3）国立教育政策研究所教育課程研究センター，「平成15年度小・中学校教育課程実施状況調査　質問紙調査集計結果　―理科―」，http://www.nier.go.jp/kaihatsu/katei_h15/H15/03001040000007003.pdf，2005，1頁，2013年3月20日取得.

4）河野銀子，池上徹，中澤智惠，藤原千賀，村松泰子，髙橋道子，「ジェンダーと階層からみた「理科離れ」―中学生調査から―」，『東京学芸大学紀要　第1部門　教育科学』，Vol. 55，2004，353-364頁.

5）Kato, A. & Yoshida, A.: Gender Issues in Science Education in Japan, *Journal of Science Education in Japan*, Vol. 27, No. 4, 2003, pp. 264-265.

6）国立教育政策研究所教育課程研究センター，前掲，1-2頁，15頁，93-146頁.

第6章　女子の学習促進のための理科授業構成

第1節　「仕事の原理」と「電流」の授業実践の関係と成果

1．両授業実践の方法における共通点

　まず，第4章の中学校理科「仕事の原理」における授業実践（以後，「仕事の原理」実践と略す）と，第5章の中学校理科「電流」における授業実践（以後，「電流」実践と略す）は，理科学習に対する女子の意識と態度の改善を同一の目標とする介入研究であったことに加え，授業実践の方法において次の4点の共通点があった。第一に，女子の苦手意識が強い学習内容の教授に導入する「教材」と「学習活動」を開発した点が，両実践において共通している。第3章の表3-2に示したように，女子は中学校の学習内容によって好き嫌いと理解度の自己認識が男子よりも大きく変動し，電磁気学に対する嫌悪感と理解の困難性を特に強く表明し，それに次いで力学に苦手意識をもっている。このことから，女子がより嫌悪感を示す電磁気学の教授において，単元全体に渡る長期間の介入を行うこととしたのは，第3章第2節に示したとおりである。さらに，これまでの一般的な「仕事の原理」および「電流」の授業では，女子の興味・関心を喚起したり，女子の経験を利用したりする題材はほとんど使用されていなかったことも第4章および第5章で示したとおりである。

　第二に，両実践に導入した方策の開発視点の共通性である。第3章で提案した「教材の選択方法」および「活動の設定方法」の合計6種類の授業開発の視点のうち，「仕事の原理」と「電流」のどちらの授業実践においても，「生物や人体に関する題材の利用」，「活動における協同性の重視」，「男女別

の集団編成の導入」の３種類の開発視点を具体化した方策を導入した。ただし，「生物や人体に関する題材の利用」という開発視点については，学習内容に即して教材を選択し，そのうえで教授展開を具体化するために，実際の授業に導入する題材は両実践で当然異なるものであった。

　第三に，授業実践の評価方法が，両実践ともほぼ同じであったことである。具体的には筆者による参与観察と，生徒の理科学習に対する認知的側面と情意的側面を測る質問紙調査，そして授業の中で生徒に課したワークシートの３点から実践の効果を評価した。ただし，評価方法についても前述の方策の開発視点と同様に，質問紙の調査項目やワークシートの具体的な内容は，学習内容および導入した方策によって異なるため，完全に同一にすることはできなかった。

　最後に第四として，授業実践における方策や評価方法だけでなく，授業を実践した教師にも共通する点があった。その一方で，授業実践の対象校については相違点が際立っていた。対象校の相違点は後述するが，対象校の選定に次のような制約があったために，教師の共通性は高かったものの，対象校自体には相違点が生じたといえる。それはまず，本研究では理科授業における「教材」と「学習活動」の開発と導入によって，女子の理科学習の促進が可能かどうかを検証することに主眼を置いていたため，女子の学習の変容が，授業を行う教師の変更によって誘発されることを回避する必要があったからである。つまり，「教材」と「学習活動」という授業の構成要素以外は，通常の理科授業に変更を加えずに実践することを目指していたからである。したがって，授業を実践する教師は，その学校で通常の理科授業を担当している教師としなければならず，そのうえ，第３章において論じたように，女子の理科学習促進の必要性を認識し，開発した方策の実践に積極的に取り組める人物であることが求められた。そのため，筆者とすでに良好な人間関係が構築され，容易に意見交換や協議ができる教師に実践を依頼することを念頭に置いていた。もう一つの理由として，「電流」実践では，単元全体に渡り

複数の方策を導入し，その効果を検証するため，対象校に長期間協力してもらわなければならず，さらに，筆者が週に数回学校を訪れ，それを半年近く続けるという状況に許可を得られる学校でなければならなかった。このように対象校の選定には，大きな制約があったものの，対象校の対象学級において通常の理科授業を担当している教師は，本研究の授業実践でも変わらず実践してくれただけでなく，両授業実践の教師ともに授業実践の意義と意図を十分に理解し，「教材」と「学習活動」の具体化にも積極的に関わってくれたのである。そして，両教師とも普段の授業においても教材開発や授業展開の工夫に熱心であり，学校周辺地域での研究会活動等においても活躍している中堅の男性理科教師であったという点で共通していた。

2．両授業実践の方法における相違点

　次に，「仕事の原理」実践と「電流」実践は，その授業実践の方法において，主として次の3点の差異があった。第一に，介入の対象とした学習内容と実践に要した時間である。二つの授業実践の学習内容と介入時間の設定理由については第3章で論じたが，具体的には，「仕事の原理」実践では，中学校第3学年で学習する大単元「運動とエネルギー」に含まれる一内容である「仕事の原理」の教授に，「電流」実践では中学校第2学年で学習する大単元「電流とその利用」の全体の教授に本研究で開発した方策を導入した。これに伴い，実践に要した時間数は，「仕事の原理」実践では1単位時間，「電流」実践では合計で約6単位時間が費やされ，後者の実践では単元の終了までに半年以上が経過していた。

　第二に，両授業実践において導入した方策の開発視点に差異があった。第3章で提案した「教材の選択方法」および「活動の設定方法」の合計6種類の授業開発の視点のうち，「仕事の原理」実践では，「生物や人体に関する題材の利用」，「教授展開における女子と関連のある文脈の利用」，「活動における協同性の重視」，「男女別の集団編成の導入」の4種類を学習内容に即して

具体化した方策を実践した。そして，「電流」実践では，「生物や人体に関する題材の利用」，「美的観賞の導入」，「想像的な記述活動の導入」，「活動における協同性の重視」，「男女別の集団編成の導入」の5種類を実践した。したがって，「仕事の原理」実践では，「教授展開における女子と関連のある文脈の利用」が使用した固有な開発視点であり，「電流」実践では「美的観賞の導入」および「想像的な記述活動の導入」が固有な開発視点であったといえる。

　第三に，両授業実践に新たに導入した方策が，単元内で習得すべき学習内容の理解に直結する方策であったかどうかに違いがあった。これは，第3章第5節で示した「方策の様式」に該当する。「仕事の原理」実践では，「仕事の原理」（てこの原理）の学習内容を直接含み，てこの原理を解説するのに不可欠な「教材」かつ「学習活動」として看護的な体位変換を授業に導入した。加えて，「男女別の集団編成」のような，学習内容を直接には含んでおらず，内容の理解には直結しない周辺的な方策も導入した。一方，「電流」実践では，多くの方策を導入したものの，学習内容の理解を促すために開発した方策ではなく，学習内容の教授に対してすべて周辺的なものであった。

3．両授業実践の対象者における相違点

　両授業実践の相違点は，その方法に限らず，授業実践の対象者にもあった。「仕事の原理」実践は公立中学校で行われ，実践前においてその学校の女子は，全国的な傾向と同様に，理科の有用感や理解度の自己認識が男子よりも低く，第2分野よりも第1分野を好んでいなかった。一方，「電流」実践は，入学に試験を課す国立大学附属中学校で行われた。この学校の女子には，全国的な傾向よりも理科好きが多く，理科学習に対する意識における男女差は，理科の勉強の好き嫌いと内容の理解度の自己認識以外では顕著でなかった。また，それぞれの中学校の「理科好きの女子」と「理科嫌いの女子」の理科学習に対する意識を比較したところ，両対象校において次のような違いが見

られた。「仕事の原理」実践の対象校の「理科嫌いの女子」では，理科の好き嫌いに限らず，大切さや有用感，理科に関係する職業への就業意欲，内容の理解度の自己認識など，調査したすべての意識が顕著に低く，「理科好きの女子」よりも理科学習から極端に離れていたが，「電流」実践の対象校の「理科嫌いの女子」は，就業意欲と理解度の自己認識を除けば，「理科好きの女子」よりもわずかに意識が低いだけであった。

　実践対象の二つの中学校の生徒におけるこのような男女差は，第1章において挙げた公立中学校と入学試験のある中学校に関する河野らの先行研究[1]と同様の傾向を示していた。本研究における二つの実践では，理想的には対象者の規模や質を揃えるべきであっただけでなく，女子の「理科離れ」が明確に現れている集団を対象とすべきであったが，現実的には前述した対象校の選定条件の難しさから叶わず，二つの実践の対象校の規模と女子の理科学習に対する意識と態度の傾向において差異が生じることとなった。

4. 両授業実践の結果における共通点

　続いて，「仕事の原理」実践と「電流」実践の結果に関する共通点と相違点を見ていくことにする。しかし，前述までのように，多くの差異がある二つの授業実践の結果を同列に比較し，その共通点と相違点を抽出するのは適切ではないだろう。ただ，授業実践には対象校の選定に制約があったり，授業に導入する方策の具体化が学習内容に依存したりすることから，両授業実践を比較するための厳密な条件制御は不可能であるのもまた事実である。そのため，ここでは両実践の結果を単純には比較できないことを承知したうえで，行き過ぎた推察をせず，明瞭に抽出できた特徴を中心として解釈を試みることとする。

　まず，両授業実践における共通する結果として，次の4点を挙げることができる。第一に，開発した方策を導入した授業に好感をもって臨む女子の姿勢が見いだされたことである。特に，導入した問題解決活動（「仕事の原理」

実践では看護的な体位変換，「電流」実践ではオリジナル電飾づくりと IH 調理器の分解）に対する女子の好感度が高く，取り組み方も意欲的かつ積極的であった。

　第二に，女子がもつ理科のイメージが良い方向に変容した。具体的には，「仕事の原理」実践では，理解困難な理科の印象が軽減され，一部の女子は，理科が自身の生活に関連したり，将来の職業に結びついたりするものであるというイメージをもつようになっていた。「電流」実践では，理科＝実験という固定観念的なイメージが減少し，日常生活との関連や有用性といったイメージを理科に付与する女子が増加していた。

　第三に，学習内容の理解度に男女差は見られなかった。このことは男女間に認知的な差がないことを示しており，肯定的に捉えることができる反面，「仕事の原理」実践では，予定していた学習展開が 1 単位時間内では終了しなかったことに起因しているものの，授業前後に「仕事の原理」の理解度は男女ともに向上しておらず，決して歓迎できる結果とはいえない。また，「電流」実践においても，導入した方策が女子の内容の理解に悪影響を及ぼすことはなく，男子と同程度に学習内容を理解していたことが明らかになったが，理解度の自己認識を向上させるまでには至らなかった。

　そして第四に，女子の理科学習促進を目指した授業実践によって，男子の理科学習は阻害されなかった。具体的には，「仕事の原理」実践では，男子も女子と同様に授業を楽しみ，理科学習に対する意識が低下しないどころか，理科に関係する職業への就業意欲が向上するという結果が得られた。また，「電流」実践においても，単元終了後に男子の理科の有用感が高まるという良い結果が見られた。

5．両授業実践の結果における相違点

　では次に，両授業実践の結果における相違点を挙げる。「仕事の原理」実践に固有な結果として，主に以下の 5 点の肯定的結果を指摘できる。第一に，授業後に女子の「理科に関係する職業」への就業意欲と，日常生活および将

来への理科の有用性の認識が向上したことである。特に，「理科好きの女子」よりも「理科嫌いの女子」に対して，将来への理科の有用感を高めることができた。第二に，看護師という題材が男子よりも女子の関心を引きつける可能性が示唆された点である。第三に，活動で体験した事象の起こる要因について女子が意欲的に考えることができた点である。第四に，女子は友人と協力して課題の解決にあたることで，授業への好感や学習意欲を増大させていたことである。そして第五は，女子は内容の理解度の自己認識と関連づけて授業を評価する傾向にあることが明らかになったことである。なお，「仕事の原理」実践では，固有の否定的な結果は見いだせなかった。

　一方，「電流」実践に固有の結果として，主に3点の肯定的結果と，2点の否定的結果を挙げられる。肯定的な結果の第一は，「電流」単元の学習終了後にも女子の理科学習に対する好感，理科の大切さおよび日常生活への有用性の認識，そして理解度の自己認識については，低下せず肯定的なままであったことである。さらに具体的には，「理科好きの女子」と「理科嫌いの女子」の間に見られた学習内容の理解度の自己認識に関する有意差が単元終了後に消滅しており，「理科嫌いの女子」の内容理解の困難性が軽減されていた。また，「理科好きの女子」の方が介入した授業を楽しんでいたが，理科学習に対する意識については，「理科嫌いの女子」の方がより改善されていた。次に，第二として，導入した方策によって女子の好感度に差異が見られ，美的に観賞することと，問題を解決することへの女子の関心が高いことが明らかになったことである。そして第三は，女子は男女別の集団編成が活動しやすいことを実感していたことである。このことは特に「理科嫌いの女子」に強く表れていた。これらの反面，否定的な結果の一つは，導入した方策の「トピック」と「記述活動」の中には，「電流」単元において通常行う実験・活動と比較して，女子の好感度が高いとはいえないものがあったことである。もう一つは，女子の将来への理科の有用感が低下したことである。

6．両授業実践に基づく総合結論

　これまで「仕事の原理」実践と「電流」実践の方法，対象，結果における共通点と相違点を整理してきた。ここでは，これらを総合的に考察し，両授業実践から導かれる結論をまとめることにする。まず，両授業実践に共通する結果によると，開発した授業を女子が全般的に楽しめたことに加え，女子の理科に対するイメージが好転したことから，本研究の目標に対し，実践全体を通じて，一定の成果が得られたといえるだろう。そして，授業開発の視点と介入に要した時間，女子の理解度の自己認識に関して，次のような成果と示唆が得られた。

1）授業開発の視点に関する成果

　第3章で提案した授業開発における「教材」と「学習活動」に関する6種類の各視点について，具体的に次のような示唆が得られた。まず，「生物や人体に関する題材の利用」では，「仕事の原理」実践での看護師や看護的作業という題材は女子の関心を引きつけたが，「電流」実践では，生物と人体に関係する題材を用いた「トピック」や「記述活動」でも，女子が通常の授業内容よりも特に強く関心を示さなかったものがあった。つまり，授業で使用する題材が生物や人体に関係しているというだけでは，女子の興味・関心を一概に高めることはできないといえる。

　次に，「美的観賞の導入」については，「電流」実践だけで使用された視点であるが，美的な観賞や評価を要する問題解決活動に対する女子の関心の高さが明らかとなった。しかし，前述と同様に「トピック」や「記述活動」に美的な要素を導入しても，その効果は明示的ではなかったことから，どのような活動に美的観賞を導入するかに女子の意識・態度は依存することが推察される。

　三つ目の「教授展開における女子と関連のある文脈の利用」では，「仕事の原理」実践で，教授展開を貫く文脈として看護師の仕事を採用したが，そ

の結果，女子の関心を引きつけ，「理科に関係する職業」への就業意欲と，将来への理科の有用感を高めることができた。ここでは，女子の将来に関連のある職業を選択したことで，キャリア教育的な視点が加わったことが，さらなる効果を発揮したものと考えられる。一方で，「電流」実践において，女子の将来への理科の有用感が低下したことは，女子の将来に関わりのある文脈あるいは題材を利用しなかったことに起因していることが推測される。

　四つ目の「電流」実践のみで採用した「想像的な記述活動の導入」では，女子の記述内容からは意欲的な取り組み状況が窺えたが，女子の好感度がそれほど高くない活動もあり，女子の意識については，記述の内容と形式による差異が比較的大きいことが示唆された。

　五つ目の「活動における協同性の重視」では，「仕事の原理」実践において女子が友人との協力によって問題解決にあたることで，授業への好感度や学習意欲を高めていたことが明らかになり，この視点の有効性が実証された。しかし，「電流」実践では問題解決への女子の関心の高さは示されたものの，「協同性」の効果は検証できなかったため，女子の学習促進に活動の協同性が求められるかどうかは断言できない。

　最後に，六つ目の「男女別の集団編成の導入」では，「電流」実践で女子が男女別の集団編成を活動しやすいと捉えていたことが明らかになっただけでなく，「仕事の原理」実践でも女子が友人，つまり同性同士での活動を楽しんでいたことから，有効な手段であることが示唆された。特に，「理科嫌いの女子」を引きつける方策であることが推測された。

　以上の6種類の授業開発の各視点の評価に加え，両授業実践に共通する結果から，題材（内容）に留意した問題解決活動が，女子の学習に対する意識と態度に有効であるといえる。なぜなら，「電流」実践において，「生物や人体に関する題材」および「美的観賞」を導入したトピックや記述活動よりも，これらの視点を導入した問題解決活動に対する女子の意識と態度が確実に良好であったからである。したがって，女子はトピックの解説を受けたり，事

象や状況を想像しながら書いたりするような受動的あるいは静的な活動よりも，体験可能な問題解決活動を好んでいるといえよう。

2）授業実践の成果と介入時間の関係

　次に，両授業実践の成果と実践に要した時間との関係について考察する。「電流」実践の介入時間が「仕事の原理」実践よりも圧倒的に長かったにもかかわらず，女子の意識の変容については，「仕事の原理」実践ほど明確には現れなかった。たとえば，「仕事の原理」実践では女子の日常生活への有用性の認識が向上したり，体験活動後に事象の要因を女子が意欲的に考えていたりといった結果が得られたが，「電流」実践では，新たに導入した方策に対する女子の好感度はいずれも比較的高く，各方策に対する女子の意識と態度は良好であったが，質問紙調査では理科学習に対する意識に顕在的な変容は見られなかった。これは，介入した学習内容の違いに起因する結果であると考えられるが，加えて，導入した方策が，学習内容を直接含み，内容の理解に直結するものであったか，あるいは学習内容を直接的には含まない周辺的な方策であったか，という違いにも因るのではないだろうか。つまり，前者の方策の方が，理科学習に対する女子の意識や態度の改善に効果的である可能性が示唆される。すなわち，学習内容の教授に対して周辺的な方策だけでは，各授業・活動への女子の意識と態度を向上させることはできても，それが理科学習全般に対する意識の変容には容易にはつながらないことが懸念される。

　また，次のような要因も考えられる。「仕事の原理」実践では，介入した１単位時間の授業の前日に質問紙調査を実施し，授業後すぐに質問紙調査を再度行ったため，２回の質問紙調査が何を検証するものかについて生徒が容易に推測することができたはずである。しかも，この授業は，理科の実験室で通常目にすることのない体育の授業で使用するマットを床に多数敷き，そこで寝そべって問題解決活動を行うという，生徒たちがこれまで理科の授業

では経験したことのないかなり新鮮な内容であったためではないだろうか。
そして，その授業の印象が鮮明に残っている段階での質問紙調査であったた
め，楽しく活動できた授業に対する好印象が，理科学習に対する意識として
ダイレクトに調査用紙に反映されたのではないかと考える。逆に「電流」実
践では，質問紙調査を単元の開始前と終了後，半年に及ぶ介入期間内の2回
の合計4回行ったため，質問紙調査の間隔が4カ月近くも開いてしまったこ
とすらあった。しかもその間には，介入していない他単元の学習に移行して
いた時期もあり，介入の効果がその期間に低下してしまった可能性も考えら
れる。さらに，導入した「トピック」と「記述活動」の内容については，女
子の興味を喚起するように配慮していたものの，プリントを配布して教師が
解説したり，ワークシートに自由に記述させたりといった，通常の理科授業
で行われている教授方法と同様なやり方であり，そのうえ，それらを繰り返
し行ったことで単元終了時にはすでに生徒たちは，方策の目新しさを感じず，
質問紙調査がそれらの方策の効果を検証しているとは想像できなかったのか
もしれない。「電流」実践においても，「オリジナル電飾づくり」や「IH調
理器の分解」などの通常の理科授業では経験しないような問題解決活動の直
後に質問紙調査を実施すれば，回答の傾向が変わっていたかもしれない。介
入時間と理科学習に対する女子の意識・態度の関係については，今後さらな
る検討が必要であろう。

3）女子の理解度の自己認識に関する示唆

　さらに，本研究では介入の対象としなかった理科学力，つまり，内容の理
解度に関しても，次のことが明らかになった。まず，両授業実践に共通する
結果として，学習内容の理解度に男女差は見られず，中学校段階において理
科学力に明確な男女差はないという先行研究の結果と一致した。このように
内容の理解度そのものには女子に特有な問題は生じていないが，「自分は内
容を理解できているかどうか」や「理科の内容を難しいと感じるかどうか」

といった理解度の自己認識については，女子に問題があることが示された。両実践ともに事前の質問紙調査の結果，女子の理解度の自己認識が男子よりも低く，「電流」実践では終了後にも女子の理解度の自己認識の向上は見られなかった。また，「仕事の原理」実践において，女子は学習内容の理解度の自己認識と授業の良し悪しの評価を関連づける傾向にあったことも併せると，女子の理解度自体に配慮するよりも，女子が自身で「理解できそうだ」あるいは「理解できた」と認識できるような授業を行うことが求められるだろう。理解度の自己認識の肯定的な高まりは，理科学習に対する自信を増し，学習意欲へとつながる[2]と近年の教育心理学研究において主張されている。そこでは，学習者の「期待」（主観的に認知された成功の見込み）と「価値」（課題やその達成に対する主観的な魅力や望ましさの認識）が，学習への動機づけに重要となることが指摘されており，本研究での「理解度の自己認識」は，まさにここでの「期待」に相当する[3]。また，「電流」実践の結果，同じ授業を受けても「理科好きの女子」と「理科嫌いの女子」では，理解度の自己認識の変容に違いが見られ，「理科嫌いの女子」の方が若干改善していた。理解度の自己認識が何によって変容するのかは本授業実践から推測できなかったため，今後の検証が待たれる。

　本節を総括すると，「教材」と「学習活動」の改善を観点とした理科授業の開発によって，女子の理科に対する意識と態度の変容は可能であるといえる。また，そのように開発された理科授業は，男子の理科学習を阻害しないことが明らかとなった。

　なお，実践対象校および授業実践者の共通点と相違点に基づく考察は，先述したとおり，明瞭に抽出できた知見の範囲に限られたものであり，実践を行ったうえで新たに見いだされた課題や問題点については，女子の学習促進のための理科授業構成に関する今後の研究の方向性に関わるため，次節でさらに論じることにする。

第2節　女子の学習促進のための理科授業構成への視座

1．理科授業の構成要素と女子の理科学習
1）「教材」と「学習活動」に関する方策の開発視点

　まず，理科授業を構成する要素の中から，本授業実践では第3章において示したように，「教材」と「学習活動」について6種類の開発視点を提案した。前節で述べたように，それらの中でも，「教授展開における女子と関連のある文脈の利用」と「男女別の集団編成」が他の視点よりも効果が高いことが示唆された。そして，女子の意識と態度の改善に最も有効であると推測されるのが，これら二つの開発視点も取り入れたうえでの，「題材に留意した問題解決活動」である。ここでの題材とは，生物や人体に関係していたり，美的に評価・観賞できたりするなど，女子の興味や経験を考慮したものが相応しい。この問題解決活動は，理科における観察や実験を想起させるかもしれないが，中学校学習指導要領解説理科編に示されているような，「自然の事物・現象の中に問題を見いだし，目的意識をもって観察，実験などを主体的に行い，得られた結果を分析して解釈する」[4]という科学的な探究活動に厳密に沿ったものでなくても可能なことが，本実践から示された。本実践での問題解決活動は，問題（課題）は教師から生徒に与えており（たとえば，「あお向けの患者を小さな力で横向きにするにはどうしたらよいか」や「美しい電飾を作ろう！」など），活動自体は科学概念や法則・原理などを利用せずに，思いつくままに試行錯誤的に行ってもよいこととした。このように，自然科学の探究の方法を生徒たちに強要しなかったことが，理科の固定観念的なイメージの変容にもつながった可能性があり，これらの活動では自分の思った通りに試していいという安心感が女子の積極的参加を促したのではないかと考えられる。活動における自由度の大きさという点では，「想像的な記述活動」も満たしており，ワークシートの記述を見る限り，女子が活動に熱心であっ

たことが読み取れたものの，記述テーマの内容によっては女子の好感度は高くなかった。これは，記述活動自体が個人で行うものであり，友人との協力や相談によって進められるものでなかったことや，活動において生徒が達成すべき目標が明確に伝わりづらかったため，ワークシートに記述をしても達成感が得られず，自身の記述内容に自信をもてなかったことによるのではないだろうか。なぜなら本授業実践から，女子は男子よりも協同的な活動を好み，内容の理解度に不安を抱えている傾向が現れたからである。

　これらの考察に基づき，「教材」の選択方法について補足すると，本研究では「生物や人体に関する題材の利用」，「美的観賞の導入」，「教授展開における女子と関連のある文脈の利用」の三つの開発視点を提案したが，いずれかの開発視点を用いた教材が，必ずしも女子の関心を喚起するとは限らず，その教材を使いどのような活動をさせるかによって，その有効性に差が生じることが明らかとなった。また，これまでの理科教育では男子の関心や経験に符合する教材が多く用いられてきたことに鑑みれば，女子の理科学習促進のために，女子の関心や経験を優先して教材を選択することに支障はないものの，その場合であっても選択した教材が理科に対するジェンダーイメージを強化したり，理科授業において新たなジェンダー問題を生じたりしないかは，事前に十分な吟味が必要となるだろう。

　「学習活動」に関する方策の開発視点のうち，効果が見られた「男女別の集団編成」については，続いて考察する。

2）男女別の集団編成の効果と課題

　まず，「仕事の原理」実践における「男女別の集団編成」では，看護的な体位変換を体験的な学習活動として導入したことにより，活動においてペアとなった相手の体に触れるために，原則的に同性のペアで課題に取り組ませなければならず，意図的に男女別の集団編成を設定したとは言い難い。つまり，このような活動では，男女混合の集団よりも男女別の集団で行うことが

より自然なことであり，それによって第 3 章第 4 節で論じたような理科に対するジェンダー固定観念の強化が引き起こされることはないと考えられる。男女別の集団編成が女子の理科学習に対する意識と態度の改善に有効であることは，本研究の授業実践でも証明されたが，それでもなおこの方策によって懸念されるジェンダー問題については，「仕事の原理」実践の体験活動のように，学習者が男女別の集団自体を，通常の理科授業と異なる特別な集団編成であると意識せずに，当然必要とされる集団編成方法であると認識できるような活動を導入することで解決される可能性が高い。しかし，「電流」実践の問題解決活動では，男女混合ではなく男女別の集団編成で実施しなければならない必然性のある活動を開発することはできなかったため，どの学習内容でも利用できる活動とはいえない。また，男女別の集団編成の有効性は示されたものの，必ずしもその方策が「教材」や「学習活動」の内容の選択および設定に関する方策よりも効果的，あるいは優先されるべき方策とは言い難い。なぜなら，「電流」実践ではすべての実験活動を男女別の集団で実施したが，前章の表 5-23 からわかるように，教科書に掲載されている回路の電流や電圧を測定する実験などでは，女子はそれほど楽しんでおらず，本実践で導入した「オリジナル電飾づくり」および「IH 調理器の分解」と比較すると好感度の差が大きいため，女子の実験活動に対する好感度は活動の集団編成という形態ではなく，活動の内容に依存することが推測されるからである。しかし，その一方で，この「電流」実践では男女別の集団編成が「理科好きの女子」よりも「理科嫌いの女子」を引きつける方策であることも示されており，現段階において女子の理科学習促進を期待できる方策から男女別の集団編成を排除することはできないだろう。

　男女別の集団編成に限らず，本研究で開発した方策を導入すべき学年段階については，今後さらなる検討が求められるが，女子の理科離れが顕在化する前の小学校段階においても実践することで，女子の理科離れを食い止められるのではないかと期待できる。なお，男女共学の学校において，理科のよ

うな特定の教科の授業でのみ男女別の集団編成を採ることの是非については，本研究の検証対象としていないため，別途検証されなければならない課題である。

　本研究で導入した男女別の集団編成は，男女混合の集団での活動では，女子が理科への興味や活動への参加意欲よりも，自身のジェンダー固定観念に基づき，より相応しいと思う消極的な態度を優先して表出してしまうという状況を打開することを目指していた。しかし，理科の学習では，インターネットを利用した調べ学習や，学校外の人とのウェブ上でのやり取りなどが活動として行われる場合もあり，そのような活動では性別は認識されづらくなる。特定の教科にかかわらず学習方法全般における ICT の活用能力に関する性差については調査されている[5]ものの，理科学習においてジェンダーが意識されにくいそれらの活動において，女子が男子と変わらずに学習できるのかどうかについては明らかにされておらず，今後着目すべき課題の一つといえる。

3）理科授業の構成要素としての教師

　第3章第1節において論じたように，女子の理科学習の促進を目指した諸外国の介入研究では，理科授業の構成要素として「教師のジェンダー固定観念と言動」，「教室規範」，「学習活動」，「学習内容」の改善を試みていた。そして，第2章で指摘したように，諸外国では，教師の自然科学や理科学習に関するジェンダー固定観念と，それによって引き起こされる言動を変容させるための「教師教育」が重視されている。しかし，本授業実践では，理科授業の「教材」と「学習活動」の変容が，女子の学習にどのような影響を及ぼすかを検証することに焦点をあてていたため，教師教育を理科授業改善の一観点には位置づけず，授業実践者と筆者との意見交換および協議の中でいわば簡略化した「教師教育」を行った。いうまでもなく，教師は理科授業の成否を左右する重要なファクターであるため，今後，ジェンダー包括的な理科

授業を広く実現するためには，「教師教育」についても検討されなければならないだろう。教師に関しては，第 1 章第 3 節においても論じたように，日本では女性の理科教師が少ないため，理科は男性に相応しい教科であると生徒に印象付けてしまう恐れがあり，かつ，理科好きな女性のロールモデルを女子に提供できていないという問題もある。本授業実践において，女性の理科教師が新たな方策を導入した授業を実践するという方法も考えられたが，前節で示したように，本研究では開発した「教材」と「学習活動」の効果を検証することに主眼を置いたために，「教師」の変更という要因を除外することとなった。理科教師の性別によって女子の理科学習に変化が見られるかどうかについても，今後検討が望まれる。ただし，非常に限定的な事例ではあるが，筆者の中学校理科教師時代の経験に基づけば，女性教師が単に理科授業を行うというだけでは，女子が理科の固定観念的なイメージを変えたり，積極的に理科授業に参加したりといった理想的な状況は生じにくいことが推測される。

4）授業実践以外の内容領域への応用

　本研究では中学校の学習単元の中で，女子が特に苦手としている学習内容を対象として介入研究を実施した。具体的には，力学の「仕事の原理」と電磁気学の単元を介入対象としたが，他の学習内容においても本研究で開発した視点に基づく方策を導入することが可能なのか，また，女子の学習が促進されるのかについて検証する必要があろう。第 1 章で指摘したように，学習内容による女子の意識の差は大きく，本授業実践で扱わなかった物理学と化学に関連する内容への介入研究を今後早急に進めていく必要がある。本研究における方策の開発視点が，他の学習内容にも適用可能であることが示されれば，物理学・化学に対する女子の意識・態度の飛躍的な改善が見込まれる。そして，物理学・化学に対する女子の意識・態度の変容が，生物学および地学，そして理科という教科全体に対する意識・態度にどのような影響を及ぼ

すのか，あるいは高等学校での女子の理科の科目選択を変化させるのかが，
その次に注目すべき点となるであろう。

2．女子の理科学習の実態とその評価方法

　次に，本授業実践に導入した方策ではなく，介入の対象となった女子の理
科学習の実態について考察する。第一に，女子の理解度の自己認識に着目す
る。本授業実践の結果から，女子は学習内容の理解度そのものが低いのでは
なく，理解度の自己認識が低く，その自己認識によって理科の授業の良し悪
しを評価することが明らかになった。前節で示した教育心理学研究における
「期待理論」に照らし合わせれば，女子の理科学習への動機づけを高めるに
は，「自分は理科の内容を理解できる」という「期待」，つまり，「理解度の
自己認識」を高めることが求められる。したがって，女子に学習内容を理解
できていることを自覚させ，自分にも理解できるはずだという自信を与えら
れるような教授方略を今後開発しなければならない。学習内容の理解を促す
ことが可能となる学習内容を直接含んでいる，換言すれば，学習内容の理解
に対して周辺的ではない教材や学習活動が，女子の意識と態度の改善に効果
的であるという本授業実践からの示唆は，このことをまさに裏付けていると
いえよう。

　第二に，女子の学習内容の理解度そのものについては，本授業実践から次
のような問題点が明らかとなった。それは，「仕事の原理」実践において，
理科に対する女子の有用感やイメージが男子よりもやや有意に改善されたに
もかかわらず，内容の理解度については，授業前後および男女間いずれも有
意な差が見られなかったということである。加えて，「電流」実践では単元
の学習が進行し，理科に対する女子の肯定的意識と態度が持続してもなお，
質問紙調査の認知的問題に男女間の有意差は現れなかった。つまり，理科に
対する女子の意識と態度に改善が見られても，理科に関する女子の理解度が
向上するとは単純にいえないことが明らかになったのである。女子の理科学

習の問題点は，理科に関する認知面よりも情意面と態度に強く表れているものの，内容理解の促進は，性別を超えた理科教育全体の目標であるため，今後は認知面の向上も視野に入れ，理科に関する女子の情意面と認知面の関係をより詳細に分析しなければならない。そのうえで，女子の情意面と認知面の両方の改善に有効な教材や学習活動を開発することが望まれる。さらに，第1章で示したように，理科を嫌いな理由として中学生の女子は男子よりも，理科に暗記や計算があることを多く挙げていることから，暗記した内容を再生するだけのテストを理科学力の唯一の評価方法とすることから脱し，また，女子の算数・数学の能力も考慮したうえで，理科の学習を展開させることも求められるのではないだろうか。学習内容の理解度については，中学校段階までは顕著な男女差は見られないものの，高等学校段階の物理学と化学の学力になると女子の方が低くなってしまうことは第1章ですでに指摘したが，女子の意識と態度の改善が単純に理解度の向上にはつながらないという本実践の結果を踏まえると，高等学校段階での女子の理科学力の向上は，中学校段階の理科に対する女子の意識と態度の改善だけでは実現されないことが予想される。

　第三に，前節においても触れたが，「理科好きの女子」と「理科嫌いの女子」の違いについて改めて考察する。二つの授業実践において，「理科好きの女子」と「理科嫌いの女子」の意識について比較したところ，概して以下のような結果を得た。まず，「仕事の原理」実践では，理科に対する好き嫌い以外にも，実験や観察の好き嫌い，大切さや有用性の認識，「理科に関係する職業」への就業意欲，内容の理解度の認識など，理科学習に対する意識全般において，「理科嫌いの女子」が「理科好きの女子」よりも顕著に低かった。しかし，「理科嫌いの女子」は本実践での授業を「理科好きの女子」と同程度に楽しむことができ，授業後には，将来への理科の有用感が「理科好きの女子」との有意差がなくなるほど高まっていた。次に，「電流」実践における「理科嫌いの女子」は，「理科好きの女子」よりも理科学習に対す

る意識はそれほど低くなかったが,「友だちから自分は理科がよくできると思われたい」と「理科の実験は同性だけのグループで行いたい」では,「理科好きの女子」よりもわずかに肯定的に回答していた。この対象校はいわゆる「入試校」であり,女子に理科離れの傾向が顕著に見られなかったものの,「理科嫌いの女子」ほど周囲の評価の目を気にしたり,同性だけの集団を好んだりする可能性が見出された。これらの点については,さらなる調査が求められる。「電流」実践後には,男女別の集団編成は「理科嫌いの女子」がより望む授業形態となっていたことに加え,理科学習に対する全般的な意識や内容理解の困難性に関して「理科嫌いの女子」の方が「理科好きの女子」よりも改善が見られた。このように,「理科好きの女子」と「理科嫌いの女子」には,対象校によって理科学習に対する意識の傾向に違いが見られるものの,授業実践の効果がより表れたのは「理科嫌いの女子」であったといえる。「理科好きの女子」と「理科嫌いの女子」がたとえ同一の授業を受けても,その意識の変容は異なることや,前述のように「理科嫌いの女子」の方が周囲の評価の目に敏感で,男女別の集団編成を望む傾向にあることを勘案すると,「理科嫌いの女子」の方がジェンダーとしての女性への自己認識あるいはコミットメントが強いのではないかと考えられる。つまり,女子が理科学習において自身をどのように捉えているのかが,理科学習に対する意識と態度に影響を及ぼすことが本授業実践からも示唆されたといえる。教室における女子全員の傾向をおしなべて捉えるのではなく,「理科好きの女子」と「理科嫌いの女子」に分けてそれぞれの特性を見出すという研究は諸外国ではあまり見られず,日本においても女子の理科学習に関する実態把握という点からしか調査されていない。したがって,女子の理科学習促進を目指した介入研究において,これは新たな観点であるといえよう。今後は,介入した授業における「理科好きの女子」と「理科嫌いの女子」の取り組み方の詳細な調査が課題の一つとなるだろう。

3．授業実践の方法における問題点

　第4章と第5章の授業実践の方法における問題点として，まず二つの対象校の規模と質にかなりの差異があったことが挙げられる。実践の設定および進行に制約があったことは前節で述べたとおりであるが，理科授業を構成する要素を変化させて，その効果を正確に測るには，1校あるいは同質の複数校を対象校とすることが求められる。また，理科における女子の学習状況に顕著な問題が出現している学校あるいは学級を実践対象とすることで，女子の変化を詳細に捉えられる可能性が高い。逆に，女子の学習状況の問題点が顕在的でない学校については，その要因を調査することで，女子の学習促進のための理科授業開発への新たな視点が得られるだろう。

　また，「仕事の原理」実践は，1単位時間のみを対象としており，その授業に限定した女子の意識や態度，そして授業後の意識の変容を評価したものの，その変容が持続するのかを評価するのは困難であった。加えて，わずか1単位時間の授業で理科学習に対する意識と態度が変容するかどうかの評価は，質問紙調査からの結果だけではなく，より質的な意識と態度の分析によって，信頼性を高めなければならないと考えられる。このことは長期に渡る調査であった「電流」実践でも同様にいえる。女子の学習状況の評価方法については，授業中の会話分析や，ポートフォリオ評価，パフォーマンス評価なども加えて，より詳細に調査していくことが望まれる。

4．女子の理工系への進路選択と理科学習

　ここまでの考察において，第1章第3節において指摘した日本の女子の理科学習の問題点の中で検討していないのは，女子の進路選択の問題である。本授業実践では，第3章第1節で論じたように，女子の理科学習に対する意識・態度の改善が，理工系への進路選択の増加へと単純に結びつかないことが予想されることと，日本では女子の理工系進路選択の支援に関する取組が学校外ですでに始められていることから，諸外国で多用されている「キャリ

314

ア教育」を方策の開発視点として提示しなかった。そのため，キャリア教育を特に意識したわけではなかったが，「仕事の原理」実践で看護師という題材を用いたところ，授業後に女子の「理科に関係する職業」への就業意欲と将来への理科の有用性の認識が向上したのである。さらに，「理科嫌いの女子」の将来に対する理科の有用感の向上に効果的であることが明らかになった。その一方で，「電流」実践では，職業に関する題材を取り上げなかったせいか，女子の将来への理科の有用感が低下したのである。つまり，理科に関係する職業を題材として授業に導入したことの効果が明確に表れており，「キャリア教育」の視点から授業を構成することも重要であることが示唆された。特に，両授業実践の開始前の質問紙調査では，「理科に関係する職業」として看護師を思いついた生徒は，どちらの対象校においても一人もいなかったことから，一般的には理科との関係性があまり密接ではないと考えられている職業を取り上げるのが効果的なのかもしれない。さらに，中学校の理科授業で女子に身近な職業を扱うことで，本授業実践のように女子の将来に対する理科の有用感が高まり，高等学校での理数系の科目選択や，その後の理工系への進路選択が促進される可能性が高まるのではないだろうか。しかし，そのような期待はあるものの，理科に対する意識の向上が，その後の理工系への進路選択とどのように結びつくか，あるいは理工系への進路選択の決め手となる要素は何かといった問題点については，さらなる検証が必要となるだろう。

5．理科授業の改革から「自然科学とジェンダー」に関する研究への発展

　最後に，第2章において指摘した諸外国の「介入プログラム」の成果の限界と本授業実践の結果を比較する。「介入プログラム」では「生徒・教師の科学に対するジェンダー固定観念の変容」，「女子の理科への興味・関心の向上」，「男女別の集団編成による男女の理科学習の促進」が共通する成果として挙げられるが，女子の理系への進路選択の増加と男女の理科学習の差の縮

小にはそれほど効果が見られなかった。本授業実践でも，女子の理科学習に
対する意識・態度の改善がわずかに見られ，男女別の集団編成の有効性が指
摘できたが，男子の理科学習にも改善が見られたために男女差は縮まらなか
った。理科授業の構成を検討・改変することは，女子の理科学習促進に何ら
かの効果があることは実証できたものの，理科嫌いの女子を一気に理科好き
にするほどの効果は見込めないことも否定できない。第2章で示したように，
「介入プログラム」の近年の研究では，女子を「矯正する」ことだけに集中
してきた点に問題があるとし，学習の社会文化的側面により焦点をあてるべ
きだという指摘もある。それに加え，女子が理科学習から離れていくのは，
学校で理科を学習している女子だけに起因するのでは決してなく，「自然科
学とジェンダー」の問題が存在し，それが社会全体に浸透しているからなの
である。つまり，女子の理科学習は学校理科教育の中だけに閉じた問題では
なく，これから先は日本でもその背景にある「自然科学とジェンダー」の問
題に向き合う必要がある。

第6章　引用文献および註
第1節
1）河野銀子，池上徹，中澤智惠，藤原千賀，村松泰子，髙橋道子，「ジェンダーと
　　階層からみた「理科離れ」―中学生調査から―」，『東京学芸大学紀要　第1部門
　　教育科学』，Vol. 55，2004，353-364頁.
2）鹿毛雅治，『学習意欲の理論―動機づけの教育心理学』，金子書房，2013，25頁.
3）同上書，39頁.

第2節
4）文部科学省，『中学校学習指導要領解説　理科編』，大日本図書，2008，17頁.
5）河井正隆，「大学生の学習方法における学年・性・学部別にみる差異の検討」，
　　『日本教育工学雑誌』，第27巻，第1号，2003，140-147頁.

終章　研究の成果と課題

第1節　本研究の成果

　本研究では，女子の理科離れの現状に鑑み，日本における女子の理科学習の促進に着目した理科授業の構成に関する基礎的知見を得ることを目的とし，次の4段階で研究を展開させた。第一に，日本における女子の理科学習の実態と問題点を総括した。第二に，諸外国の「介入プログラム」で施行された方策の特質と成果を解明した。そして，第三に，日本の問題点を改善するための理科授業の構成を検討し，第四に，理科授業の構成要素である「教材」と「学習活動」について，その開発視点を教授内容に応じて具体化した方策を理科授業で実践し女子の学習状況を評価した。その結果，本研究全体として，大別して以下の4点の基礎的知見が得られた。

　第一に，日本における女子の理科学習には，学力，理科および教師に対する意識，観察・実験への態度，理系への進路選択，教師および学校種別からの影響に関して問題があり，それらを改善するために理科授業の開発が求められるということである。第二に，諸外国では女子の理科学習に関する研究が進展し，ジェンダー包括的な理科教育が目指され，「教師教育」，「教授方法・学習環境」，「学習内容」，「キャリア教育」といった多様な改善を含む「介入プログラム」の開発と評価がなされ，理科の授業構成の変容に直結する多様な方策がすでに提案されているということである。第三に，理科授業を構成する要素のうち，「教材」と「学習活動」に，「生物や人体に関する題材の利用」，「美的観賞の導入」，「教授展開における女子と関連のある文脈の利用」，「想像的な記述活動の導入」，「活動における協同性の重視」，「男女別

の集団編成の導入」という6種類の開発視点に基づいて具体的方策を考案し実施することで，日本における女子の理科学習促進に一定の成果を上げられるということである。そして第四に，開発視点の中でも「教授展開における女子と関連のある文脈の利用」と「男女別の集団編成の導入」の効果が高く，これらの視点を組み込んだ問題解決活動を利用した理科授業が，女子の意識と態度の良好な変容に奏功するということである。

　次に，第1章から第6章の各章で得られた知見をまとめておく。まず，第1章では，理科に関連する学力調査や理科学習における男女差に関する先行調査から，日本の女子の理科に関する認知的および情意的側面の特徴を見出した。そして，認知的側面については，PISA，TIMSS，教育課程実施状況調査，小倉らの探究能力の調査，坂本らのアーギュメント・スキルの調査などから，小・中学校段階の理科学力に顕著な男女差は見られないことを指摘した。しかし，年齢の上昇とともに，女子は物理学と化学に関連する科学的な推論力が男子より低くなり，高等学校段階で物理学と化学における学力に男女差が出現することも明らかとなった。

　情意的側面については，前述の理科に関する国内外の大規模調査に，ROSE調査や，村松らや加藤らによる国内の中学生調査などの多数の意識調査を加え，女子の特徴を見出した。女子の理科への「好感」，「興味・関心・学習意欲」，「有用感」，「自信」などは，中学校段階で男子よりも顕著に低下するだけでなく，態度の面でも消極的で，実験においては補助的な役割に従事していた。また，女子は学習内容の理解度に対する自己認識も低かった。しかし，多くの女子が生物学への関心を高くもち，潜在的には理科をそれほど嫌っていないことから，女子が理科学習すべてを嫌悪し，学習を完全に拒否しているわけではないことが明らかになった。また，わずかではあるものの理系への進路選択をしている女子は，積極的志向で理系を選択し，ジェンダーの固定観念にとらわれない環境で多様な経験をしていることから，女子にどのような理科教育を提供するかで，理科好きの女子が増える可能性が示

唆された。

　これらの女子の理科に関する認知的・情意的な特徴を分類し，学校の理科
教育に関連する日本の女子の理科学習の問題点は，「女子の理科学力」，
「小・中学校段階の理科全般に対する女子の意識」，「学習内容による女子の
意識の差」，「観察・実験に対する女子の意識と態度」，「教師に対する女子の
意識」，「女子の進路選択」，「中・高等学校の教師からの影響」，「学校の種類
による影響」の8点にあることを指摘した。そして，村松らと加藤らによる
女子の理科離れの要因分析を踏まえ，8点の問題の解決に求められる学校理
科教育の変革について論じた。

　第2章では，理科教育における男女差の解消を目指した諸外国の研究動向
を追い，特に学校の理科教育で展開されてきた女子の理科学習促進のための
「介入プログラム」の方策を収集し，それらに共通する特徴や成果を見出し
た。まず，諸外国の研究動向については，1970年代のフェミニズム科学論の
興起によって，自然科学の客観性や男性性に疑問の目が向けられるようにな
ったことから，女子の理科学習への関心が高まったことを述べた。代表的な
フェミニズム科学論者であるケラーは，人々が用いてきた二分法的思考に問
題点を見出し，自然科学に男性性が埋め込まれてきた過程を説明することに
成功した。また，シービンガーは男女の理科学習の機会均等が達成されれば，
女性科学者が増えるというパイプライン・モデルの欠陥を見出し，自然科学
から女性の脱落を防ごうとするプログラムの実施だけではなく，自然科学に
関連した現行の様々なシステムを変える必要性を力説した。このような流れ
の中で，理科教育における男女の学習機会が調査され，理科に関する興味，
経験，先行知識など，様々な視点からの男女差の調査も進行し，男女に同じ
機会を与えるだけでなく，女子の不足部分を補うための方策が必要とされる
ようになり，1980年代の終わりには「ジェンダー包括的」（gender-inclusive）
な理科教育が目指されるようになった。男女差に関する調査結果が明らかに
されるにつれ，男女差の要因に関する議論も活発になり，生物学的な要因と

320

ジェンダー的な要因の両方が俎上に載せられた。後者のジェンダー的要因の一つに教育的な因子が含まれ，教師の考え方および授業中の言動，教室の環境，理科の教材，理科学習の評価方法といった理科教育に関わる多様な事象が，潜在的カリキュラムとして，学習者に「女子は理科が苦手である」というイメージを伝えてしまうことが問題となっていることを指摘した。

　次に，諸外国において女子の理科学習促進のために開発・実施された「介入プログラム」の具体的方策の特徴を分析した。分析対象とした9種類の「介入プログラム」は，1980年代から90年代に，世界各地で開発されたもので，その実践対象は初等から中等教育段階にまで及び，規模も1校から10校までと幅広い。これらのプログラムでとられた方策は，それぞれ「教師教育」，「教授方法・学習環境」，「学習内容」，「キャリア教育」の改善に，その観点が向けられていた。これらの改善の観点は，「教師教育」の改善を基盤として，「教授方法・学習環境」を改善し，さらに各プログラムの介入の重点に応じて，「学習内容」や「キャリア教育」の改善が付加されていることを指摘した。さらに，1980年代初頭の先駆的なプログラムほど，その方策は多岐に渡り，教師や学校の裁量に任される部分も大きかったが，それに続いて開発されたプログラムは，その目的を「物理カリキュラム」や「グループ活動における集団編成」などの改善に焦点化するようになり，介入の対象をより限定する方向へと進んでいることも明らかにした。また，「介入プログラム」に共通する成果は，理科に対する生徒と教師のジェンダー固定観念を変容できたことや，女子の理科への興味・関心を高められたこと，さらには男女別の集団編成の有効性を実証したことの3点にあった。しかし，「介入プログラム」は成果を上げた一方で，女子の理系への進路選択の促進と，理科学習に関する男女差の縮小に関しては限界があったことを明らかにした。

　第3章では，第1章で指摘した日本における女子の理科学習の問題点と，第2章で論じた諸外国の方策の改善の観点とを照らし合わせ，女子の学習促進を指向する日本の理科授業の開発視点を措定した。まず，第1章で示した

８点の問題点のうち，理科授業の改善によって克服可能と考えられるのが，
「女子の進路選択」と「学校の種類による影響」以外の６点であり，諸外国
の改善の観点の「教師教育」,「教授方法・学習環境」,「学習内容」が日本の
理科授業の改善にも求められることを論じた。これら３点の改善の観点に関
して，諸外国では理科授業を構成する要素として，「教師のジェンダー固定
観念と言動」,「教室規範」,「学習活動（活動の種類，形態，環境)」,「学習内
容」の改善を試みていることを指摘した。本研究では，女子の学習促進を目
指し，理科授業に導入すべき新たな方策の開発に焦点化したため，教師教育
を必要とする「教師のジェンダー固定観念と言動」と「教室規範」の改善に
ついては，研究の直接的な課題とはせず，これらの点は実践の前にすでに達
成できている状態から授業への介入研究を開始することとした。そして，構
成要素の「学習内容」については，日本では大規模なカリキュラム開発を要
する学習内容の改善を実践することはできないが，学習指導要領で規定され
ている科学知識や技能の習得のために，理科授業において使用する具体的な
「教材」については，特に限定されておらず，改善は可能である。そのため，
日本における女子の理科学習促進を指向する理科授業の開発には，「学習内
容」の一部を成す「教材」を第一の改善の観点に据えた。その上で，女子は
男子よりも自身の経験や日常生活に具体的かつ現実的に関連する事柄に関心
が高い傾向にあることを踏まえ，「教材」には「女子の興味や経験を考慮し
た女子に身近な事象」を選択することが効果的であると指摘した。さらに，
女子の思考の特性や，物理学と生物学のイメージ，女子の学習への動機づけ
を高める教授展開などに関する諸外国および日本の知見を参考にし，「女子
の興味や経験を考慮した女子に身近な事象」を理科授業に取り入れる具体的
方法として，「生物や人体に関する題材の利用」,「美的観賞の導入」,「教授
展開における女子と関連のある文脈の利用」の３点を提案した。

　残る構成要素の「学習活動」については，日本の理科教育学研究全般にお
いても，改善の対象として頻繁に研究されているため，女子のための理科授

業改善の観点として，「学習活動」に着目することに問題は見当たらないと
判断し，第二の改善の観点とすることとした。そして，「学習活動」の具体
的な設定方法として，「想像的な記述活動の導入」，「活動における協同性の
重視」，「男女別の集団編成の導入」が，女子の理科に対する意識と態度の改
善を期待できると論じた。記述活動と協同性については，理科という教科が
もつ強固な客観性・厳密性あるいは競争的で男性的なイメージが女子を疎外
しているため，客観性や実証性を旨とする科学的論述だけでなく，主観的で
心情を重んじるような記述活動や，女子が躊躇せずに積極的に関わることの
できる競争的でなく協同的な活動を理科授業に取り入れることで，女子が理
科学習に参加しやすくなると考えられる。さらに，活動における男女別の集
団編成は，女子の実験への積極的参加を促すことが諸外国で実証されている
だけでなく，日本でも中学生が男女別の集団編成による実験を望んでいると
いう調査結果もあることから提案した。第3章では，これらに加えて，日本
の理科授業の介入対象と目標を確定した。理科授業の開発のために，日本に
おいて優先して介入すべき教授内容は，男女差が拡大する中学校段階で，最
も女子が嫌っている第1分野の「電磁気学」と「力学」であると指摘した。
また，介入によって改善が求められる女子の学習とは，理科学力ではなく，
理科に対する意識と態度にあることを論じた。

　第4章では，中学校理科第1分野の力学に関する大単元「運動とエネルギ
ー」に含まれる「仕事の原理」の1時間の授業を対象として，第3章の理科
授業の開発視点に基づき，具体化した教材と学習活動，そしてその授業展開
を説明し，実践した結果を考察した。ここでは，女子の関心と「仕事の原
理」とを結びつけて提示できる教材として，「看護師」を取り上げた。看護
師は女子の将来の進路希望として上位に入る職業であり，かつ，患者や看護
師への身体的負担を軽減する看護的作業は，女子の関心の高い人体の要素を
取り込むことができる。また，教授展開における女子と関連のある文脈の利
用として，看護師の話題を授業の最初に導入し，授業の終わりまで一貫して

看護的作業を教授の中心に位置づけた。さらに，学習活動については，男女別の集団編成による協同的な問題解決活動として，「仕事の原理」を利用した看護的作業である「患者を小さな力であお向けから横向きにする方法」を同性の二人組で協力して体験しながら考えるという活動を設定した。このように「仕事の原理」の授業を展開することで，前章で示した「教材」と「学習活動」の合計6つの具体的方法のうち，「生物や人体に関する題材の利用」，「教授展開における女子と関連のある文脈の利用」，「活動における協同性の重視」，「男女別の集団編成の導入」の4点を盛り込むことができた。

　そして，この授業展開を公立中学校第3学年の3学級において実践した。授業評価は，参与観察とカメラによる記録，生徒を対象とした授業前後の質問紙調査および「仕事の原理」の理解を測るワークシートから行い，次のような結論が得られた。男女ともに授業を楽しむことができただけでなく，理科に関係する職業への就業意欲も向上し，女子については日常生活や将来への理科の有用性の認識も向上したことから，看護場面を用いた「仕事の原理」の教授は，女子の理科学習のみならず，男子の学習にも効果的であることが明らかとなった。特筆すべきは，「理科好きの女子」よりも「理科嫌いの女子」に対して，将来への理科の有用感を高めることができた点である。さらに，女子に特有であったのは，授業に対する高評価の理由として，体験活動の新奇性や面白さに限らず，友人との協力によって課題を解決できたことを挙げていることであり，「活動における協同性の重視」が日本の女子の理科学習に対する意識の改善に有効であることが示唆された。加えて，内容の理解度と関連づけて授業を評価することも女子に特有であり，本実践は，女子から理解しやすい授業との評価を受けており，このことが授業への積極性を高める一因となったといえる。そして，看護師を題材として取り上げたことで，男女ともに理科に関係する職業イメージが拡張されていた。これらのことを総括すると，協同的な問題解決活動を理科授業に導入することと，学習内容に関する女子の理解度に配慮した授業を展開することが，理科学習

に対する女子の意識や態度の改善に資することが示唆された。

　第5章では，中学校理科第1分野の大単元「電流とその利用」の全内容の約40時間分の学習を対象に，第3章の理科授業の開発視点に基づき，授業の内容と展開を構想し，実践した結果を論じた。本単元の学習内容に即して開発した方策は，「女子の興味や経験に基づくトピック」，「美的観賞を含む協同的な問題解決活動」，「想像的な記述活動」の3種類であった。具体的に，トピックでは，「人体と電流」，「キッチンにある電化製品のサーモスタット」，「静電気を利用した美の追求」，「電気と磁気で健康に」の4テーマを用意し，人体やキッチン用品，美しさなどと電流の関係を説明するプリント教材を作成し，教師が授業中に解説した。問題解決活動では，「オリジナル電飾づくり」と「IH調理器の分解」というテーマで，美的観賞を伴い，協同的に課題を解決する過程を含む実験を2種類開発した。記述活動では，「子どもに感電の危険性と感電を防ぐ方法を伝える手紙を書こう」，「キッチンにある電気器具の特徴はなんだろう」，「放電の様子を観察して，詩を書いてみよう」といった自由度の高い記述ができる6つのテーマを用意した。本単元内のすべての実験は，男女別の同性のみの集団編成で行ったため，「教材」と「学習活動」の6つの具体的方法のうち，「生物や人体に関する題材の利用」，「美的観賞の導入」，「想像的な記述活動の導入」，「活動における協同性の重視」，「男女別の集団編成の導入」の5点を実現することができた。

　そして，国立大学附属中学校第2学年の2学級において実践し，授業の評価は，第4章と同様の手法で行った結果，導入した3種類の方策に関する女子の意識や取り組み方について，次の4点が明らかとなった。第一に，3種類の方策に対して，「楽しかった」と肯定的に捉える女子が多く，その取り組み方も良好であった。第二に，2種類の「美的観賞を含む協同的な問題解決活動」は，「トピック」および「記述活動」よりも女子の好感度が高く，美的に観賞することと，問題を解決することへの女子の関心の高さは見られたものの，協同性の効果は検証できなかった。第三に，「電流」単元のすべ

ての学習内容および活動の中で最も女子の好感度が高く，強く印象に残った
活動は，「美的観賞を含む協同的な問題解決活動」における「オリジナル電
飾づくり」であった。そして第四に，授業に複数導入した「トピック」と
「記述活動」の中には，本単元で通常行う実験・活動などと比較して，女子
の好感度が特に高いとはいえないものもあった。女子の活動への好感度は，
「トピック」や「記述活動」の内容や形式に依存することが明らかとなった。
さらに，単元全体の女子の学習状況としては，概して「電流」の授業を楽し
むことができ，その内容に面白さを見出していたものの，「電流」の内容に
対する学習意欲を継続させたり，内容理解の困難性の認識を軽減させたりす
るには，本実践では不十分であったことが示唆された。そして，活動におけ
る集団編成については，女子の中でも特に「理科嫌いの女子」が同性のみの
グループ活動を経験することによって，その集団編成を強く希望する方向に
変化していた。介入によって変容を目指した女子の理科学習に対する意識に
ついては，女子の理科学習に対する好感，理科の大切さ・日常生活への有用
性・理解度の自己認識については単元終了後に低下しなかったものの，将来
への理科の有用感が単元終了後に低下する傾向が見られた。また，女子がも
つ理科のイメージについては，単元終了後に人物や職業に関する記述と，日
常生活との関わりや有用性に関する記述が増加し，理科実験の固定観念的な
表現は減少した。最後に，「電流」単元の学習内容の理解度については，女
子は男子と同程度であり，本実践で導入した方策が，女子の理解を特に阻害
することはなかった。加えて，本実践は男子の理科学習を阻害することもな
かった。
　最後に第6章では，第4章の「仕事の原理」実践と第5章の「電流」実践
の結果から，女子の学習促進のための理科授業の構成について考察した。ま
ず，両授業実践の方法，対象，結果における共通点と相違点を挙げ，両者の
関係性を明確にした。授業実践の方法においては，介入した学習内容の選択
方法，方策の開発視点の一部，授業実践の評価方法，実践した教師の特性が

両実践に共通し，介入した学習内容と時間，導入した方策の開発視点の一部
と様式に違いがあった。また，授業実践の対象者については男女差の傾向が
異なっていた。一方，授業実践の結果については，「仕事の原理」実践では
5点の肯定的結果が，「電流」実践では3点の肯定的結果と2点の否定的結
果が，各実践に固有であり，両授業実践の共通する結果は，女子の授業に対
する好感度の高さが見られたこと（特に，問題解決活動に対して），女子がもつ
理科のイメージが好転的に変容したこと，学習内容において男女間に認知的
な差が見られなかったこと，男子の理科学習が阻害されなかったことの4点
が確認された。これらのことを総合的に考察し，理科授業の構成要素として
着目した「教材」と「学習活動」に関する方策を開発し，授業に導入するこ
とによって，女子の意識と態度を変容できると結論づけた。そして，方策の
開発視点の中でも，「教授展開における女子と関連のある文脈の利用」と
「男女別の集団編成」が，他の視点よりも効果が高く，これらの開発視点を
取り入れたうえでの「題材に留意した問題解決活動」が，女子の意識と態度
の改善に最も有効であると推測された。なお，本授業実践で使用した題材は，
生物や人体に関係していたり，美的に評価・観賞できたりするなど，女子の
興味や経験を考慮したものであり，それらが女子の意識と態度に好影響を及
ぼすことが示唆された。加えて，方策の様式については，学習内容の理解に
対して周辺的でなく，学習内容の理解に直結する「教材」や「学習活動」が，
女子の意識と態度の改善により効果的であるという示唆が得られた。最後に，
第2章までの先行研究の総括と，第3章以降の授業実践の結果を併せ，理科
授業の構成要素，女子の理科学習の実態に関する評価方法，授業実践の方法
における問題点，女子の理工系への進路選択，「自然科学とジェンダー」に
関する研究の5点から，女子の学習促進のための理科授業構成に関するこれ
からの視座を検討した。

第2節　今後の課題

　本研究では，男子よりも顕著な女子の理科離れを改善するために，学校の
理科授業において採りうる手立てがあるかを検討してきた。その結果，「教
材」の選択方法および「学習活動」の設定方法に留意して理科授業を構成す
ることで，女子が特に苦手とする内容に対する女子の意識や態度を改善でき
ることが明らかとなった。

　今後の課題として第一に，第6章で論じた授業実践に基づく今後の課題に
取り組むことである。その中でも特に，第6章第2節の「3．授業実践の方
法における問題点」を克服する実践研究を早急に行うことである。そのうえ
で第二に，理科授業における教材と学習活動に関する各方策の横断的な比較
を充実させることである。具体的には，学習内容を含み，内容の理解に直結
する方策と，女子の積極的参加を促したり，理科のイメージを変容させたり
するような周辺的な方策のそれぞれの有効性を比較し，どのように授業に導
入すべきかを検討しなければならない。さらに，第三として，理科授業に対
する女子の積極的参加の促進や好感度の上昇が，理科という教科に対する学
習意欲の高まりへと進展するかどうかを検証することである。なぜなら，開
発した理科授業に女子は積極的に参加し，楽しんでいたものの，理科学習全
般に対する意識の改善は顕在的でなかったという本研究の結果が，授業に導
入した方策の不十分さによるものなのか，理科授業の改善だけでは，理科と
いう教科全般に対する意識の大幅な改善は見込めないことによるのかは，本
研究からは確定できなかったからである。

　本研究における実践の観点には位置づけなかったものの，授業を実践する
「教師」は理科授業の成否を大きく左右するファクターであるため，ジェン
ダー包括的な理科授業を実現するための「教師教育」についても，今後日本
において検討されなければならないだろう。その際，現職教師の自然科学に

対する固定観念や授業中の言動に注目するだけでなく，教師を養成する大学の教育においても，学生たちが女子の理科学習の問題点を認識し，その打開のために自身がどのような教師になるべきかを熟考できる機会を用意する必要があろう。また，本研究で総括した初等・中等教育段階の女子の理科学習の問題点に限らず，大学という高等教育段階における自然科学に関するジェンダー問題の有無についても今後，より詳細な調査・研究が求められる。

　加えて，第3章第1節で述べたように，本研究では現時点で日本の理科授業に比較的容易に導入可能な方策について実践的に検討したため，教材と学習活動を主たる改善箇所としていた。しかし，諸外国の先行研究に見られるように，理科の学習内容自体にジェンダーに関係する問題がないかを精査し，学習内容を変更する必要があるかどうかも検討しなければならないだろう。つまり，「どのように教えるか」だけでなく，「何を教えるか」についても議論されるべきである。そして，学習内容自体に関する研究が蓄積されることによって，これから先の学習指導要領に盛り込むべき学習内容を決定する際に，女子の理科学習の促進という視点も取り入れられるのではないだろうか。現在の学習指導要領では学習内容に限らず，自然科学の系統性に基づいた単元構成も規定されているが，第2章で示したイギリスのSLIPPプロジェクトのように，教授の文脈に基づいて単元を構成することで学年および学校段階の学習内容を変えるという方法もありうるだろう。そして，これらのことも検討したうえで，近い将来，女子が理科に関心をもち，積極的に学習できるような理科教育の環境が整うことを期待したい。

　本研究は女子の理科学習に焦点をあてたものであったが，さらなる発展の可能性を秘めている。それは，女子に限らず，歴史，民族，階層，宗教，信条といった文化的・社会的背景から，自然科学や理科学習に対して周辺的な位置に置かれている者が少なくないからである。このような自然科学や理科学習における社会的マイノリティの理科学習に対する研究的関心は，第2章でも示したように，諸外国ではすでに高まっており，女子に関するこれまで

の研究蓄積から得られる示唆は計り知れないものとなっている。さらに，マ
イノリティだけでなく，マジョリティであると考えられている男子の理科学
習促進にも有効な手立てを提供することが期待できる。なぜなら，本授業実
践は女子の理科学習促進を目指して開発されたものであるが，男子の理科学
習を阻害しなかっただけでなく，部分的には改善までできたことが明らかに
なったからである。また，諸外国における研究では，理科学習における男女
差を詳細に調査することで，男子に不足している能力や経験などが明らかに
され，男子に有効な教授方略が開発されたという事例もある。したがって，
本研究の端緒は理科学習に問題を抱えている女子への着目であるものの，そ
こから得られた知見は他のマイノリティだけでなく，マジョリティ，さらに
は理科を学ぶすべての者に奏功する教育研究へと発展することが期待できる
のである。

引用文献一覧

赤井玄，「理科の授業に現れるジェンダーに関する研究―子どもの行動の分析を中心として―」，『中国四国教育学会 教育学研究紀要』，第43巻，第2部，1997，218-223頁．

青木和夫編，『系統看護学講座 基礎1 物理学』，医学書院，2000．

荒真理，「エキサイト・キャンプ」，『応用物理』，第72巻，第1号，2003，70-72頁．

Baker, D. R.: Equity Issues in Science Education, in Fraser, B. J. & Tobin, K. G. (eds.), *International Handbook of Science Education*, Kluwer Academic Publishers, 1998, pp. 869-895.

Barrett, C. et al.: *Physics on a Plate Supported Learning in Physics Project*, Heinemann, 1997.

Barton, A. C.: *Feminist Science Education*, Teachers College Press, 1998.

Bennett, J.: *Continuum Studies in Teaching and Learning Teaching and Learning Science A Guide to Recent Research and Its Applications*, Continuum Intl Pub Group, 2005, pp. 99-102.

Brickhouse, N. W.: Feminism(s) and Science Education, in Fraser, B. J. & Tobin, K. G. (eds.), *International Handbook of Science Education*, Kluwer Academic Publishers, 1998, pp. 1067-1081.

Campbell, B., Lazonby, J., Millar, R. & Nicolson, P.: Science: The Salters' Approach― A Case Study of the Process of Large Scale Curriculum Development, *Science Education*, Vol. 78, No. 5, 1994, pp. 415-447.

大黒孝文，「第8節 協同学習・協調学習」，日本理科教育学会編，『今こそ理科の学力を問う―新しい学力を育成する視点―』，東洋館出版社，2012，163頁．

檀上慎二，「女子校と物理」，『物理教育』，第48巻，第4号，2000，318-321頁．

ドリーン・キムラ，野島久雄，三宅真季子，鈴木眞理子訳，『女の能力，男の能力 性差について科学者が答える』，新曜社，2001．

European Commission Directorate-General for Research: *She Figures 2006 Women and Science Statistics and Indicators*, 2006, p. 39.

エヴリン・フォックス・ケラー，幾島幸子，川島慶子訳，『ジェンダーと科学』，工作舎，1993．

Faißt, W., Häußler, P. u.a.: *Physik-Anfangsunterricht für Mädchen und Jungen*, IPN-materialien, Kiel, 1994.

Farmer, B.: 'Do You Know Anyone Who Builds Skyscrapers?' SOS－Skills and Opportunities in Science for Girls, in Parker, L. H. et al. (eds.), *Gender, Science and Mathematics*, Kluwer Academic Publishers, 1996, pp. 167-176.

Gilbert, K.: On the Nature of "Context" in Chemical Education, *International Journal of Science Education*, Vol. 28, No. 9, 2006, p. 968.

花吉直子，大髙泉，「context-based approach における context に関する研究 －Salters advanced Chemistry の分析を中心として－」，『日本理科教育学会 第57回全国大会 愛知大会論文集』，p. 194，2007，日本理科教育学会.

Harding, J. & Parker, L. H.: Agents for Change: Policy and Practice towards a more Gender-inclusive Science Education, *International Journal of Science Education*, Vol. 17, No. 4, 1995, pp. 537-553.

Harding, J.: Grass Roots Equity Initiatives, in Fraser, B. J. & Tobin, K. G. (eds.), *International Handbook of Science Education*, Kluwer Academic Publishers, 1998, pp. 911-923.

長谷川榮，『教育方法学』，協同出版，2008，169-170頁.

橋本健夫，鶴岡義彦，川上昭吾編，『現代理科教育改革の特色とその具現化 世界の科学教育改革を視野に入れて』，東洋館出版社，2010，30-31頁.

Häussler, P. & Hoffmann, L.: A Curricular Frame for Physics Education: Development, Comparison with Students' Interests, and Impact on Students' Achievement and Self-Concept, *Science Education*, Vol. 84, No. 6, 2000, pp. 689-705.

Häussler, P. & Hoffmann, L.: An Intervention Study to Enhance Girls' Interest, Self-Concept, and Achievement in Physics Classes, *Journal of Research in Science Teaching*, Vol. 39, No. 9, 2002, pp. 870-888.

Häussler, P., Hoffmann, L., Langeheine, R., Rost, F. & Sievers, K.: A Typology of Students' Interest in Physics and the Distribution of Gender and Age within Each Type, *International Journal of Science Education*, Vol. 20, No. 2, pp. 223-238, 1998.

ヘルガ・リュープザーメン＝ヴァイクマン他編，小川眞里子，飯島亜衣訳，『科学技術とジェンダー －EU の女性科学技術者政策』，明石書店，2004.

Hildebrand, G. M.: Disrupting Hegemonic Writing Practices in School Science: Contesting the Right Way to Write, *Journal of Research in Science Teaching*,

Vol. 35, No. 4, 1998, pp. 345-362.

Hildebrand, G. M.: Re/Writing Science from the Margins, in Barton, A. C. & Os-borne, M. D. (eds.), *Teaching Science in Diverse Settings*, Peter Lang Publish-ing, 2001, pp. 161-199.

平田雅子，『New ベッドサイドを科学する　ー看護に生かす物理学』，学習研究社，2000.

平田雅子，『完全版 ベッドサイドを科学する　ー看護に生かす物理学』，学習研究社，2009.

Hughes, G.: Salters' Curriculum Projects and Gender Inclusivity in Science, *School Science Review*, Vol. 81, No. 296, 2000, pp. 85-89.

石飛良子，『イギリスにおけるジェンダーフリーを重視した科学教育に関する研究』，広島大学大学院教育学研究科 修士論文，2001.

Jones, M. G., Howe, A. & Rua, M. J.: Gender Differences in Students' Experiences, Interests, and Attitudes toward Science and Scientists, *Science Education*, Vol. 84, No. 2, 2000, pp. 180-192.

Jorde, D. & Lea, A.: Sharing Science: Primary Science for Both Teachers and Pupils, in Parker, L. H. et al. (eds.), *Gender, Science and Mathematics*, Kluwer Aca-demic Publishers, 1996, pp. 155-166.

鹿毛雅治，『学習意欲の理論ー動機づけの教育心理学』，金子書房，2013, 25頁.

Kahle, J. B. & Meece, J.: Research on Gender Issues in the Classroom, in Gabel, D. L. (ed.), *Handbook of Research on Science Teaching and Learning*, Simon & Schuster Macmillan, 1994, pp. 542-557.

Kato, A. & Yoshida, A.: Gender Issues in Science Education in Japan, *Journal of Sci-ence Education in Japan*, Vol. 27, No. 4, 2003, pp. 258-267.

河井正隆，「大学生の学習方法における学年・性・学部別にみる差異の検討」，『日本教育工学雑誌』，第27巻，第1号，2003, 140-147頁.

河野銀子，『高校における〈文理〉選択とジェンダー　ー大学生調査の分析からー』，平成16年度　文部科学省科学研究費　若手研究(A)　研究課題　科学分野への女子のアクセス課題に関する研究ー高校における文理選択に注目してー，2005.

河野銀子，池上徹，中澤智恵，藤原千賀，村松泰子，髙橋道子，「ジェンダーと階層からみた「理科離れ」ー中学生調査からー」，『東京学芸大学紀要　第1部門　教育科学』，Vol. 55, 2004, 353-364頁.

Kelly, A., Whyte, J. & Smail, B.: Girls into Science and Technology: Final Report, in

Kelly, A. (ed.), *Science for Girls?*, Open University Press, 1987, pp. 100-112.

国立女性教育会館女性学・ジェンダー研究会，『女性学教育／学習ハンドブック〔新版〕』，有斐閣，1999.

国立教育研究所，『小学校の算数教育・理科教育の国際比較 ―第3回国際数学・理科教育調査報告書―』，東洋館出版社，1998.

国立教育政策研究所，『数学教育・理科教育の国際比較 ―第3回国際数学・理科教育調査の第2段階調査報告書―』，ぎょうせい，2001.

国立教育政策研究所，「TIMSS2007 理科教育の国際比較 ―国際数学・理科教育動向調査の2007年調査報告書―」，http://www.nier.go.jp/timss/2011/T07_report_sci.pdf, 2009, 2013年3月20日取得.

国立教育政策研究所，『TIMSS2011 理科教育の国際比較』，明石書店，2013.

国立教育政策研究所編，『生きるための知識と技能 OECD生徒の学習到達度調査（PISA）2000年調査国際結果報告書』，ぎょうせい，2002.

国立教育政策研究所編，『生きるための知識と技能2 OECD生徒の学習到達度調査（PISA）2003年調査国際結果報告書』，ぎょうせい，2004.

国立教育政策研究所編，『TIMSS2003 理科教育の国際比較 国際数学・理科教育動向調査の2003年調査報告書』，ぎょうせい，2005.

国立教育政策研究所編，『生きるための知識と技能3 OECD生徒の学習到達度調査（PISA）2006年調査国際結果報告書』，ぎょうせい，2007.

国立教育政策研究所編，『生きるための知識と技能4 OECD生徒の学習到達度調査（PISA）2009年調査国際結果報告書』，明石書店，2010.

国立教育政策研究所教育課程研究センター，『平成13年度 小中学校教育課程実施状況調査報告書 ―中学校理科―』，ぎょうせい，2003.

国立教育政策研究所教育課程研究センター，「平成14年度 教育課程実施状況調査（高等学校）ペーパーテスト調査集計結果及び質問紙調査集計結果」，http://www.nier.go.jp/kaihatsu/katei_h14/H14_h/result.pdf, 2004, 2013年3月20日取得.

国立教育政策研究所教育課程研究センター，「平成15年度 教育課程実施状況調査（小学校・中学校）質問紙調査集計結果 ―国語―」，http://www.nier.go.jp/kaihatsu/katei_h15/H15/03001010000007003.pdf, 2005, 181-203頁，2013年3月20日取得.

国立教育政策研究所教育課程研究センター，「平成15年度 小・中学校教育課程実施状況調査 ペーパーテスト調査集計結果」，http://www.nier.go.jp/kaihatsu/katei_h15/H15/03001100000007003.pdf, 2006, 2013年3月20日取得.

国立教育政策研究所教育課程研究センター，「平成15年度 小・中学校教育課程実施状

　　況調査　質問紙調査集計結果　一理科一」，http://www.nier.go.jp/kaihatsu/
　　katei_h15/H15/03001040000007003.pdf，2005，2013年3月20日取得.

国立教育政策研究所教育課程研究センター，『平成17年度 教育課程実施状況調査（高
　　等学校）vol.2(2/2) ペーパーテスト調査集計結果及び質問紙調査集計結果』，
　　2007.

Kreinberg, N. & Lewis, S.: The Politics and Practice of Equity: Experiences from
　　Both Sides of the Pacific, in Parker, L. H. et al. (eds.), *Gender, Science and*
　　Mathematics, Kluwer Academic Publishers, 1996, pp. 117-202.

倉沢栄吉，「機会と場を生かす作文指導 一だれでも・どこでも・どの子にも一」，新
　　光閣書店，1976，10頁.

倉澤栄吉，森久保安美，『作文教育の実践指導 第1巻 作文指導の原理と方法』，学習
　　研究社，1993，42-49頁.

杳脱侑記，磯﨑哲夫，「context-based approach の研究(1) 一その基本的な考え方
　　一」，『日本理科教育学会 第58回全国大会 福井大会論文集』，p. 345，2008，日本
　　理科教育学会.

Labudde, P., Herzog, W., Neuenschwander, M. P., Violi, E. & Gerber, C.: Girls and
　　Physics: Teaching and Learning Strategies Tested by Classroom Interventions
　　in Grade 11, *International Journal of Science Education*, Vol. 22, No. 2, 2000,
　　pp. 143-157.

レナード・サックス，谷川漣訳，『男の子の脳，女の子の脳』，草思社，2006.

ロンダ・シービンガー，小川眞里子，東川佐枝美，外山浩明訳，『ジェンダーは科学
　　を変える!?』，工作舎，2002.

松井一幸，高須明，高橋守，「理科を中心とした学習における男女の学力の傾向　そ
　　の2」，『名古屋大学教育学部附属中高等学校紀要』，Vol. 27，1982，85-94頁.

松本伊瑳子，金井篤子編，『ジェンダーを科学する　男女共同参画社会を実現するた
　　めに』，ナカニシヤ出版，2004.

松野佐知子，『ジェンダーの視座に基づいたわが国の理科教育に関する歴史的研究』，
　　広島大学大学院教育学研究科 修士論文，2004.

宮田斉，「理科授業における "循環型の問答―批評学習" の利用効果 一小学6年「電
　　流と電磁石」の単元の授業を通して一」，『理科教育学研究』，Vol. 45，No. 2，
　　2004，45-52頁.

宮田斉，「ガスバーナーの操作技能指導における "循環型の問答―批評学習" の利用
　　効果」，『理科教育学研究』，Vol. 46，No. 2，2006，57-64頁.

宮田斉，室谷利夫，「中学理科の観察・実験器具の基礎操作技能指導の改善に関する研究」，『理科教育学研究』，Vol. 49，No. 3，2009，79-90頁．

文部科学省，科学技術分野における女性の活躍促進～平成21年度予算案版～，http://www.mext.go.jp/component/a_menu/education/detail/__icsFiles/afieldfile/2009/04/02/1249657_080.pdf，2012年1月31日取得．

文部科学省，科学技術分野における女性の活躍促進　科学技術・学術審議会基本計画特別委員会（12回），http://www.mext.go.jp/b_menu/shingi/gijyutu/gijyutu11/siryo/06021710/002.pdf，2013年3月20日取得．

文部科学省，科学技術分野における女性の活躍促進，http://www.mext.go.jp/a_menu/hyouka/kekka/05090202/059.pdf，2013年3月20日取得．

文部科学省，「担任教科別中学校教員免許状別教員構成」，『平成16年度学校教員統計調査』，http://www.mext.go.jp/b_menu/toukei/001/002/2004/xls/020.xls，2005，2013年3月20日取得．

文部科学省，「調査結果の概要」，『平成16年度学校教員統計調査』，http://www.mext.go.jp/b_menu/toukei/001/002/2004/002.htm，2005，2013年3月20日取得．

文部科学省，『中学校学習指導要領』，東山書房，2008．

文部科学省，『中学校学習指導要領解説　理科編』，大日本図書，2008．

村松泰子編，『女性の理系能力を生かす　専攻分野のジェンダー分析と提言』，日本評論社，1996．

村松泰子編，『理科離れしているのは誰か　全国中学生調査のジェンダー分析』，日本評論社，2004．

Murphy, P. & Whitelegg, E.: *Girls in the Physics Classroom A Review of the Research on the Participation of Girls in Physics*, http://www.iop.org/education/teacher/support/girls_physics/review/file_41599.pdf, The Open University, 2006, p. 4, 2013年6月1日取得．

内閣府男女共同参画局：『男女共同参画白書（平成17年版）』，独立行政法人国立印刷局，2005．

内閣府男女共同参画局，男女共同参画基本計画，http://www.gender.go.jp/kihon-keikaku/2nd/all.pdf，2005，2013年3月20日取得．

内閣府男女共同参画局，Challenge Campaign　～女子高校生・女子学生の理工系分野への選択～，http://www.gender.go.jp/c-challenge/index.html，2013年3月20日取得．

内閣府男女共同参画局，第3次男女共同参画基本計画，http://www.gender.go.jp/

kihon-keikaku/3rd/3-26.pdf，2010，2013年 3 月20日取得．

内閣府科学技術政策・イノベーション担当，第 3 期科学技術基本計画，http://www8.cao. go.jp/cstp/kihonkeikaku/honbun.pdf, 2006，2013年 3 月20日取得．

内閣府科学技術政策・イノベーション担当，第 4 期科学技術基本計画，http://www8.cao.go.jp/cstp/kihonkeikaku/4honbun.pdf, 2011，2013年 3 月20日取得．

中井俊已，『なぜ男女別学は子どもを伸ばすのか』，学研パブリッシング，2010．

小川眞里子，『フェミニズムと科学／技術』，岩波書店，2001．

小川正賢，「高校生が抱く理系の才能豊かな生徒のキャリア形成イメージ」，『日本科学教育学会年会論文集25』，2001，216頁．

小川正賢，「第 3 節　ROSE 国際調査　—科学・科学技術への興味・関心や態度，生活経験を探る—」，日本理科教育学会編，『今こそ理科の学力を問う　新しい学力を育成する視点』，東洋館出版社，2012，018頁．

Ogura, Y. & Takemura, S., Gender Difference and the Development Process of Formal Reasoning Abilities and Science Process Skills in Japan, *Journal of Science Education in Japan*, Vol. 18, No. 3, 1994, pp. 115-123.

Ogura, Y.: Development of Interests in Science and the Influences of Gender and Parent, *Journal of Science Education in Japan*, Vol. 19, No. 3, 1995, pp. 172-180.

岡村定矩，藤嶋昭ほか，『新しい科学　1 年』，東京書籍，2011年検定済教科書．

岡﨑智子，下村恭子，小舘香椎子，「家庭・学校における女性の科学技術教育」，『日本女子大学紀要 理学部』，第 5 号，1997，79頁．

大島美恵子，「女性科学者・技術者をふやす努力　—日本における女性技術者・科学者の実態調査と女子の理科教育—」，『日本機械学会誌』，Vol. 104，No. 990，2001，313頁．

Parker, L. H. & Rennie, L. J.: Teachers' Implementation of Gender-inclusive Instructional Strategies in Single-sex and Mixed-sex Science Classrooms, *International Journal of Science Education*, Vol. 24, No. 9, 2002, pp. 881-897.

Ponchaud, B.: The Girls into Physics Project, School Science Review, Vol. 89, No. 328, 2008, pp. 61-65.

R. K. ソーヤー，森敏昭，秋田喜代美監訳，『学習科学ハンドブック』，培風館，2009，157頁．

Rees, T.: Mainstreaming Gender Equality in Science in the European Union: the 'ETAN Report', *Gender and Education*, Vol. 13, No. 3, 2001, pp. 243-260.

Reid, N. & Skryabina, E. A.: Gender and Physics, *International Journal of Science*

338

Education, Vol. 25, No. 4, 2003, pp. 509-536.

Rennie, L. J., Parker, L. H. & Kahle, J. B.: Informing Teaching and Research in Science Education through Gender Equity Initiatives, in Parker, L. H. et al. (eds.), *Gender, Science and Mathematics*, Kluwer Academic Publishers, 1996, pp. 203-221.

坂本美紀，山本智一，山口悦司，西垣順子，村津啓太，稲垣成哲，「アーギュメント・スキルに関する基礎調査―小学校高学年を対象としたスキルの獲得状況―」，『科学教育研究』，日本科学教育学会，Vol. 36, No. 3, 2012, 252-261頁.

桜井邦朋，『現代科学論15講 ―科学はいずこへ行くのか―』，東京教学社，1995, 34-35頁.

佐藤和良，『看護学生のための物理学』，医学書院，2008.

Scantlebury, K. & Baker, D.: Chapter 10 Gender Issues in Science Education Research: Remembering Where the Difference Lies, in Abell, S. K. & Lederman, N. G. (eds.), *Handbook of Research on Science Education*, Routledge, 2007, pp. 257-285.

Scantlebury, K.: Chapter 34 Still Part of the Conversation: Gender Issues in Science Education, in Fraser, B. J., Tobin, K. G. & McRobbie, C. J. (eds.), *Second International Handbook of Science Education Volume 1*, Springer, 2012, pp. 499-512.

島野誠大，「男子校と女子校における iPad による音の3要素の学習」，『十文字中学・高等学校紀要』，第34号，2012, 101頁.

霜田光一ほか，『中学校科学2』，学校図書，2011年検定済教科書.

下村恭子，『家庭・学校における女性の科学技術教育に関する研究』，平成9年度 科学研究費補助金（基盤研究C2） 研究成果報告書，1998.

Smail, B.: *Girl-friendly Science: Avoiding Sex Bias in the Curriculum*, Longman, 1984, pp. 27-28.

Smail, B.: Organizing the Curriculum to Fit Girls' Interests, in Kelly, A. (ed.), *Science for Girls?*, Open University Press, 1987, pp. 80-88.

角谷詩織，無藤隆，「児童・生徒の理科に対する意識 ―教科・諸活動に対する意識との比較を通して―」，『お茶の水女子大学子ども発達教育研究センター紀要』，Vol. 1, 2004, 97-105頁.

鈴木久米男，戸北凱惟，「中学校理科における観察・実験項目に対する学習者の認識」，『科学教育研究』，Vol. 25, No. 4, 2001, 218-229頁.

高田理子，「女子学生はなぜ理系に進まないか ―ケーススタディを中心に―」，『女性

学年報』，第14号，日本女性学研究会女性学年報編集委員会，1993，80-88頁．

高江洲瑩，「女子化学教育の現状と問題点　―実験学習を通して見た生徒の興味について―」，『化学教育』，第32巻，第1号，1984，5-6頁．

Tindall, T. & Hamil, B.: Gender Disparity in Science Education: The Causes, Consequences, and Solution, *Education*, Vol. 125, Issue 2, 2004, pp. 282-295.

戸田盛和ほか，『新版 中学校理科 1分野下』，大日本図書，平成17年2月検定済，2009．

友野清文，「米国における男女共学・別学論の動向」，『学苑』，昭和女子大学，No. 871，2013，31頁．

鶴岡義彦，鈴木亜紀，三橋佳奈，「キャリア教育・進路指導の要素を取り入れた理科指導」，『理科の教育』，東洋館出版社，Vol. 26(12)，1997，44-49頁．

内田昭利，守一雄，「中学生の「数学嫌い」「理科嫌い」は本当か　―潜在意識調査から得られた教育実践への提言―」，『教育実践学論集　第13号』，兵庫教育大学大学院連合学校教育学研究科，2012，221-227頁．

Whitelegg, E. & Edwards, C.: Beyond the Laboratory ―Learning Physics Using Real-life Contexts, in Behrendt, H. et al. (eds.), *Research in Science Education ― Past, Present, and Future*, 2001, pp. 337-342.

Whitelegg, E.: The Supported Learning in Physics Project, *Physics Education*, Vol. 31, No. 6, 1996, pp. 291-296.

Woodward, C. & Woodward, N.: Girls and Science: Does a Core Curriculum in Primary School Give Cause for Optimism?, *Gender and Education*, Vol. 10, No. 4, 1998, pp. 387-400.

山下修一，「中等学校理科教育における構成されたグループコミュニケーション活動の課題」，『理科教育学研究』，Vol. 48，No. 2，2007，1-11頁．

山下修一，「協同の学びと理科学習」，大髙泉編，『新しい学びを拓く 理科授業の理論と実践 ―中学・高等学校編―』，ミネルヴァ書房，2013，149頁．

山谷洋樹，鈴木誠，「理科教育における生命観の男女差と地域差に関する研究」，『理科教育学研究』，Vol. 53，No. 2，2012，359-368頁．

吉田淳，杉愛弓，「理科教育におけるジェンダーの課題　―教員養成大学学生の進路選択意識調査―」，『愛知教育大学教育実践総合センター紀要』，第5号，2002，182頁．

湯本文洋，西川純，「理科実験における学習者の相互行為の実態と変容に関する研究」，『理科教育学研究』，Vol. 44，No. 2，2004，83-94頁．

資　　料

資料 4-1 「仕事の原理」の授業実践前に実施した質問紙

理科についてのアンケート調査のお願い

○ このアンケート調査は、現在みなさんが「理科」の勉強についてどのような考え
をもっているか、そして、「仕事の原理」についてどのくらい理解しているかを
調査するものです。

○ この調査の結果は、みなさんの学校の成績とまったく関係ありません。

○ 回答の際には、友達と相談せずに自分の思いついたままを書いてください。

○ みなさんに回答していただいた内容を、研究の目的以外で使用することはありま
せん。

○ この調査は、みなさんの自由意志によるものであり、答えられない質問には、無
理に回答する必要はありません。回答しないことで、みなさんに不利益が生じる
ことはありません。

○ アンケート用紙の回答をもって、研究に協力することに同意したとみなさせてい
ただきます。研究へのご協力をどうぞよろしくお願いいたします。

研究への協力に際してご意見ご質問などございましたら、気軽に研究実施者にお尋
ね下さい。

研究実施者：稲田結美（筑波大学大学院人間総合科学研究科学校教育学専攻）

電話：029-　　　　　　　　e-mail：

本研究の倫理的問題につきましては人間総合科学研究科研究倫理委員会までご相談
下さい。

【電話：029-　　　　（人間系支援室　総務課）　e-mail：　　　　　　　　　】

研究へのご協力どうもありがとうございました。

理科についてのアンケート

```
┌─────────────────────────────────────────┐
│  ＿＿＿年＿＿＿組＿＿＿番　性別　男　・　女  │
│                                 （○をつける）  │
└─────────────────────────────────────────┘
```

次の質問に答えてください。

問1．下図のような、てこを使って、重さ4kgの物体を0.5mもちあげます。
　　　ただし、100gの物体にはたらく重力の大きさを1Nとします。

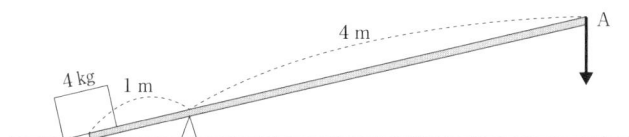

(1)　重さ4kgの物体を0.5mもちあげたときの仕事の大きさは何Jですか。
(2)　A点をおしさげて4kgの物体を動かすときに必要な力は何Nですか。
(3)　このてこを使って、物体を0.5mもちあげるとき、A点の移動した距離は
　　　何mですか。
(4)　てこのA点をおしさげた人がした仕事の大きさは何Jですか。

(1)	(2)	(3)	(4)
J	N	m	J

問2．「仕事の原理」とは何ですか。
　　　（※わからないときは「わからない」と書いてください。）

```
┌─────────────────────────────────────────┐
│                                               │
│                                               │
│                                               │
│                                               │
└─────────────────────────────────────────┘
```

問3．(a)　理科の勉強は好きですか。あてはまる番号に○をつけてください。

      1　好き
      2　どちらかといえば好き
      3　どちらかといえばきらい
      4　きらい

    (b)　(a)のように答えた理由を書いてください。

問4～問10の質問には、自分にあてはまるものを一つ選んで番号に○をつけてください。

	そう思う	どちらか といえば そう思う	どちらか といえば そう思わ ない	そう思わ ない
問4．理科の勉強は大切である。	1	2	3	4
問5．将来、「理科に関係する職業」につきたい。	1	2	3	4
問6．理科の第1分野の勉強が好きである。	1	2	3	4
問7．理科の第2分野の勉強が好きである。	1	2	3	4
問8．理科の勉強で、実験や観察をすることが好きである。	1	2	3	4
問9．日常生活で理科は役に立つと思う。	1	2	3	4
問10．自分にとって将来、理科は役に立つと思う。	1	2	3	4

裏に続きます→

問11. 普段の理科授業の内容をどのくらい理解できていますか。あてはまる番号に○
をつけてください。

     1　よくわかる。
     2　だいたいわかる。
     3　わからないことがたまにある。
     4　わからないことが多い。

問12. 理科の勉強が役に立ったり、理科を勉強しないとできないような「理科に関係
する職業」と聞いて、思いうかぶ職業を書いてください。

問13. 「理科」という言葉から思いうかぶイメージを自由に書いてください。

質問は以上です。ご協力ありがとうございました。

資料 4-2 「仕事の原理」の授業実践後に実施した質問紙

理科についてのアンケート調査のお願い

○ このアンケート調査は、今回の理科授業を受けてみて、みなさんが「理科」についてどのように感じ、「仕事の原理」についてどのくらい理解したかを調査するものです。
○ この調査の結果は、みなさんの学校の成績とまったく関係ありません。
○ 回答の際には、友達と相談せずに自分の思いついたままを書いてください。
○ みなさんに回答していただいた内容を、研究の目的以外で使用することはありません。
○ この調査は、みなさんの自由意志によるものであり、答えられない質問には、無理に回答する必要はありません。回答しないことで、みなさんに不利益が生じることはありません。
○ アンケート用紙の回答をもって、研究に協力することに同意したとみなさせていただきます。研究へのご協力をどうぞよろしくお願いいたします。

　研究への協力に際してご意見ご質問などございましたら、気軽に研究実施者にお尋ね下さい。
　研究実施者：稲田結美（筑波大学大学院人間総合科学研究科学校教育学専攻）
　電話：029-　　　　　　　　　e-mail：

　本研究の倫理的問題につきましては人間総合科学研究科研究倫理委員会までご相談下さい。
【電話：029-　　　　（人間系支援室　総務課）　e-mail：　　　　　　　　　　　】

研究へのご協力どうもありがとうございました。

理科についてのアンケート

_____年_____組_____番　性別　男　・　女
（○をつける）

次の質問に答えてください。

問1. 下図のような、てこを使って、重さ6kgの物体を0.5mもちあげます。
ただし、100gの物体にはたらく重力の大きさを1Nとします。

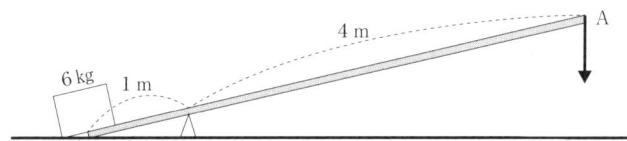

⑴　重さ6kgの物体を0.5mもちあげたときの仕事の大きさは何Jですか。
⑵　A点をおしさげて6kgの物体を動かすときに必要な力は何Nですか。
⑶　このてこを使って、物体を0.5mもちあげるとき、A点の移動した距離は
何mですか。
⑷　てこのA点をおしさげた人がした仕事の大きさは何Jですか。

(1)	(2)	(3)	(4)
J	N	m	J

問2. 「仕事の原理」とは何ですか。
（※わからないときは「わからない」と書いてください。）

問3．今回の授業は楽しかったですか？次の中からあてはまる番号に○をつけてください。

	そう思う	どちらかといえば そう思う	どちらかといえば そう思わない	そう思わない
	1 ———	2 ———	3 ———	4

問4．問3のように感じたのはなぜですか？

問5～問13の質問は、現在、自分にあてはまるものを一つ選んで番号に○をつけてください。

	そう思う	どちらか といえば そう思う	どちらか といえば そうおも わない	そう思わ ない
問5．理科の勉強は大切である。	1 ———	2 ———	3 ———	4
問6．将来、「理科に関係する職業」につきたい。	1 ———	2 ———	3 ———	4
問7．日常生活で理科は役に立つと思う。	1 ———	2 ———	3 ———	4
問8．自分にとって将来、理科は役に立つと思う。	1 ———	2 ———	3 ———	4
問9．看護師がどのような仕事をしているのか想像できる。	1 ———	2 ———	3 ———	4
問10．体の仕組みやはたらき、動き方を知ることは大切である。	1 ———	2 ———	3 ———	4
問11．自分の体を使った実験は楽しい。	1 ———	2 ———	3 ———	4
問12．体を使った実験をもっとしてみたい。	1 ———	2 ———	3 ———	4
問13．看護師ではない別の職業からも理科の勉強をしてみたい。	1 ———	2 ———	3 ———	4

裏に続きます→

問14.「理科」という言葉から思いうかぶイメージを自由に書いてください。

問15.　今回の授業についての感想を自由に書いてください。

質問は以上です。ご協力ありがとうございました。

350

資料 4-3 「仕事の原理」の授業実践で使用したワークシート

2009年7月7日

年____ 組____ 番 名前_____

○看護師さんはてこの原理や仕事の原理をどのように利用しているのだろうか？

☆どうして小さな力であお向けの人を横向きにできたのだろうか？絵や言葉で説明してみよう。

資料5-1　「電流」単元の実践前の質問紙

　　　　　中学校

中学生の皆様

理科についてのアンケート調査のお願い

○　このアンケート調査は，現在みなさんが「理科」の勉強についてどのような考え
　　をもっているかを調査するものです。
○　この調査の結果は，みなさんの学校の成績とはまったく関係ありません。
○　回答の際には，友達と相談せずに自分の思いついたままを書いてください。
○　みなさんに回答していただいた内容を，研究の目的以外で使用することはありま
　　せん。
○　この調査は，みなさんの自由意志によるものであり，答えられない質問には，無
　　理に回答する必要はありません。回答しないことで，みなさんに不利益が生じる
　　ことはありません。
○　アンケート用紙の回答をもって，研究に協力することに同意したとみなさせてい
　　ただきます。研究へのご協力をどうぞよろしくお願いいたします。

　研究への協力に際してご意見ご質問などございましたら，気軽に研究実施者にお尋
ね下さい。
　研究実施者：稲田　結美（いなだ　ゆみ）
　　　　　電話：
　　　　e-mail：

理科についてのアンケート

<pre>
_____年_____組_____番   男 ・ 女
                            (○をつける)
</pre>

次の質問に答えてください。

問1. 理科の勉強は好きですか。あてはまる番号に○をつけてください。
      1　好き。
      2　どちらかといえば好き。
      3　どちらかといえばきらい。
      4　きらい。

問2. 問1のように答えた理由を書いてください。

問3. 中学生になってから今までの間に，理科が好きになりましたか，きらいになりましたか。あてはまる番号に○をつけてください。
      1　中学生になる前からずっと好き。
      2　中学生になってから，好きになった。
      3　中学生になってから，きらいになった。
      4　中学生になる前からずっときらい。

問4. 理科の勉強が役に立ったり，理科を勉強しないとできないような「理科に関係する職業」と聞いて，思いうかぶ職業をできるだけたくさん書いてください。

問5～問18の質問については，自分にあてはまるものを一つ選んで番号に○をつけてください。

	そう思う	どちらかといえばそう思う	どちらかといえばそう思わない	そう思わない
問5．理科の勉強は大切である。	1	2	3	4
問6．理科の勉強は受験に関係なくても大切である。	1	2	3	4
問7．自分の好きな仕事につけるよう，理科を勉強したい。	1	2	3	4
問8．将来，「理科に関係する職業」につきたい。	1	2	3	4
問9．理科の第1分野の勉強が好きである。	1	2	3	4
問10．理科の第2分野の勉強が好きである。	1	2	3	4
問11．理科の勉強で，実験や観察をすることが好きである。	1	2	3	4
問12．理科の勉強で，動物や植物の世話をすることが好きである。	1	2	3	4
問13．理科の勉強で，ものをつくったり，道具を使ったりすることが好きである。	1	2	3	4
問14．日常生活で理科は役に立つと思う。	1	2	3	4
問15．自分にとって将来，理科は役に立つと思う。	1	2	3	4
問16．いろいろな教科の中で，理科は重要だと思う。	1	2	3	4
問17．友だちから自分は理科がよくできると思われたい。	1	2	3	4
問18．理科の実験は同性だけ（男子だけ，女子だけ）のグループで行いたい。	1	2	3	4

問19. 「理科」や「科学」,「科学技術」という言葉から思いうかぶイメージを自由に書いてください。短い言葉でも,長い文章でも何でもかまいません。

問20. これまで理科で勉強した内容で,よくわかったもの,楽しかったもの,もっと勉強したいものはありましたか。思い出せるすべてを書いてください（小学校時代のものでも,実験でも何でもかまいません）。

問21. これまで理科で勉強した内容で,よくわからなかったもの,難しかったものはありましたか。思い出せるすべてを書いてください（小学校時代のものでも,実験でも何でもかまいません）。

問22. 「電気」や「電流」について知っていることを何でも自由に書いてください。

問23. 普段の理科授業の内容をどのくらい理解できていますか。あてはまる番号に○をつけてください。

       1 よくわかる。
       2 だいたいわかる。
       3 わからないことがたまにある。
       4 わからないことが多い。

質問は以上です。ご協力ありがとうございました。

資料 5-2　「電流」単元の 2 回目の質問紙

　　　　　中学校
中学生の皆様

理科についてのアンケート調査のお願い（第 2 回）

○　このアンケート調査は，理科第 1 分野「電流」を学習中のみなさんが「理科」や「電流」の勉強についてどのような考えをもっているか，そして，「電流」についてどのくらい理解しているかを調査するものです。

○　この調査の結果は，みなさんの学校の成績とはまったく関係ありません。

○　回答の際には，友達と相談せずに自分の思いついたままを書いてください。

○　みなさんに回答していただいた内容を，研究の目的以外で使用することはありません。

○　この調査は，みなさんの自由意志によるものであり，答えられない質問には，無理に回答する必要はありません。回答しないことで，みなさんに不利益が生じることはありません。

○　アンケート用紙の回答をもって，研究に協力することに同意したとみなさせていただきます。研究へのご協力をどうぞよろしくお願いいたします。

　研究への協力に際してご意見ご質問などございましたら，気軽に研究実施者にお尋ね下さい。
　研究実施者：稲田 結美（いなだ ゆみ）
　　　　電話：
　　　e-mail：

理科についてのアンケート

_____年_____組_____番　　　　男　・　女
（○をつける）

次の質問に答えてください。

問1．現在，理科の勉強は好きですか。あてはまる番号に○をつけてください。
　　　　　　1　好き。
　　　　　　2　どちらかといえば好き。
　　　　　　3　どちらかといえばきらい。
　　　　　　4　きらい。

問2．「電流」についてのこれまでの授業は楽しかったですか。あてはまる番号に○
　　　をつけてください。
　　　　　　1　そう思う。
　　　　　　2　どちらかといえばそう思う。
　　　　　　3　どちらかといえばそう思わない。
　　　　　　4　そう思わない。

問3．問2のように答えた理由を書いてください。

問4．現在，男女別で実験を行っていますが，これから先も同じように同性だけ（男
　　　子だけ，女子だけ）のグループで実験を行いたいですか。あてはまる番号に○
　　　をつけてください。
　　　　　　1　そう思う。
　　　　　　2　どちらかといえばそう思う。
　　　　　　3　どちらかといえばそう思わない。
　　　　　　4　そう思わない。

問5．問4のように答えた理由を書いてください。

問 6. これまでに学習した「電流」に関する内容をどのくらい理解できていると思いますか。あてはまる番号に○をつけてください。

1　よくわかる。

2　だいたいわかる。

3　わからないことがたまにある。

4　わからないことが多い。

問 7. 「電流」についてのこれまでの授業のなかで，特に印象に残っている内容や実験，活動などを 2 つあげ，その理由とともに説明してください。

印象に残る内容，実験，活動等：

理由：

印象に残る内容，実験，活動等：

理由：

問 8 〜問15の質問については，自分にあてはまるものを一つ選んで番号に○をつけてください。

	そう思う	どちらかといえばそう思う	どちらかといえばそう思わない	そう思わない
問 8.　理科の勉強は大切である。	1	2	3	4
問 9.　日常生活で理科は役に立つと思う。	1	2	3	4
問10.　自分にとって将来，理科は役に立つと思う。	1	2	3	4
問11.　理科の第 1 分野の勉強が好きである。	1	2	3	4
問12.　理科の第 2 分野の勉強が好きである。	1	2	3	4
問13.　現在学習している「電流」の内容はおもしろい。	1	2	3	4
問14.　「電流」についてもっと勉強したい。	1	2	3	4
問15.　「電流」に関する内容は，これまで学習した理科のほかの内容よりも難しいと思う。	1	2	3	4

358

問16. 下の図1のような回路をつくり，豆電球Aにかかる電圧を測定したところ，電圧計は図2のように示しました。豆電球Aにかかる電圧の大きさ何Vですか。

図1　　　　　　　図2

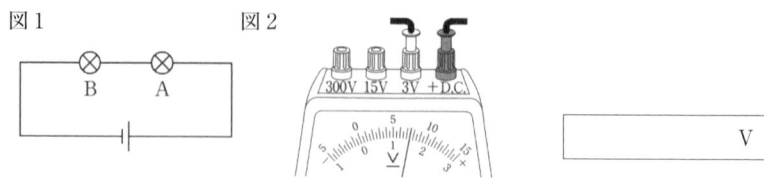

	V

問17. 電源装置と電熱線A〜Eを用いて，図1から図3のような回路をつくりました。電源のスイッチを入れ，それぞれの回路に2.0Vの電圧を加えました。

(1) 図1において，アの点を流れる電流が0.1Aのとき，イの点に流れる電流は何Aですか。

図1

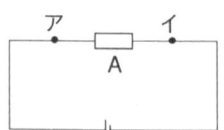

(2) (1)のとき，電熱線Aの抵抗は何Ωですか。

(3) 図2において，ウの点を流れる電流が0.04A，電熱線Bの抵抗が30Ωのとき，電熱線Bの両端にかかる電圧は何Vですか。

図2

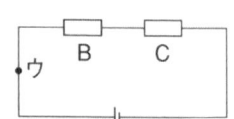

(4) (3)のとき，電熱線Cの抵抗は何Ωですか。

(5) 図3において，エの点を流れる電流が0.05Aで，電熱線Eの抵抗が25Ωのとき，電熱線Dの抵抗は何Ωですか。

図3

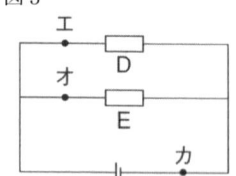

(6) (5)のとき，カの点を流れる電流は何Aですか。

(1)		A	(2)		Ω
(3)		V	(4)		Ω
(5)		Ω	(6)		A

質問は以上です。ご協力ありがとうございました。

資料5-3　「電流」単元の3回目の質問紙

　　　　　中学校

中学生の皆様

理科についてのアンケート調査のお願い（第3回）

○　このアンケート調査は，理科第1分野「電流」を学習中のみなさんが「理科」や「電流」の勉強についてどのような考えをもっているか，そして，「電流」についてどのくらい理解しているかを調査するものです。

○　この調査の結果は，みなさんの学校の成績とはまったく関係ありません。

○　回答の際には，友達と相談せずに自分の思いついたままに書いてください。

○　みなさんに回答していただいた内容を，研究の目的以外で使用することはありません。

○　この調査は，みなさんの自由意志によるものであり，答えられない質問には，無理に回答する必要はありません。回答しないことで，みなさんに不利益が生じることはありません。

○　アンケート用紙の回答をもって，研究に協力することに同意したとみなさせていただきます。研究へのご協力をどうぞよろしくお願いいたします。

　研究への協力に際してご意見ご質問などございましたら，気軽に研究実施者にお尋ね下さい。

　研究実施者：稲田　結美（いなだ　ゆみ）

　　　　　電話：

　　　　　e-mail：

　　　　　何度も調査にご協力いただき，誠にありがとうございます。
　　　　　今回もどうぞよろしくお願いいたします。

理科についてのアンケート

```
_____年_____組_____番        男　・　女
                              (○をつける)
```

次の質問に答えてください。

問1．現在，理科の勉強は好きですか。あてはまる番号に○をつけてください。

　　　　1　好き。

　　　　2　どちらかといえば好き。

　　　　3　どちらかといえばきらい。

　　　　4　きらい。

問2〜問11の質問については，自分にあてはまるものを一つ選んで番号に○をつけてください。

	そう思う	どちらかといえばそう思う	どちらかといえばそう思わない	そう思わない
問2．「電流」についてのこれまでの授業は，楽しかった。	1	2	3	4
問3．理科の勉強は大切である。	1	2	3	4
問4．日常生活で理科は役に立つと思う。	1	2	3	4
問5．自分にとって将来，理科は役に立つと思う。	1	2	3	4
問6．理科の第1分野の勉強が好きである。	1	2	3	4
問7．理科の第2分野の勉強が好きである。	1	2	3	4
問8．現在学習している「電流」の内容はおもしろい。	1	2	3	4
問9．「電流」についてもっと勉強したい。	1	2	3	4
問10．「電流」に関する内容は，これまで学習した理科のほかの内容よりも難しいと思う。	1	2	3	4
問11．これからも男女別のグループで実験を行いたい。	1	2	3	4

問12. これまでに学習した「電流」に関する内容をどのくらい理解できていると思いますか。あてはまる番号に○をつけてください。
  1　よくわかる。
  2　だいたいわかる。
  3　わからないことがたまにある。
  4　わからないことが多い。

問13.「電流」についてのこれまでの授業の中で，特に印象に残っている内容や実験，活動などを2つあげてください。（前回のアンケートに書いたものでも結構です。）

| |
| |

問14. 100V‐500W という表示の電気ストーブについて，次の問いに答えてください。
  (1)　このストーブを 100V の電源につないだときに流れる電流は何 A ですか。
  (2)　このストーブの抵抗は何Ωですか。
  (3)　このストーブを 5 分間つけたとき，発生する熱量は何 J ですか。

(1)	A	(2)	Ω	(3)	J

問15. 次の表は，ある家庭で使用している電気製品の種類，消費電力，1 日の使用時間です。これらの電気製品はすべて 100V で使用されています。1 日で使用する電力量が 2 番目に大きい電気製品を表の中から選んでください。また，その電力量は何 Wh（ワット時）ですか。

電気製品	消費電力(W)	使用時間
電灯	60	10時間
冷蔵庫	50	24時間
テレビ	180	5 時間
電子レンジ	600	15分
掃除機	1000	15分
洗濯機	300	1 時間
ドライヤー	1200	5 分

電気製品
電力量　　　　　Wh

問16. 静電気はどのような場面で利用されていますか。思いつくものをすべて書いてください。

| |
| |

質問は以上です。ご協力ありがとうございました。

362

資料 5-4 「電流」単元の終了後の質問紙

中学校

中学生の皆様

理科についてのアンケート調査のお願い（第 4 回）

○ このアンケート調査は，理科第 1 分野「電流」を学習したみなさんが「理科」や
「電流」の勉強についてどのような考えをもっているか，そして，「電流」につい
てどのくらい理解しているかを調査するものです。

○ この調査の結果は，みなさんの学校の成績とはまったく関係ありません。

○ 回答の際には，友達と相談せずに自分の思いついたままを書いてください。

○ みなさんに回答していただいた内容を，研究の目的以外で使用することはありま
せん。

○ この調査は，みなさんの自由意志によるものであり，答えられない質問には，無
理に回答する必要はありません。回答しないことで，みなさんに不利益が生じる
ことはありません。

○ アンケート用紙の回答をもって，研究に協力することに同意したとみなさせてい
ただきます。研究へのご協力をどうぞよろしくお願いいたします。

研究への協力に際してご意見ご質問などございましたら，気軽に研究実施者にお尋
ね下さい。

研究実施者：稲田 結美（いなだ ゆみ）

電話：

e-mail：

何度も調査にご協力いただき，誠にありがとうございます。
今回で最後になります。どうぞよろしくお願いいたします。

理科についてのアンケート

```
＿＿＿＿年＿＿＿＿組＿＿＿＿番　　　男　・　女
　　　　　　　　　　　　　　　　　（○をつける）
```

次の質問に答えてください。

問1．現在，理科の勉強は好きですか。あてはまる番号に○をつけてください。
　　　　　1　好き。
　　　　　2　どちらかといえば好き。
　　　　　3　どちらかといえばきらい。
　　　　　4　きらい。

問2．「電流」についてのこれまでの授業は楽しかったですか。あてはまる番号に○をつけてください。
　　　　　1　そう思う。
　　　　　2　どちらかといえばそう思う。
　　　　　3　どちらかといえばそう思わない。
　　　　　4　そう思わない。

問3．問2のように答えた理由を書いてください。

問4．これまでに学習した「電流」に関する内容をどのくらい理解できていると思いますか。あてはまる番号に○をつけてください。
　　　　　1　よくわかる。
　　　　　2　だいたいわかる。
　　　　　3　わからないことがたまにある。
　　　　　4　わからないことが多い。

問5．「電流」についてのこれまでの授業の中で，特に印象に残っている内容や実験，活動などを2つあげてください。（前回のアンケートに書いたものでも結構です。）

問6．電流の直流と交流の違いについて説明してください。

364

問7. 次の図を見て，各問いに答えてください。

図1　　　　　図2　　　　　図3

(1) 電流を流した導線のまわりの磁界が図1のようなとき，電流の向きはA，Bのどちらですか。
(2) 図2のように，コイルの中に方位磁針を置くと，磁針のN極はア～エのどの向きをさしますか。
(3) 図3のように，棒磁石のN極をすばやくコイルに入れると，電流はA，Bどちらの向きに流れますか。

【解答欄】

(1)		(2)		(3)	

問8. 導線を曲げてブランコをつくり，図1のようにU字形の磁石の磁極の間を通るようにしました。また，導線A，Bの部分は方位磁針の真上に水平にはってあります。次の問いに答えてください。

(1) スイッチを閉じたとき，ブランコのXY部分は図1のア～エのどの向きの力を受けますか。
(2) スイッチを開いているとき，方位磁針は図2のようになっていました。スイッチを閉じると，方位磁針は図3のア～エのどの向きになりますか。

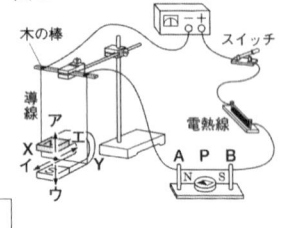

図1

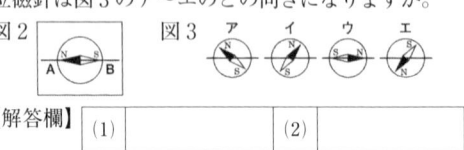

図2　　　　　図3

【解答欄】

(1)		(2)	

問9～問17の質問については，自分にあてはまるものを一つ選んで番号に○をつけてください。

	そう思う	どちらかといえばそう思う	どちらかといえばそう思わない	そう思わない
問9. 理科の勉強は大切である。	1	2	3	4
問10. 日常生活で理科は役に立つと思う。	1	2	3	4
問11. 自分にとって将来，理科は役に立つと思う。	1	2	3	4
問12. 理科の第1分野の勉強が好きである。	1	2	3	4
問13. 理科の第2分野の勉強が好きである。	1	2	3	4
問14. 学習してきた「電流」の内容はおもしろい。	1	2	3	4
問15. 「電流」についてもっと勉強したい。	1	2	3	4
問16. 「電流」に関する内容は，これまで学習した理科のほかの内容よりも難しいと思う。	1	2	3	4
問17. これからも男女別のグループで実験を行いたい。	1	2	3	4

→裏に続きます。

問18. これまでの「電流」の授業で行った実験や活動，内容等について，自分にあて
はまるものを一つ選んで番号に○をつけてください。

	楽しかった	どちらかといえば楽しかった	どちらかといえば楽しくなかった	楽しくなかった	よく覚えていない	欠席した
(1) 百人おどし（手をつないで静電気）	1	2	3	4	5	6
(2) 電気がない生活を想像する	1	2	3	4	5	6
(3) 直列回路と並列回路の電流を調べる	1	2	3	4	5	6
(4) 直列回路と並列回路の電圧を調べる	1	2	3	4	5	6
(5) 電圧と電流の関係を調べる（オームの法則）	1	2	3	4	5	6
(6) オリジナル電飾づくり	1	2	3	4	5	6
(7) 人体と電流の話（感電，落雷，体脂肪計など）	1	2	3	4	5	6
(8) 子どもに感電の危険を伝える手紙	1	2	3	4	5	6
(9) 身の回りの電気器具を調べる	1	2	3	4	5	6
(10) キッチンの電気器具のはたらきを考える	1	2	3	4	5	6
(11) 電熱線の発熱を調べる	1	2	3	4	5	6
(12) 電気器具の温度調節の話（サーモスタット）	1	2	3	4	5	6
(13) ストローを用いた静電気の実験	1	2	3	4	5	6
(14) 静電気の利用の話（モップ，コピー機，ラップ等）	1	2	3	4	5	6
(15) 陰極線の観察	1	2	3	4	5	6
(16) 放電を観察して詩を書く	1	2	3	4	5	6
(17) 鉄粉や磁針を用いて電流がつくる磁界を調べる	1	2	3	4	5	6
(18) 磁界の中のコイルや導線を調べる（電気ブランコ）	1	2	3	4	5	6
(19) コイルと磁石で電流をつくり出す条件を調べる	1	2	3	4	5	6
(20) 身の回りの電気と磁気の話（電動歯ブラシ，マイク等）	1	2	3	4	5	6
(21) IH調理器の分解	1	2	3	4	5	6
(22) 新たに開発した電気器具の広告をつくる	1	2	3	4	5	6

問19. 「理科」や「科学」，「科学技術」という言葉から思いうかぶイメージを自由に
書いてください。短い言葉でも，長い文章でも何でもかまいません。

質問は以上です。今まで何度も調査にご協力いただき，本当にありがとうございました。

あ と が き

　私が「女子と理科学習に関する研究」を開始したのは，平成16年の秋であった。中学校の理科教員として勤務していたときに，女子の理科離れを教育現場で目の当たりにしたのが研究の契機となった。それから博士学位請求論文として形になるまで，実に10年もの歳月を費やすこととなった。その間，多くの方々に導いていただいたことを実感している。

　大髙泉先生（筑波大学名誉教授・常磐大学教授）には，研究テーマの設定から論文の構成まですべてにおいて，ご指導を賜った。そのうえ，学位請求論文審査の主査の労をお取りいただき，一方ならぬご支援とご尽力をいただいた。先生からのご指摘は，研究の全体構造や論理展開の核心を衝く内容であり，ご指摘に対して明確な応答や修正ができない自分の浅学のために，先生のお手を煩わせてしまったことも多々あった。猛省することしきりである。それでも，先生のご指導のもとで博士論文を執筆できたことは，この上ない喜びであった。心より深く感謝申し上げたい。

　片平克弘先生（筑波大学人間系教授）には，研究テーマに常に関心をお寄せいただき，研究方法に関して新たな視点を数多く授けていただいた。博士論文の完成までなんとかこぎつけたのも，先生の激励があったからこそである。篤く御礼申し上げたい。

　学位請求論文の審査にあたっては，清水美憲先生（筑波大学人間系教授），唐木清志先生（筑波大学人間系教授），手打明敏先生（筑波大学名誉教授・東京福祉大学教授）に，繰り返しご査読いただき，多方面からのご指導，ご助言をいただいた。諸先生方のご指導により本研究が格段に深化したことは言うまでもなく，心より御礼を申し上げたい。

　長洲南海男先生（筑波大学名誉教授）からは，理科教育学研究とは何かを教

えていただいた。「本物の研究者になるように」とは先生の言であるが，この教えがあったからこそ自分を律し続けることができた。深く感謝申し上げたい。

本研究の授業実践では，小林和雄先生と保坂修先生にご尽力賜った。本研究の趣旨にご賛同いただき，こちらの多くの要求にも嫌な顔一つせずに実践にご協力いただいた。また，両先生の生徒の方々にも新しい授業方策に協力いただいたことで，本研究をまとめることができた。心より感謝申し上げたい。

筑波大学理科教育学研究室の諸氏とは，ゼミだけでなく，日常的にも研究に関する議論を交わし，研究の質を高めあってきた。そのような研究の面だけでなく，日々の生活においても精神的な支柱となった。研究の苦楽を共有できる同志が大勢いることは，私にとって大きな財産である。

ここにお名前を記すことができなかった多くの方々にも，多大なご支援をいただいた。心より御礼を申し上げたい。

本書の刊行にあたっては，風間書房の風間敬子社長の格別なお力添えをいただいた。そして，編集をご担当いただいた斉藤宗親氏には，大変な労苦をおかけすることとなった。心より感謝申し上げたい。

最後に，いつも応援し続けてくれた母と夫の両親，そして，研究が最優先の生活である私を誰よりも深く理解し，研究環境の整備から精神面でのバックアップまで，すべてを引き受けてくれた夫の俊に心から感謝したい。また，研究者の先達でもある父の墓前に本書を供えることができたことは本当に幸いである。

博士学位請求論文を提出してから，すでに4年が経過した。現在も女性科学者・技術者を養成するための取組は増え続けているものの，女子のための学校の理科授業改善は進んでいるとは言い難い。科学技術分野の人材育成はもちろん重要であるが，たとえ女子が将来，理系を選択しなくとも，理科に興味を持ち続けられるようにすることが，理科教育学研究者の責任であろう。

とはいえ，私の力不足のゆえに，本研究には未だ多くの課題が残されていることは否めない。今後も初心を忘れず，研究に精進していく所存である。

　2018年12月

稲田　結美

著者略歴

稲田　結美（いなだ　ゆみ）

日本女子大学理学部物質生物科学科卒業

筑波大学大学院修士課程教育研究科教科教育専攻修了

筑波大学大学院博士課程人間総合科学研究科学校教育学専攻単位取
得後退学

博士（教育学）（筑波大学）

公立中学校教諭，独立行政法人日本学術振興会特別研究員（DC2），
上越教育大学大学院学校教育研究科准教授を経て，

2017年より現職

現在　日本体育大学准教授

女子の理科学習を促進する授業構成に関する研究

2019年1月31日　初版第1刷発行

著　者　稲　田　結　美

発行者　風　間　敬　子

発行所　株式会社風　間　書　房

〒101-0051　東京都千代田区神田神保町 1-34
電話 03(3291)5729　FAX 03(3291)5757
振替 00110-5-1853

印刷　太平印刷社　製本　井上製本所